A SOCIEDADE DOS INDIVÍDUOS

Sementes de trigo espargidas ao vento
Saber para quem encontrar

NORBERT ELIAS

A SOCIEDADE DOS INDIVÍDUOS

Organizado por
MICHAEL SCHRÖTER

Tradução:
VERA RIBEIRO

Revisão técnica e notas:
RENATO JANINE RIBEIRO

16ª reimpressão

ZAHAR

Copyright © 1987 by Norbert Elias
Copyright © 1990 by Norbert Elias Stitchting
Edited by Michael Schröter

Publicado originalmente sob o título *Die Gesellschaft der Individuen*
por Suhrkamp Verlag, de Frankfurt, Alemanha

Grafia atualizada segundo o Acordo Ortográfico da Língua Portuguesa de 1990, que entrou em vigor no Brasil em 2009.

Título original
The Society of Individuals

Capa
Sérgio Campante

Imagem de capa
Friedrichstrasse de George Grosz, detalhe

CIP-Brasil. Catalogação na publicação
Sindicato Nacional dos Editores de Livros, RJ

Elias, Norbert, 1897-1990
E41s   A sociedade dos indivíduos / Norbert Elias; organizado por Michael Schröter; tradução, Vera Ribeiro; revisão técnica e notas, Renato Janine Ribeiro. — 1ª ed — Rio de Janeiro: Zahar, 1994.
il.

Tradução de: The Society of Individuals.
ISBN 978-85-7110-278-1

1. Indivíduo. 2. Sociedade. I. Schröter, Michael. II Título.

CDD: 302.5
93-1263   CDU: 301.154

[2021]
Todos os direitos desta edição reservados à
EDITORA SCHWARCZ S.A.
Praça Floriano, 19, sala 3001 — Cinelândia
20031-050 — Rio de Janeiro — RJ
Telefone: (21) 3993-7510
www.companhiadasletras.com.br
www.blogdacompanhia.com.br
facebook.com/editorazahar
instagram.com/editorazahar
twitter.com/editorazahar

Sumário

Prefácio 7

PARTE I

A Sociedade dos Indivíduos (1939) 11

Notas 59

PARTE II

Problemas da Autoconsciência e da Imagem do Homem
(*os anos 1940 e 50*) 61

Os Seres Humanos como Indivíduos e como Sociedade, e suas
Autoimagens Inspiradas no Desejo e no Medo 63

Nota 79

As Estátuas Pensantes 80

A Individualização no Processo Social 102

PARTE III

Mudanças na Balança Nós-Eu (*1987*) 127

Notas 190

Posfácio do Organizador 194

Índice Remissivo 195

Para meus amigos
Hermann e Elke Korte

Prefácio*

A relação da pluralidade de pessoas com a pessoa singular a que chamamos "indivíduo", bem como da pessoa singular com a pluralidade, não é nada clara em nossos dias. Mas é frequente não nos darmos conta disso, e menos ainda do porquê. Dispomos dos conhecidos conceitos de "indivíduo" e "sociedade", o primeiro dos quais se refere ao ser humano singular como se fora uma entidade existindo em completo isolamento, enquanto o segundo costuma oscilar entre duas ideias opostas, mas igualmente enganosas. A sociedade é entendida, quer como mera acumulação, coletânea somatória e desestruturada de muitas pessoas individuais, quer como objeto que existe para além dos indivíduos e não é passível de maior explicação. Neste último caso, as palavras de que dispomos, os conceitos que influenciam decisivamente o pensamento e os atos das pessoas que crescem na esfera delas, fazem com que o ser humano singular, rotulado de indivíduo, e a pluralidade das pessoas, concebida como sociedade, pareçam ser duas entidades ontologicamente diferentes.

Este livro concerne àquilo a que se referem os conceitos de "indivíduo" e "sociedade" em sua forma atual, ou seja, a certos aspectos dos seres humanos. Oferece instrumentos para pensar nas pessoas e observá-las. Alguns deles são bastante novos. É incomum falar se em uma sociedade dos indivíduos. Mas talvez isso seja muito útil para nos emanciparmos do uso mais antigo e familiar que, muitas vezes, leva os dois termos a parecerem simples opostos. Isso não basta. Libertar o pensamento da compulsão de compreender os dois termos dessa maneira é um dos objetivos deste livro. Só é possível alcançá-lo quando se ultrapassa a mera crítica negativa à utilização de ambos como opostos e se estabelece um novo modelo da maneira como, para o bem ou para

---

* A iniciativa de Michael Schröter e a colaboração com ele possibilitaram a publicação deste livro nesta forma, que considero experimental. Gostaria de expressar-lhe meu agradecimento. Sou também grato a meus assistentes, Rudolf Knijff e Jan-Willem Gerritsen, por sua indispensável ajuda.

o mal, os seres humanos individuais ligam-se uns aos outros numa pluralidade, isto é, numa sociedade.

Que esse é um dos problemas cardeais da sociologia foi algo que se tornou claro para mim há cerca de 50 anos, quando trabalhava em meu estudo intitulado *O processo civilizador*.* Na verdade, os primeiros esboços de *A sociedade dos indivíduos* foram concebidos como parte da teoria abrangente contida no segundo volume daquele livro. Tenho ainda algumas provas do livro sobre a civilização, cujo conteúdo compõe a Parte I do texto aqui publicado.

No decorrer de meu trabalho no livro anterior, o problema da relação entre indivíduo e sociedade aflorava constantemente. É que o processo civilizador estendia-se por inúmeras gerações; podia ser rastreado ao longo do movimento observável, numa determinada direção, do limiar de vergonha e constrangimento. Isso significava que as pessoas de uma geração posterior ingressavam no processo civilizador numa fase posterior. Ao crescerem como indivíduos, tinham que se adaptar a um padrão de vergonha e constrangimento, em todo o processo social de formação da consciência, posterior ao das pessoas das gerações precedentes. O repertório completo de padrões sociais de autorregulação que o indivíduo tem que desenvolver dentro de si, ao crescer e se transformar num indivíduo único, é específico de cada geração e, por conseguinte, num sentido mais amplo, específico de cada sociedade. Meu trabalho sobre o processo civilizador, portanto, mostrou-me com muita clareza que algo que não despertava vergonha num século anterior podia ser vergonhoso num século posterior e vice-versa. Tinha plena consciência de que também eram possíveis os movimentos no sentido oposto. Mas, qualquer que fosse a direção, a evidência da mudança deixava claro a que ponto cada pessoa era influenciada, em seu desenvolvimento, pela posição em que ingressava no fluxo do processo social.

Depois de trabalhar por algum tempo, ficou claro para mim que o problema da relação do indivíduo com os processos sociais ameaçava desarticular a estrutura do livro sobre a civilização, apesar dos estreitos vínculos entre os dois temas. O livro sobre a civilização, de qualquer modo, já estava bastante longo. Assim, tratei de concluí-lo, retirando dele as partes em que tentava esclarecer a relação entre sociedade e indivíduo. Esse tema me fascinava. Sua importância para os fundamentos da sociologia como ciência foi ficando cada vez mais clara para mim. Continuei a trabalhar nele, produzindo inicialmente o texto aqui impresso na primeira parte. Ele mostra uma etapa inicial de meu esforço de abordar o problema. Mas demonstra também que o relato de uma fase relativamente inicial da investigação de um problema fundamental pos-

---

* Já publicado por esta editora: vol.1, *Uma história dos costumes*, 1990, vol.2, *Formação do Estado e civilização*, 1993. (N.E.)

sui um valor próprio, mesmo que o trabalho a esse respeito, mais tarde, tenha avançado.

É difícil deixar de pensar que, ao se reconstruir o desenvolvimento das soluções posteriores e mais abrangentes de um problema documentando as diferentes etapas da investigação, o acesso às etapas posteriores da solução torna-se mais fácil. Facultando-se ao leitor a possibilidade de refletir sobre as limitações presentes nas soluções anteriores, ele é poupado da dificuldade de tentar compreender as ideias posteriores como se houvessem surgido do nada, sem nenhuma reflexão prévia, na cabeça de determinada pessoa. Subjazendo à estrutura deste livro, há uma concepção muito diferente de como se formam as ideias. As três partes que o integram foram redigidas em épocas diferentes. A primeira mostra a etapa mais inicial de minhas reflexões sobre o problema da pessoa singular dentro da pluralidade de pessoas, tema anunciado pelo título do livro. A segunda parte é um exemplo do trabalho posterior sobre essa mesma questão; a terceira é a etapa mais recente e final desse trabalho contínuo.

A mudança em minha abordagem do problema da relação entre indivíduo e sociedade, que se deu ao longo de uns bons 50 anos, sem dúvida reflete modificações específicas ocorridas nos indivíduos e sociedades nesse mesmo período. Reflete, portanto, mudanças na maneira como a sociedade é compreendida, e até na maneira como as diferentes pessoas que formam essas sociedades entendem a si mesmas: em suma, a autoimagem e a composição social — aquilo a que chamo o *habitus* — dos indivíduos. Mas, por outro lado, como veremos, o modo global de abordagem do problema também se alterou consideravelmente. O problema tornou-se mais concreto. Os conceitos utilizados conformam-se mais estreitamente à situação observável de cada pessoa dentro da sociedade. Paradoxalmente, isso é acompanhado por uma elevação do nível da discussão que leva a uma síntese num plano mais elevado. Isso se expressa no conceito fundamental da balança nós-eu, o qual indica que a relação da identidade-eu com a identidade-nós do indivíduo não se estabelece de uma vez por todas, mas está sujeita a transformações muito específicas. Em tribos pequenas e relativamente simples, essa relação é diferente da observada nos Estados industrializados contemporâneos, e diferente, na paz, da que se observa nas guerras contemporâneas. Esse conceito faz com que se abram à discussão e à investigação algumas questões da relação entre indivíduo e sociedade que permaneceriam inacessíveis se continuássemos a conceber a pessoa, e portanto a nós mesmos, como um eu destituído de um nós.

Parte I

A Sociedade dos Indivíduos
(*1939*)

I

Todos sabem o que se pretende dizer quando se usa a palavra "sociedade", ou pelo menos todos pensam saber. A palavra é passada de uma pessoa para outra como uma moeda cujo valor fosse conhecido e cujo conteúdo já não precisasse ser testado. Quando uma pessoa diz "sociedade" e outra a escuta, elas se entendem sem dificuldade. Mas será que realmente nos entendemos?

A sociedade, como sabemos, somos todos nós; é uma porção de pessoas juntas. Mas uma porção de pessoas juntas na Índia e na China formam um tipo de sociedade diferente da encontrada na América ou na Grã-Bretanha; a sociedade composta por muitas pessoas individuais na Europa do século XII era diferente da encontrada nos séculos XVI ou XX. E, embora todas essas sociedades certamente tenham consistido e consistam em nada além de muitos indivíduos, é claro que a mudança de uma forma de vida em comum para outra não foi planejada por nenhum desses indivíduos. Pelo menos, é impossível constatarmos que qualquer pessoa dos séculos XII ou mesmo XVI tenha conscientemente planejado o desenvolvimento da sociedade industrial de nossos dias. Que tipo de formação é esse, esta "sociedade" que compomos em conjunto, que não foi pretendida ou planejada por nenhum de nós, nem tampouco por todos nós juntos? Ela só existe porque existe um grande numero de pessoas, só continua a funcionar porque muitas pessoas, isoladamente, querem e fazem certas coisas, e no entanto sua estrutura e suas grandes transformações históricas independem, claramente, das intenções de qualquer pessoa em particular.

Examinando as respostas que hoje se oferecem a essas questões e a outras similares, defrontamo-nos, em termos gerais, com dois campos opostos. Parte das pessoas aborda as formações sócio-históricas como se tivessem sido concebidas, planejadas e criadas, tal como agora se apresentam ao observador retrospectivo, por diversos indivíduos ou organismos. Alguns indivíduos, dentro desse campo geral, talvez tenham certo nível de consciência de que esse tipo de resposta realmente não é satisfatório. É que, por mais que distorçam suas ideias de modo a fazê-las corresponderem aos fatos, o modelo conceitual a que estão presos continua a ser o da criação racional e deliberada de uma obra — como um prédio ou uma máquina — por pessoas individuais. Quando têm à sua frente instituições sociais específicas, como os parlamentos, a polícia, os bancos, os impostos ou seja lá o que for, eles procuram, para explicá-las, as pessoas que originalmente criaram tais instituições. Ao lidarem com um gênero literário, buscam o escritor que constituiu o que os outros seguiram como modelo. Ao depararem com formações em que esse tipo de explicação é difícil — a linguagem ou o Estado, por exemplo —, ao menos procedem *como se* essas formações sociais pudessem ser explicadas da mesma forma que as outras, aquelas que seriam deliberadamente produzidas por pessoas isoladas para fins específicos. Podem argumentar, por exemplo, que a finalidade da linguagem é a comunicação entre as pessoas, ou que a finalidade do Estado é a manutenção da ordem — como se, no curso da história da humanidade, a linguagem ou a organização de associações específicas de pessoas sob a forma de Estados tivesse sido deliberadamente criada para esse fim específico por indivíduos isolados, como resultado de um pensamento racional. E, com bastante frequência, ao serem confrontados com fenômenos sociais que obviamente não podem ser explicados por esse modelo, como é o caso da evolução dos estilos artísticos ou do processo civilizador, seu pensamento estanca. Param de formular perguntas.

Já o campo oposto despreza essa maneira de abordar as formações históricas e sociais. Para seus integrantes, o indivíduo não desempenha papel algum. Seus modelos conceituais são primordialmente extraídos das ciências naturais; em particular, da biologia. Mas nesse caso, como tantas vezes acontece, os modos científicos de pensamento misturam-se, fácil e imperceptivelmente, com os modos religiosos e metafísicos, formando uma perfeita unidade. A sociedade é concebida, por exemplo, como uma entidade orgânica supraindividual que avança inelutavelmente para a morte, atravessando etapas de juventude, maturidade e velhice. As ideias de Spengler constituem bom exemplo dessa maneira de pensar, mas hoje se encontram noções análogas, independentemente dele, nos mais variados matizes e cores. E, ainda quando não se veem levados, por força das experiências de nossa época, ao equívoco de conceber uma teoria geral da ascensão e declínio das sociedades como algo inevitável, ainda quando anteveem um futuro melhor para nossa sociedade, até os adversários dessa perspectiva spengleriana compartilham — por estarem dentro desse mesmo campo — uma abordagem que tenta explicar as formações e processos sócio-históricos pela influência de forças supraindividuais anônimas. Vez por outra, muito particularmente em Hegel, isso dá margem a uma espécie de panteísmo histórico: um Espírito do Mundo, ou até o próprio Deus, ao que parece, encarna-se num mundo histórico em movimento, diferente do mundo estático de Spinoza, e serve de explicação para sua ordem, periodicidade e intencionalidade. Ou então esse tipo de pensador ao menos imagina formações sociais específicas, habitadas por um espírito supraindividual comum, como o "espírito" da Grécia antiga ou da

França. Enquanto, para os adeptos da convicção oposta, as ações individuais se encontram no centro do interesse e qualquer fenômeno que não seja explicável como algo planejado e criado por indivíduos mais ou menos se perde de vista, aqui, neste segundo campo, são os próprios aspectos que o primeiro julga inabordáveis — os estilos e as formas culturais, ou as formas e instituições econômicas — que recebem maior atenção. E enquanto, no primeiro campo, continua obscuro o estabelecimento de uma ligação entre os atos e objetivos individuais e essas formações sociais, no segundo não se sabe com maior clareza como vincular as forças produtoras dessas formações às metas e aos atos dos indivíduos, quer essas forças sejam vistas como anonimamente mecânicas, quer como forças supraindividuais baseadas em modelos panteístas.

Mas dificuldades dessa natureza não se encontram apenas no estudo de fatos históricos e sociais no sentido mais estrito. Não menos intrusivas são elas quando se tenta compreender os seres humanos e a sociedade em termos de funções psicológicas. Na ciência que lida com fatos dessa espécie, encontram-se, de um lado, ramos de pesquisa que tratam o indivíduo singular como algo que pode ser completamente isolado e que buscam elucidar a estrutura de suas funções psicológicas independentemente de suas relações com as demais pessoas. Por outro lado, encontram-se correntes, na psicologia social ou de massa, que não conferem nenhum lugar apropriado às funções psicológicas do indivíduo singular. Às vezes, os membros deste último campo, mais ou menos como seus equivalentes nas ciências sociais e históricas, atribuem a formações sociais inteiras, ou a uma massa de pessoas, uma alma própria que transcende as almas individuais, uma *anima collectiva* ou "mentalidade grupal". E, quando não chegam a ir tão longe, é comum se contentarem em tratar os fenômenos sociopsicológicos como a soma ou — o que dá na mesma — a média das manifestações psicológicas de muitos indivíduos. A sociedade se afigura, nesse caso, simplesmente como uma acumulação aditiva de muitos indivíduos, e o processamento estatístico dos dados psicológicos aparece não apenas como um auxiliar essencial, mas como a meta e a evidência mais sólida da pesquisa psicológica. E, como quer que procedam quanto aos detalhes os vários ramos da psicologia individual e social, a relação entre seus objetos de estudo, observada desse ponto de vista geral, permanece mais ou menos misteriosa. Muitas vezes, é como se as psicologias do indivíduo e da sociedade parecessem duas disciplinas completamente distinguíveis. E as questões levantadas por cada uma delas costumam ser formuladas de maneira a deixar implícito, logo de saída, que existe um abismo intransponível entre o indivíduo e a sociedade.

Para onde quer que nos voltemos, deparamos com as mesmas antinomias. Temos uma certa ideia tradicional do que nós mesmos somos como indivíduos. E temos uma certa noção do que queremos dizer quando dizemos "sociedade". Mas essas duas ideias — a consciência que temos de nós como sociedade, de um lado, e como indivíduos, de outro — nunca chegam realmente a coalescer. Decerto nos apercebemos, ao mesmo tempo, de que na realidade não existe esse abismo entre o indivíduo e a sociedade. Ninguém duvida de que os indivíduos formam a sociedade ou de que toda sociedade é uma sociedade de indivíduos. Mas, quando tentamos reconstruir no pensamento aquilo que vivenciamos cotidianamente na realidade, verificamos, como naquele quebra-cabeça cujas peças não compõem uma imagem íntegra, que há lacunas e falhas em constante formação em nosso fluxo de pensamento.

O que nos falta — vamos admiti-lo com franqueza — são modelos conceituais e uma visão global mediante os quais possamos tornar compreensível, no pensamento, aquilo que vivenciamos diariamente na realidade, mediante os quais possamos compreender de que modo um grande número de indivíduos compõe entre si algo maior e diferente de uma coleção de indivíduos isolados: como é que eles formam uma "sociedade" e como sucede a essa sociedade poder modificar-se de maneiras específicas, ter uma história que segue um curso não pretendido ou planejado por qualquer dos indivíduos que a compõem.

Na tentativa de superar uma dificuldade análoga, Aristóteles certa vez apontou um exemplo singelo: a relação entre as pedras e a casa. Esta realmente nos proporciona um modelo simples para mostrar como a junção de muitos elementos individuais forma uma unidade cuja estrutura não pode ser inferida de seus componentes isolados. É que certamente não se pode compreender a estrutura da casa inteira pela contemplação isolada de cada uma das pedras que a compõem. Tampouco se pode compreendê-la pensando na casa como uma unidade somatória, uma acumulação de pedras; talvez isso não seja totalmente inútil para a compreensão da casa inteira, mas por certo não nos leva muito longe fazer uma análise estatística das características de cada pedra e depois calcular a média.

Em nossos dias, a teoria da *Gestalt* descortinou mais a fundo esses fenômenos. Ensinou-nos, primeiramente, que o todo é diferente da soma de suas partes, que ele incorpora leis de um tipo especial, as quais não podem ser elucidadas pelo exame de seus elementos isolados. Essa teoria forneceu à consciência geral de nossa época diversos modelos simples, capazes de nos ajudar a fazer o pensamento avançar nessa direção, como o exemplo da melodia, que também não consiste em nada além de notas individuais, mas é diferente de sua soma, ou o exemplo da relação entre a palavra e os sons, a frase e as palavras, o livro e as frases. Todos esses exemplos mostram a mesma coisa: a combinação, as relações de unidades de menor magnitude — ou, para usarmos um termo mais exato, extraído da teoria dos conjuntos, as unidades de potência menor — dão origem a uma unidade de potência maior, que não pode ser compreendida quando suas partes são consideradas em isolamento, independentemente de suas relações.

Mas, se esses são os modelos que poderão facilitar nosso raciocínio sobre a relação entre indivíduo e sociedade, não surpreende que nossa autoimagem lhes oponha resistência. As pedras talhadas e encaixadas para compor uma casa não passam de um meio; a casa é o fim. Seremos também nós, como seres humanos individuais, não mais que um meio que vive e ama, luta e morre, em prol do todo social?

Essa pergunta leva-nos a um debate cujos meandros e reviravoltas nos são mais do que conhecidos. Uma das grandes controvérsias de nossa época desenrola-se entre os que afirmam que a sociedade, em suas diferentes manifestações — a divisão do trabalho, a organização do Estado ou seja lá o que for —, é apenas um "meio", consistindo o "fim" no bem-estar dos indivíduos, e os que asseveram que o bem-estar dos indivíduos é menos "importante" que a manutenção da unidade social de que o indivíduo faz parte, constituindo esta o "fim" propriamente dito da vida individual. Acaso já não equivaleria a tomarmos partido nesse debate o fato de começarmos a procurar modelos para compreender a relação entre indivíduo e sociedade nas relações entre os tijolos e a casa, as notas e a melodia, a parte e o todo?

Na vida social de hoje, somos incessantemente confrontados pela questão de se e como é possível criar uma ordem social que permita uma melhor harmonização entre as necessidades e inclinações pessoais dos indivíduos, de um lado, e, de outro, as exigências feitas a cada indivíduo pelo trabalho cooperativo de muitos, pela manutenção e eficiência do todo social. Não há dúvida de que isso — o desenvolvimento da sociedade de maneira a que não apenas alguns, mas a totalidade de seus membros tivesse a oportunidade de alcançar essa harmonia — é o que criaríamos se nossos desejos tivessem poder suficiente sobre a realidade. Mas, ao pensarmos calmamente no assunto, logo se evidencia que as duas coisas só são possíveis juntas: só pode haver uma vida comunitária mais livre de perturbações e tensões se todos os indivíduos dentro dela gozarem de satisfação suficiente; e só pode haver uma existência individual mais satisfatória se a estrutura social pertinente for mais livre de tensão, perturbação e conflito. A dificuldade parece estar em que, nas ordens sociais que se nos apresentam, uma das duas coisas sempre leva a pior. Entre as necessidades e inclinações pessoais e as exigências da vida social, parece haver sempre, nas sociedades que nos são familiares, um conflito considerável, um abismo quase intransponível para a maioria das pessoas implicadas. E parece razoável supor que é aí, nessas discrepâncias de nossa vida, que se devem buscar as razões das discrepâncias correspondentes em nosso pensamento. Há uma clara ligação entre os abismos que se abrem entre indivíduo e sociedade, ora aqui, ora ali, em nossas estruturas de pensamento, e as contradições entre exigências sociais e necessidades individuais que são um traço permanente de nossa vida. Os projetos que hoje nos são oferecidos para pôr termo a essas dificuldades parecem, ante um exame rigoroso, apenas voltados para solucionar uma coisa à custa da outra.

A gravidade dos conflitos que questionam constantemente a relação entre indivíduo e sociedade, nos dias atuais, restringe nosso pensamento a certos limites. A agitação e o medo provocados por esses conflitos em todas as pessoas implicadas podem ser vistos na carga afetiva de que se revestem todas as palavras direta ou indiretamente relacionadas com eles; tal carga coalesce em torno dessas palavras, formando uma aura de valorações que mais faz obscurecer do que esclarecer o que elas pretendem expressar. Qualquer ideia que aluda a essa disputa, por mais remotamente que seja, é infalivelmente interpretada como uma tomada de posição a favor de um lado ou do outro, como uma apresentação do indivíduo enquanto "fim" e da sociedade enquanto "meio", ou uma visão da sociedade como o mais "essencial", o "objetivo mais alto", e do indivíduo como o "menos importante", o "meio". A tentativa de ver o que está por trás dessa antítese, ou — nem que seja apenas em pensamento — de transcendê-la, parece não fazer sentido para os participantes da disputa. Também nesse caso, as perguntas se detêm num ponto muito específico: tudo o que não serve para justificar a sociedade ou o indivíduo como o "mais importante", o "objetivo mais alto", parece irrelevante, algo em que não vale a pena pensar. Mas e se uma compreensão melhor da relação entre indivíduo e sociedade só pudesse ser atingida pelo rompimento dessa alternativa ou isto/ou aquilo, desarticulando a antítese cristalizada?

Removendo as camadas de dissimulação que encobrem o núcleo da antítese, podemos começar a resolvê-la. Os que aqui se defrontam como inimigos falam, uns e outros, como se tivessem recebido seu saber dos céus ou de uma esfera da razão imune à experiência. Quer afirmem a sociedade ou o indivíduo como o objetivo mais alto, os dois lados procedem, no que tange ao pensamento, como se um ser externo à humanidade, ou um representante seu em nosso pensamento — a "natureza" e uma "razão" divina que funcionassem previamente a qualquer experiência —, houvesse estabelecido esse objetivo último e essa escala de valores, sob essa forma, para todo o sempre. Ao atravessarmos o véu de valorações e afetos com que as tensões de nossa época imbuem tudo o que diz respeito à relação entre indivíduo e sociedade, surge um panorama diferente. Considerados num nível mais profundo, tanto os indivíduos quanto a sociedade conjuntamente formada por eles são igualmente desprovidos de objetivo. Nenhum dos dois existe sem o outro. Antes de mais nada, na verdade, eles simplesmente existem — o indivíduo na companhia de outros, a sociedade como uma sociedade de indivíduos — de um modo tão desprovido de objetivo quanto as estrelas que, juntas, formam um sistema solar, ou os sistemas solares que formam a Via Láctea. E essa existência não finalista dos indivíduos em sociedade é o material, o tecido básico em que as pessoas entremeiam as imagens variáveis de seus objetivos.

Pois as pessoas estabelecem para si diferentes objetivos de um caso para outro, e não há outros objetivos senão os que elas se estabelecem. "A sociedade é o objetivo final e o indivíduo é apenas um meio", "o indivíduo é o objetivo final e a união dos indivíduos numa sociedade é apenas um meio para seu bem-estar" — eis os gritos de guerra que os grupos em confronto bradam um ao outro, no contexto de sua situação atual, com as pressões e interesses que lhe são transitórios. Ambos os lemas expressam algo que os dois grupos creem que *deveria* acontecer. Somente ao deixarmos os lemas para trás e superarmos a necessidade de proclamar diante de todos o que deveria ser a relação entre indivíduo e sociedade, se nossa vontade prevalecesse, só então é que começaremos a nos dar conta da questão mais fundamental de saber o que realmente *é*, em todo o mundo, a relação entre indivíduo e sociedade. Como é possível — esta passa a ser a pergunta — que a existência simultânea de muitas pessoas, sua vida em comum, seus atos recíprocos, a totalidade de suas relações mútuas deem origem a algo que nenhum dos indivíduos, considerado isoladamente, tencionou ou promoveu, algo de que ele faz parte, querendo ou não, uma estrutura de indivíduos interdependentes, uma sociedade? Talvez fosse bom que aqui, como no caso da natureza, só pudéssemos esclarecer nossos atos, nossas metas e nossas ideias do que deve ser se compreendêssemos melhor o que existe, as leis básicas desse substrato de nossos objetivos, a estrutura das unidades maiores que formamos juntos. Só assim estaríamos em condições de fundamentar a terapia dos males de nossa vida em comum num diagnóstico seguro. Enquanto isso não acontece, conduzimo-nos, em todas as nossas deliberações sobre a sociedade e seus males, exatamente como os charlatães no tratamento das doenças: receitamos uma terapia sem antes termos formulado um diagnóstico claro, independente de nossos desejos e interesses.

Não há dúvida de que cada ser humano é criado por outros que existiam antes dele; sem dúvida, ele cresce e vive como parte de uma associação de pessoas, de um todo social — seja este qual for. Mas isso não significa nem que o indivíduo seja menos importante do que a sociedade, nem que ele seja um "meio" e a sociedade, o "fim". A relação entre a parte e o todo é uma certa forma de relacionamento, nada mais, e como tal, sem dúvida, já é bastante problemática. Em certas condições, pode ser vinculada à relação entre os meios e o fim, mas não lhe é idêntica; inúmeras vezes, uma forma de relação não tem a mínima ligação com a outra.

Mas, quando assim começamos a penetrar na névoa de valorações extrínsecas que cerca a relação entre indivíduo e sociedade, emerge imediatamente por trás dela um outro problema. A afirmação de que "o indivíduo é parte de um todo maior, que ele forma junto com outros" não quer dizer grande coisa; na verdade, não passa de uma observação muito banal e evidente. Ou, para ser mais exato, *seria* uma observação banal se tantas pessoas não deixassem tão constantemente de registrar esse simples estado de coisas. Inúmeras das declarações com que hoje deparamos a propósito da relação entre indivíduo e sociedade reduzem-se à ideia inversa. "Na realidade", pensam e sentem os expoentes desse ponto de vista, "não existe sociedade; na realidade, existem apenas indivíduos." E os que, no sentido exato da expressão, não conseguem enxergar a floresta por causa das árvores* talvez encontrem algum auxílio para seu raciocínio na alusão à relação entre as pedras e a casa, a parte e o todo. A afirmação de que os indivíduos são mais "reais" do que a sociedade nada mais faz além de expressar o fato de que as pessoas que defendem essa visão acreditam que os indivíduos são mais *importantes*, e que a associação que eles formam, a sociedade, é menos importante. A ideia de, "na realidade", não existir sociedade, apenas uma porção de indivíduos, diz aproximadamente tanto quanto a afirmação de que, na "realidade", não existem casas, apenas uma porção de tijolos isolados, um monte de pedras.

Mas, a rigor, as alusões a outros todos, a sons e palavras, pedras e casas, não passam de um guia muito grosseiro. Estritamente falando, elas apenas mostram onde está o problema. Fornecem um ponto de partida de onde se pode, lentamente, seguir as próprias ideias, em contato constante com a experiência. Pois, mesmo que exemplos como o da casa possam trazer alguma ajuda no primeiro passo, quando se reflete sobre o que é uma "sociedade", no passo seguinte as diferenças só fazem emergir com mais clareza. Com o termo "todo", geralmente nos referimos a algo mais ou menos harmonioso. Mas a vida social dos seres humanos é repleta de contradições, tensões e explosões. O declínio alterna-se com a ascensão, a guerra com a paz, as crises com os surtos de crescimento. A vida dos seres humanos em comunidade certamente não é harmoniosa. Mas, se não a harmonia, ao menos a palavra "todo" evoca-nos a ideia de alguma coisa completa em si, de uma formação de contornos nítidos, de uma forma perceptível e uma estrutura discernível e mais ou menos visível. As sociedades, porém, não têm essa forma perceptível. Não possuem estruturas passíveis de serem vistas, ouvidas ou diretamente tocadas no espaço. Consideradas como totalidades, são sempre mais ou menos incompletas: de onde quer que sejam vistas, continuam em aberto na esfera temporal em direção ao passado e ao futuro. Os pais, filhos de pais, são seguidos por filhos e as mães, por filhas. Trata-se, na verdade, de um fluxo contínuo, uma mudança mais rápida ou mais lenta das formas vivas; nele, só com grande dificuldade o olhar consegue discernir um ponto fixo.

E, mesmo a cada momento presente, as pessoas estão num movimento mais ou menos perceptível. O que une os indivíduos não é cimento. Basta pensarmos no burburinho das ruas das grandes cidades: a maioria das pessoas não se conhece. Umas quase nada têm a ver com as outras. Elas se cruzam aos trancos, cada qual perseguindo suas próprias metas e projetos. Vão e vêm como lhes apraz. Partes de um todo? A palavra "todo" certamente parece

---

* *"Fail* (ou *not to be able) to see the wood for the trees"*, conhecido chavão da língua inglesa, expressa a incapacidade de visão global de quem se prende à multiplicidade dos detalhes. (N.T.)

deslocada, ao menos se seu sentido for determinado exclusivamente por uma visão de estruturas estáticas ou espacialmente fechadas, por experiências como as proporcionadas pelas casas, as obras de arte ou os organismos.

Mas há, sem dúvida, um aspecto diferente nesse quadro: funcionando nesse tumulto de gente apressada, apesar de toda a sua liberdade individual de movimento, há também, claramente, uma ordem oculta e não diretamente perceptível pelos sentidos. Cada pessoa nesse turbilhão faz parte de determinado lugar. Tem uma mesa à qual come, uma cama em que dorme; até os famintos e sem teto são produtos e componentes da ordem oculta que subjaz à confusão. Cada um dos passantes, em algum lugar, em algum momento, tem uma função, uma propriedade ou trabalho específico, algum tipo de tarefa para os outros, ou uma função perdida, bens perdidos e um emprego perdido. Há balconistas de lojas e bancários, faxineiros e damas da sociedade sem profissão própria; há homens que vivem de renda, policiais, garis, especuladores imobiliários falidos, batedores de carteira e moças sem outra função senão o prazer dos homens; há atacadistas e mecânicos, diretores de grandes indústrias químicas e desempregados. Como resultado de sua função, cada uma dessas pessoas tem ou teve uma renda, alta ou baixa, de que vive ou viveu; e, ao passar pela rua, essa função e essa renda, mais evidentes ou mais ocultas, passam com ela. Não lhe é possível pular fora disso conforme sua veneta. Não lhe é possível, simplesmente, passar para outra função, mesmo que o deseje. O atacadista de papel não pode, subitamente, transformar-se num mecânico, ou o desempregado num diretor de fábrica. Menos ainda pode qualquer deles, mesmo que o queira, tornar-se cortesão, cavaleiro ou brâmane, salvo na realização de desejo de um baile a fantasia. Cada qual é obrigado a usar certo tipo de traje; está preso a certo ritual no trato com os outros e a formas específicas de comportamento, muito diferentes dos dos moradores de uma aldeia chinesa ou de uma comunidade de artesãos urbanos do começo da Idade Média. A ordem invisível dessa forma de vida em comum, que não pode ser diretamente percebida, oferece ao indivíduo uma gama mais ou menos restrita de funções e modos de comportamento possíveis. Por nascimento, ele está inserido num complexo funcional de estrutura bem definida; deve conformar-se a ele, moldar-se de acordo com ele e, talvez, desenvolver-se mais, com base nele. Até sua liberdade de escolha entre as funções preexistentes é bastante limitada. Depende largamente do ponto em que ele nasce e cresce nessa teia humana, das funções e da situação de seus pais e, em consonância com isso, da escolarização que recebe. Também isso, esse passado, está diretamente presente em cada uma das pessoas que se movem apressadamente no bulício da cidade. É possível que o indivíduo não conheça ninguém nesse burburinho; mas, em algum lugar, ele tem pessoas a quem conhece, amigos de confiança e inimigos, uma família, um círculo de relações a que pertence, ou, caso agora esteja só, tem conhecidos perdidos ou mortos que vivem apenas em sua memória.

Numa palavra, cada pessoa que passa por outra, como estranhos aparentemente desvinculados na rua, está ligada a outras por laços invisíveis, sejam estes laços de trabalho e propriedade, sejam de instintos e afetos. Os tipos mais díspares de funções tornaram-na dependente de outrem e tornaram outros dependentes dela. Ela vive, e viveu desde pequena, numa rede de dependências que não lhe é possível modificar ou romper pelo simples giro de um anel mágico, mas somente até onde a própria estrutura dessas dependências o permita; vive num tecido de relações móveis que a essa altura já se precipitaram nela como seu caráter pessoal. E aí reside o verdadeiro problema: em cada associação de seres humanos, esse contexto funcional tem uma estrutura muito específica. Numa tribo de criadores nômades de gado, ela é diferente da que existe numa tribo de lavradores; numa sociedade feudal de guerreiros, é diferente da existente na sociedade industrial de nossos dias e, acima disso tudo, é diferente nas diferentes comunidades nacionais da própria sociedade industrial. Entretanto esse arcabouço básico de funções interdependentes, cuja estrutura e padrão conferem a uma sociedade seu caráter específico, não é criação de indivíduos particulares, pois cada indivíduo, mesmo o mais poderoso, mesmo o chefe tribal, o monarca absolutista ou o ditador, faz parte dele, é representante de uma função que só é formada e mantida em relação a outras funções, as quais só podem ser entendidas em termos da estrutura específica e das tensões específicas desse contexto total.

Essa rede de funções no interior das associações humanas, essa ordem invisível em que são constantemente introduzidos os objetivos individuais, não deve sua origem a uma simples soma de vontades, a uma decisão comum de *muitas* pessoas individuais. Não foi com base na livre decisão de muitos, num *contrato social*, e menos ainda com base em referendos ou eleições, que a atual rede funcional complexa e altamente diferenciada emergiu, muito gradativamente, das cadeias de funções relativamente simples do início da Idade Média, que no Ocidente, por exemplo, ligaram as pessoas como padres, cavaleiros e escravos. No Ocidente, as pessoas não se reuniram, num determinado momento, como que vindas de uma situação desprovida de relações, para, através de uma votação expressando a vontade da maioria, decidirem distribuir, de acordo com o esquema atual, funções como as de comerciante, diretor de fábrica, policial e operário. Ao contrário, as votações e eleições, as provas não sangrentas de força entre diferentes grupos funcionais, só se tornaram possíveis, enquanto instituições permanentes de controle social, quando aliadas a uma estrutura muito específica de funções sociais. Por baixo de cada um desses acordos cumulativos há, entre essas pessoas, uma ligação *funcional* preexistente que não é apenas somatória. Sua estrutura e suas tensões expressam-se, direta ou indiretamente, no resultado da votação. E decisões, votações e eleições majoritárias somente podem alterar ou desenvolver essa estrutura funcional dentro de limites bastante estreitos. A rede de funções interdependentes pela qual as pessoas estão ligadas entre si tem peso e leis próprios, que deixam apenas uma margem bem circunscrita para compromissos firmados sem derramamento de sangue — e toda eleição majoritária é, em última análise, um acordo desse tipo.

Mas, embora esse contexto funcional tenha suas leis próprias, das quais dependem, em última instância, todas as metas dos indivíduos e todas as decisões computadas nas cédulas eleitorais, embora sua estrutura não seja uma criação de indivíduos particulares, ou sequer de muitos indivíduos, tampouco ele é algo que exista fora dos indivíduos. Todas essas funções interdependentes, as de diretor de fábrica ou mecânico, dona de casa, amigo ou pai, são funções que uma pessoa exerce para outras, um indivíduo para outros indivíduos. Mas cada uma dessas funções está relacionada com terceiros; depende das funções deles tanto quanto estes dependem dela. Em virtude dessa inerradicável interdependência das funções individuais, os atos de muitos indivíduos distintos, especialmente numa sociedade tão complexa quanto a nossa, precisam vincular-se ininterruptamente, formando longas cadeias de atos, para que as ações de cada indivíduo cumpram suas finalidades. Assim, cada pessoa singular está realmente presa; está presa por viver em permanente dependência funcional de outras; ela é um elo nas cadeias que ligam outras pessoas, assim como todas as demais, direta ou indiretamente, são elos nas cadeias que a prendem. Essas cadeias não são visíveis e tangíveis, como grilhões de ferro. São mais elásticas, mais variáveis, mais mutáveis, porém não menos reais, e decerto não menos fortes. E é a essa rede de funções que as pessoas desempenham umas em relação a outras, a ela e nada mais, que chamamos "sociedade". Ela representa um tipo especial de esfera. Suas estruturas são o que denominamos "estruturas sociais". E, ao falarmos em "leis sociais" ou "regularidades sociais", não nos referimos a outra coisa senão isto: às leis autônomas das relações entre as pessoas individualmente consideradas.

Não é tarefa simples limitar o abismo que tantas vezes parece abrir-se, no pensamento, entre o indivíduo e a sociedade. Aqui se requer um esforço peculiar de pensamento, pois as dificuldades que temos de enfrentar, em qualquer reflexão sobre a relação entre indivíduo e sociedade, provêm — na medida em que se originam na *ratio* — de hábitos mentais específicos que hoje se acham demasiadamente arraigados na consciência de cada um de nós. Falando em termos gerais, parece extraordinariamente difícil para a maioria das pessoas, no atual estágio do pensamento, conceber que as relações possam ter estrutura e regularidade próprias. A regularidade, acostumamo-nos a pensar, é algo próprio das substâncias, objetos ou corpos diretamente perceptíveis pelos sentidos. O padrão de uma relação, diz-nos uma voz interna, deve ser explicado pela estrutura e pelas leis dos objetos perceptíveis que se relacionam dentro dela. Parece-nos evidente que a única maneira frutífera de compreender unidades compostas consiste em dissecá-las. Nosso raciocínio deve partir, segundo nos parece, das unidades menores que compõem as maiores através de suas inter-relações. Investigar as primeiras como são "em si", independentemente de todas as suas relações umas com as outras, parece o primeiro passo indispensável. As relações entre essas unidades — e portanto a unidade maior que elas formam em conjunto — são algo em que involuntariamente pensamos como acrescentado *a posteriori*, uma espécie de consideração secundária.

Mas esses hábitos mentais — por frutíferos que sejam, em certa medida, ao lidarmos com experiências com substâncias inanimadas — constantemente originam anomalias específicas quando lidamos, no pensamento, com os diferentes tipos de experiências que temos de nós mesmos, das pessoas e da sociedade. É frequente esses hábitos mentais forçarem determinados grupos de pessoas, cujas ideias, juntamente com suas experiências sociais específicas, se concentram acima de tudo na *autonomia* das leis das relações humanas, a ocultarem de si o fato de que, ainda assim, se trata de leis das *relações* humanas. Uma vez que esses grupos só conseguem conceber regularidades como sendo as regularidades das substâncias ou de forças substanciais, eles inconscientemente atribuem às regularidades que observam nas relações humanas uma substância própria que transcende os indivíduos. Fundamentando-se nessas regularidades sociais específicas, só conseguem conceber a sociedade como algo supraindividual. Inventam, como meio de sustentação dessas regularidades, uma "mentalidade coletiva" ou um "organismo coletivo", ou ainda, conforme o caso, "forças" mentais e materiais supraindividuais, por analogia com as forças e substâncias naturais. Opondo-se a eles, por outro lado, há os grupos cujas ideias se concentram, acima de tudo, nos indivíduos humanos. Estes veem com bastante clareza o que se oculta aos outros: que tudo aquilo a que chamamos "estruturas e leis sociais" não são nada além de estruturas e leis das relações entre as pessoas. Mas, tal como o primeiro grupo, eles são incapazes de imaginar que as próprias relações possam ter estruturas e regularidades próprias; como os primeiros, eles involuntariamente pensam nessas estruturas e regularidades, não como uma peculiaridade das relações *entre* unidades tangíveis, mas como uma peculiaridade dessas unidades corporais. Todavia, em consonância com suas diferentes experiências e interesses sociais, eles acreditam que a substância tangível das estruturas e regularidades sociais esteja localizada no indivíduo, visto isoladamente. Se o primeiro grupo, em virtude de seu discernimento das leis autônomas das relações humanas, inconscientemente atribui substância própria a essa regularidade, o segundo considera inconcebível que as relações *entre* os indivíduos tenham estrutura e leis próprias; assim, involuntariamente imagina que a explicação das estruturas e leis das relações entre os indivíduos deva ser buscada na "natureza" ou na "consciência" destes últimos, tais como são "em si" antes de qualquer relação, e em sua própria estrutura e regularidades. É a partir dos indivíduos, como "átomos" e "partículas mínimas" da sociedade, segundo lhes parece, que o raciocínio deve começar, elaborando-se o conceito de suas relações recíprocas, da sociedade, como algo que vem depois. Em suma, eles concebem os indivíduos como postes sólidos entre os quais, posteriormente, se pendura o fio dos relacionamentos. Os outros, de olhos fixos na autonomia das relações humanas, pensam na sociedade como algo que existe antes e independentemente dos indivíduos; o grupo que acabamos de considerar, com seus interesses diferenciados, pensa nos indivíduos como algo que existe antes e independentemente da sociedade. E, tanto num grupo quanto no outro, certos campos de fatos são inabordáveis pelo pensamento. Tanto num quanto noutro, abre-se um intransponível abismo mental entre os fenômenos sociais e individuais.

A relação entre os indivíduos e a sociedade é uma coisa singular. Não encontra analogia em nenhuma outra esfera da existência. Apesar disso, a experiência adquirida observando-se a relação entre as partes e o todo em outras esferas pode, até certo ponto, ajudar-nos nesse aspecto. Ela pode ajudar a afrouxar e ampliar os hábitos mentais a que fizemos referência. Não se compreende uma melodia examinando-se cada uma de suas notas separadamente, sem relação com as demais. Também sua estrutura não é outra coisa senão a das relações *entre* as diferentes notas. Dá-se algo semelhante com a casa. Aquilo a que chamamos sua estrutura não é a estrutura das pedras isoladas, mas a das relações *entre* as diferentes pedras com que ela é construída; é o complexo das funções que as pedras têm em relação umas às outras na unidade da casa. Essas funções, bem como a estrutura da casa, não podem ser explicadas considerando-se o formato de cada pedra, independentemente de suas relações mútuas; pelo contrário, o formato das pedras só pode ser explicado em termos de sua função em todo o complexo funcional, a estrutura da casa. Deve-se começar pensando na estrutura do todo para se compreender a forma das partes individuais. Esses e muitos outros fenômenos têm uma coisa em comum, por mais diferentes que sejam em todos os outros aspectos: *para compreendê-los, é necessário desistir de pensar em termos de substâncias isoladas únicas e começar a pensar em termos de relações e funções*. E nosso pensamento só fica plenamente instrumentado para compreender nossa experiência social depois de fazermos essa troca.

Vamos imaginar, como símbolo da sociedade, um grupo de bailarinos que execute uma dança de salão, como a *française* ou a quadrilha, ou uma dança de roda do interior. Os passos e mesuras, os gestos e movimentos feitos por cada bailarino são todos inteiramente combinados e sincronizados com os dos demais bailarinos. Se qualquer dos indivíduos que dançam fosse considerado isoladamente, as funções de seus movimentos não poderiam ser entendidas. A maneira como o indivíduo se comporta nessa situação é determinada pelas relações dos bailarinos entre si. Dá-se algo semelhante com o comportamento dos indivíduos em geral. Quer se encontrem como amigos ou inimigos, pais ou filhos, marido e mulher, ou fidalgo e servo, rei e súditos, diretor e empregados, o modo como os indivíduos se portam é determinado por suas relações passadas ou presentes com outras pessoas. Ainda que eles se afastem de todas as outras pessoas como eremitas, os gestos executados longe dos outros, assim como os gestos a eles dirigidos, são gestos relacionados com os outros. É claro que um indivíduo pode facilmente sair de uma dança, se o desejar, mas as pessoas não se juntam para formar uma sociedade unicamente por um desejo de dança e divertimento. O que as liga à sociedade é a propensão fundamental de sua natureza.

De fato, nenhuma outra imagem nos proporciona uma impressão adequada da importância que têm as relações entre as pessoas para a composição do indivíduo. Nada, exceto uma exploração da natureza e da estrutura dessas próprias relações, pode dar-nos uma ideia da estreita e profunda medida em que a interdependência das funções humanas sujeita o indivíduo. Nenhuma outra coisa, em suma, fornece uma imagem mais clara da integração dos indivíduos na formação da sociedade. Mas, para chegarmos a uma clareza maior nessa direção, é preciso mais do que uma simples revisão dos hábitos mentais. O que se faz necessário é uma revisão fundamental de toda a composição tradicional da autoconsciência.[1]

II

Parte consciente, parte inconscientemente, a maioria das pessoas conserva, ainda hoje, um mito peculiar da criação. Elas imaginam que, "no princípio", uma única pessoa surgiu pela primeira vez na terra, a ela vindo juntar-se outras posteriormente. É assim que a Bíblia descreve a situação. Mas alguns ecos dessa forma de consciência mostram-se hoje em várias outras versões. O velho Adão faz uma reaparição laicizada no discurso sobre o "homem primitivo" ou o "pai originário". É como se as pessoas crescidas, ao pensarem em suas origens, perdessem involuntariamente de vista o fato de elas mesmas, assim como todos os adultos, terem vindo ao mundo como crianças pequenas. Vez após outra, nos mitos científicos da origem, tal como nos religiosos, elas se sentem compelidas a imaginar: no começo, houve um único ser humano, que era um adulto.

Desde que permaneçamos dentro do âmbito da experiência, contudo, somos obrigados a reconhecer que o ser humano singular é gerado e partejado por outros seres humanos. Quaisquer que tenham sido os ancestrais da humanidade, o que vemos, até onde nos é possível divisar no passado, é uma cadeia ininterrupta de pais e filhos, os quais, por sua vez, se tornam pais. E não se pode entender como e por que os indivíduos se ligam numa unidade maior, uns através dos outros e com os outros, quando se oculta de si mesmo essa percepção. Todo indivíduo nasce num grupo de pessoas que já existiam antes dele. E não é só: todo indivíduo constitui-se de tal maneira, por natureza, que precisa de outras pessoas que existam antes dele para poder crescer. Uma das condições fundamentais da existência humana é a presença simultânea de diversas pessoas inter-relacionadas. E se, para simbolizar a própria autoimagem, precisamos de um mito de origem, parece ser chegada a hora de revermos o mito tradicional: no começo, diríamos, havia, não uma única pessoa, mas diversas pessoas que viviam juntas, causavam-se prazer e dor, assim como fazemos hoje, vinham à luz umas através das outras e legavam umas às outras, como nós, uma unidade social, grande ou pequena.

Mas não há salto vindo do nada e nenhum mito de origem é necessário para tornar compreensível a relacionabilidade social primeva do indivíduo, sua dependência natural do convívio com outras pessoas. Bastam os fatos com que diretamente nos defrontamos.

Ao nascer, cada indivíduo pode ser muito diferente, conforme sua constituição natural. Mas é apenas na sociedade que a criança pequena, com suas funções mentais maleáveis e relativamente indiferenciadas, se transforma num ser mais complexo. Somente na relação com outros seres humanos é que a criatura impulsiva e desamparada que vem ao mundo se transforma na pessoa psicologicamente desenvolvida que tem o caráter de um indivíduo e merece o nome de ser humano adulto. Isolada dessas relações, ela evolui, na melhor das hipóteses, para a condição de um animal humano semisselvagem. Pode crescer fisicamente, mas, em sua composição psicológica, permanece semelhante a uma criança pequena. Somente ao crescer num grupo é que o pequeno ser humano aprende a fala articulada. Somente na companhia de outras pessoas mais velhas é que, pouco a pouco, desenvolve um tipo específico de sagacidade e controle dos instintos. E a língua que aprende, o padrão de controle instintivo e a composição adulta que nele se desenvolve, tudo isso depende da estrutura do grupo em que ele cresce e, por fim, de sua posição nesse grupo e do processo formador que ela acarreta.

Mesmo dentro de um mesmo grupo, as relações conferidas a duas pessoas e suas histórias individuais nunca são exatamente idênticas. Cada pessoa parte de uma posição única em sua rede de relações e atravessa uma história singular até chegar à morte. Mas as diferenças entre os rumos seguidos por diferentes indivíduos, entre as situações e funções por que eles passam no curso de sua vida, são menos numerosas nas sociedades mais simples do que nas complexas. E o grau de individualização dos adultos nestas últimas sociedades é consoantemente maior. Por paradoxal que pareça, no estágio atual do desenvolvimento dos hábitos mentais, não apenas a individualidade e a inter-relação social das pessoas não são antitéticas como também a moldagem e a diferenciação especiais das funções mentais a que nos referimos como "individualidade" só são possíveis para a pessoa que cresce num grupo, numa sociedade.

Sem dúvida, as pessoas também diferem em suas constituições naturais. Mas a constituição que cada um traz consigo ao mundo, e particularmente a constituição de suas funções psíquicas, é maleável. O recém-nascido não é mais que o esboço preliminar de uma pessoa. Sua individualidade adulta não provém, necessariamente e por um caminho único, daquilo que percebemos como suas características distintivas, sua constituição especial, do mesmo modo que uma planta de determinada espécie evolui de sua semente: a constituição característica de uma criança recém-nascida dá margem a uma grande profusão de individualidades possíveis. Ela exibe não mais que os limites e a posição da curva de dispersão em que pode residir a forma individual do adulto. O modo como essa forma realmente se desenvolve, como as características maleáveis da criança recém-nascida se cristalizam, gradativamente, nos contornos mais nítidos do adulto, nunca depende exclusivamente de sua constituição, mas sempre da natureza das relações entre ela e as outras pessoas.

Essas relações — por exemplo, entre pai, mãe, filho e irmãos numa família —, por variáveis que sejam em seus detalhes, são determinadas, em sua estrutura básica, pela estrutura da sociedade em que a criança nasce e que existia *antes* dela. São diferentes em sociedades com estruturas diferentes. Por essa razão, as peculiaridades constitucionais com que um ser humano vem ao mundo têm uma importância muito diferente para as relações do indivíduo nas diferentes sociedades, bem como nas diferentes épocas históricas de uma mesma sociedade. Constituições naturais similares em bebês recém-nascidos levam a um desenvolvimento muito diferenciado da consciência e dos instintos, dependendo da estrutura preexistente de relações em que eles cresçam. A individualidade que o ser humano acaba por desenvolver não depende apenas de sua constituição natural, mas de todo o processo de individualização. Sem dúvida, a constituição característica da pessoa tem uma influência inerradicável em todo o seu destino. Uma criança sensível pode esperar um destino diferente do de uma menos sensível na mesma família ou sociedade. Mas esse destino, e portanto a forma individual que o indivíduo assume lentamente ao crescer, não está traçado desde o início na natureza inata do bebê. O que advém de sua constituição característica depende da estrutura da sociedade em que ele cresce. Seu destino, como quer que venha a se revelar em seus pormenores, é, *grosso modo*, específico de cada sociedade. Por conseguinte, a imagem mais nitidamente delineada do adulto, a individualidade que aos poucos emerge da forma menos diferenciada da criança pequena, em sua interação com seu destino, é também específica de cada sociedade. Em consonância com a estrutura mutável da sociedade ocidental, uma criança do século XII desenvolvia uma estrutura dos instintos e da consciência diferente da de uma criança do século XX. A partir do estudo do processo civilizador, evidenciou-se com bastante clareza a que ponto a modelagem geral, e portanto a formação individual de cada pessoa, depende da evolução histórica do padrão social, da estrutura das relações humanas. Os avanços da individualização, como na Renascença, por exemplo, não foram consequência de uma súbita mutação em pessoas isoladas, ou da concepção fortuita de um número especialmente elevado de pessoas talentosas; foram eventos sociais, consequência de uma desarticulação de velhos grupos ou de uma mudança na posição social do artista-artesão, por exemplo. Em suma, foram consequência de uma reestruturação específica das relações humanas.

Também por esse aspecto, é fácil perdermos de vista a importância fundamental das relações entre as pessoas para o indivíduo que está em seu meio. E essas dificuldades resultam igualmente, pelo menos em parte, dos tipos de modelo de pensamento usados para refletirmos sobre essas relações. Como é frequente acontecer, esses modelos derivam das relações mais simples entre corpos tridimensionais. O esforço de reorientação necessário para romper com esses modelos não é menor, com certeza, do que o que se fez necessário quando os físicos começaram a raciocinar em termos das relações entre os corpos, em vez de partirem de corpos isolados, como o sol ou a lua. A relação entre as pessoas é comumente imaginada como a que existe entre as bolas de bilhar: elas se chocam e rolam em direções diferentes. Mas a interação entre as pessoas e os "fenômenos reticulares" que elas produzem são essencialmente diferentes das interações puramente somatórias das substâncias físicas.

Tomemos, por exemplo, uma forma relativamente simples de relação humana, a conversa. Um parceiro fala, o interlocutor retruca. O primeiro responde e o segundo volta a replicar. Se considerarmos não apenas as observações e contraobservações isoladas, mas o rumo tomado pela conversa como um todo, a sequência de ideias entremeadas, carreando umas às outras numa interdependência contínua, estaremos lidando com um fenômeno que não pode ser satisfatoriamente representado nem pelo modelo físico da ação e reação das bolas nem pelo modelo fisiológico da relação entre estímulo e reação. As ideias de cada um dos parceiros podem mudar ao longo da conversa. É possível, por exemplo, que eles cheguem a um certo acordo no correr da conversação. Talvez um convença o outro. Nesse caso, alguma coisa passa de um para o outro. É assimilada na estrutura individual das ideias deste. Modifica sua estrutura e, por sua vez, é modificada, ao ser incorporada num sistema diferente. O mesmo se aplica ao surgimento de uma discordância durante a conversa. Nesse caso, as ideias de um interlocutor penetram no diálogo interno do outro como um adversário, assim impulsionando seus pensamentos. A característica especial desse tipo de processo, que podemos chamar de imagem reticular, é que, no decorrer dele, cada um dos interlocutores forma ideias que não existiam antes ou leva adiante ideias que já estavam presentes. Mas a direção e a ordem seguidas por essa formação e transformação das ideias não são explicáveis unicamente pela estrutura de um ou outro parceiro, e sim pela relação entre os dois. E é justamente esse fato de as pessoas mudarem em relação umas às outras e através de sua relação mútua, de se estarem continuamente moldando e remoldando em relação umas às outras, que caracteriza o fenômeno reticular em geral.

Suponhamos que alguém tentasse visualizar a sequência das respostas dadas por um dos interlocutores dessa conversa como uma unidade distinta que existisse com uma ordem própria, independentemente da imagem reticular da conversa: seria mais ou menos como se ele considerasse a individualidade de uma pessoa como algo independente das relações em que ela se encontra, do constante entrelaçamento de fios mediante o qual ela se transforma no que é. Que as pessoas — ao contrário das bolas de bilhar — evoluem e mudam nas suas relações mútuas e através delas é um fato que pode não ficar muito claro enquanto pensamos exclusivamente nos adultos, cujo caráter e cujas estruturas de consciência e instinto se tornaram mais ou menos fixos. Mesmo eles, por certo, nunca estão inteiramente completos e acabados. Também podem mudar em seu contexto de relações, ainda que com alguma dificuldade e, em geral, apenas em seu autocontrole mais consciente. Mas o que aqui chamamos "rede", para denotar a totalidade da relação entre indivíduo e sociedade, nunca poderá ser entendido enquanto a "sociedade" for imaginada, como tantas vezes acontece, essencialmente como uma sociedade de indivíduos que nunca foram crianças e que nunca morrem. Só se pode chegar a uma compreensão clara da relação entre indivíduo e sociedade quando nela se inclui o perpétuo crescimento dos indivíduos dentro da sociedade, quando se inclui o processo de individualização na teoria da sociedade. A historicidade de cada indivíduo, o fenômeno do crescimento até a idade adulta, é a chave para a compreensão do que é a "sociedade". A sociabilidade inerente aos seres humanos só se evidencia quando se tem presente o que significam as relações com outras pessoas para a criança pequena.

A criança não é apenas maleável ou adaptável em grau muito maior do que os adultos. Ela *precisa* ser adaptada pelo outro, *precisa* da sociedade para se tornar fisicamente adulta. Na criança, não são apenas as ideias ou apenas o comportamento consciente que se veem constantemente formados e transformados nas relações com o outro e por meio delas; o mesmo acontece com suas tendências instintivas, seu comportamento controlado pelos instintos. Evidentemente, as imagens instintivas que evoluem lentamente na criança recém-nascida nunca constituem uma simples cópia do que lhe é feito pelos outros. São-lhe inteiramente próprias. São *sua* resposta à maneira como seus instintos e afetos, que por natureza se orientam para outras pessoas, são correspondidos e satisfeitos por esses outros. Somente com base nesse diálogo instintivo contínuo com outras pessoas é que os impulsos elementares e informes da criança pequena tomam uma direção mais definida, assumem uma estrutura mais clara. Somente com base nesse diálogo instintivo é que se desenvolve na criança o complexo autocontrole psíquico mediante o qual os seres humanos diferem de todas as outras criaturas: um caráter mais ou menos individual. Para se tornar psiquicamente adulto, o indivíduo humano, a criança, não pode prescindir da relação com seres mais velhos e mais poderosos. Sem a assimilação de modelos sociais previamente formados, de partes e produtos desses seres mais poderosos, e sem a moldagem de suas funções psíquicas que eles acarretam, a criança continua a ser, para repisar esse ponto, pouco mais que um animal. E, justamente porque a criança desamparada precisa da modelagem social para se transformar num ser mais individualizado e complexo, a individualidade do adulto só pode ser entendida em termos das relações que lhe são outorgadas pelo destino e apenas em conexão com a estrutura da sociedade em que ele cresce. Por mais certo que seja que toda pessoa é uma entidade completa em si mesma, um indivíduo que se controla e que não poderá ser controlado ou regulado por mais ninguém se ele próprio não o fizer, não menos certo é que toda a estrutura de seu autocontrole, consciente e inconsciente, constitui um produto reticular formado numa interação contínua de relacionamentos com outras pessoas, e que a forma individual do adulto é uma forma específica de cada sociedade.

O recém-nascido, a criança pequena — não menos que o ancião —, tem um lugar socialmente designado, moldado pela estrutura específica da rede humana em questão. Quando sua função para os pais é insignificante ou quando, por uma mudança na estrutura social, ela é menos importante do que antes, então ou as pessoas têm menos filhos ou mesmo, em alguns casos, matam os que já nasceram. Não existe um grau zero da vinculabilidade social do indivíduo, um "começo" ou ruptura nítida em que ele ingresse na sociedade como que vindo de fora, como um ser não afetado pela rede, e então comece a se vincular a outros seres humanos. Ao contrário, assim como os pais são necessários para trazer um filho ao mundo, assim como a mãe nutre o filho, primeiro com seu sangue e depois com o alimento vindo de seu corpo, o indivíduo sempre existe, no nível mais fundamental, na relação com os outros, e essa relação tem uma estrutura particular que é específica de sua sociedade. Ele adquire sua marca individual a partir da história dessas relações, dessas dependências, e assim, num contexto mais amplo, da história de toda a rede humana em que cresce e vive. Essa história e essa rede humana estão presentes nele e são representadas por ele, quer ele esteja de fato em relação com outras pessoas ou sozinho, quer trabalhe ativamente numa grande cidade ou seja um náufrago numa ilha a mil milhas de sua sociedade. Também Robinson Crusoé traz a marca de uma sociedade específica, de uma nação e uma classe específicas. Isolado em sua ilha de todas as relações que tinha com elas, ele se conduz, deseja e faz planos segundo os padrões delas, e assim exibe comportamentos, desejos e projetos diferentes dos de Sexta-Feira, por mais que os dois se adaptem um ao outro em virtude de sua nova situação.

III

Existe hoje uma padronização muito difundida da autoimagem que induz o indivíduo a se sentir e pensar assim: "Estou aqui, inteiramente só; todos os outros estão lá, fora de mim; e cada um deles segue seu caminho, tal como eu, com um eu interior que é seu eu verdadeiro, seu puro 'eu', e uma roupagem externa, suas relações com as outras pessoas." Essa atitude perante si mesmo e os outros afigura-se inteiramente natural e óbvia àqueles que a adotam. Não se trata de uma coisa nem outra. Ela constitui a expressão de uma singular conformação histórica do indivíduo pela rede de relações, por uma forma de convívio dotada de uma estrutura muito específica. O que se veicula através dela é a autoconsciência de pessoas que foram obrigadas a adotar um grau elevadíssimo de refreamento, controle afetivo, renúncia e transformação dos instintos, e que estão acostumadas a relegar grande número de funções, expressões instintivas e desejos a enclaves privativos de sigilo, afastados do olhar do "mundo externo", ou até aos porões de seu psiquismo, ao semiconsciente ou inconsciente. Numa palavra, esse tipo de autoconsciência corresponde à estrutura psicológica estabelecida em certos estágios de um processo civilizador.[2] Ela se caracteriza por uma diferenciação e uma tensão especialmente intensas entre as ordens e proibições sociais inculcadas como autodomínio e os instintos e inclinações não controlados ou recalcados dentro do próprio ser humano. É esse conflito no interior do indivíduo, essa "privatização" ou exclusão de certas esferas de vida da interação social, e a associação delas com o medo socialmente instilado sob a forma de vergonha e embaraço, por exemplo, que levam o indivíduo a achar que, "dentro" de si, ele é algo que existe inteiramente só, sem relacionamento com os outros, e que só "depois" se relaciona com os outros "do lado de fora". Por mais autêntica, por mais verdadeira que seja essa ideia, enquanto expressão da estrutura especial da consciência e dos instintos dos indivíduos num certo estágio do movimento da civilização, ela é uma expressão sumamente inadequada da verdadeira relação existente entre os seres humanos. O abismo e o intenso conflito que as pessoas altamente individualizadas de nosso estágio de civilização sentem dentro de si são projetados no mundo por sua consciência. Em seu reflexo teórico, eles aparecem como um abismo existencial e um eterno conflito entre indivíduo e sociedade.

E mais, a maneira como a sociedade promove a adaptação do indivíduo a suas funções adultas acentua, com muita frequência, a cisão e a tensão internas a seu psiquismo. Quanto mais intenso e abrangente é o controle dos instintos, quanto mais estável é a formação superegoica exigida pelo desempenho das funções adultas numa sociedade, maior se torna, inevitavelmente, a distância entre o comportamento das crianças e o dos adultos; quanto mais difícil se torna o processo civilizador individual, mais longo é o tempo necessário para preparar as crianças para as funções adultas. Justamente por ser tão vasta a discrepância entre a atitude das crianças e a que se exige dos adultos, o jovem já não é colocado, quando criança, no degrau mais inferior da carreira funcional que está destinado a escalar, como nas sociedades mais simples. Não aprende diretamente, servindo a um mestre adulto de sua futura função, como fazia o pajem de um cavaleiro ou o aprendiz de um mestre artesão. Ele é inicialmente afastado da esfera dos adultos por um período longo e que ainda continua a crescer. Os jovens que se preparam para uma gama cada vez mais variada de funções já não são diretamente treinados para a vida adulta, mas o são indiretamente, em institutos, escolas e universidades especializados.

As tarefas acessíveis à massa dos indivíduos numa sociedade com tantas tensões e com uma divisão tão avançada do trabalho quanto a nossa exigem, enquanto o trabalho continua a consumir a maior parte do dia, uma especialização bastante estrita. Por conseguinte, deixam apenas um campo muito restrito e unilateral para as faculdades e inclinações do indivíduo. Além disso, as perspectivas de ampliação desse campo, numa etapa de transição de uma sociedade com oportunidades relativamente abertas para outra com oportunidades relativamente fechadas, reduzem-se constantemente. Entre a vida nas reservas juvenis e no campo bastante restrito e especializado do trabalho adulto, raramente existe uma verdadeira continuidade. Muitas vezes, a transição entre os dois é uma ruptura brusca. Não raro se oferece ao jovem o mais amplo horizonte possível de conhecimentos e desejos, uma visão abrangente da vida durante seu crescimento; ele vive numa espécie de ilha afortunada de juventude e sonhos que marca um curioso contraste com a vida que o espera como adulto. É incentivado a desenvolver várias faculdades para as quais, na estrutura atual, as funções adultas não deixam margem alguma, e diversas inclinações que o adulto tem que reprimir. Isso reforça ainda mais a tensão e a cisão intrapsíquicas do indivíduo a que anteriormente nos referimos. Não apenas o alto grau de controle e transformação dos instintos, como também as limitações e a especialização impostas pelas funções adultas, a intensidade da competição e as tensões entre os vários grupos adultos, tudo isso torna especialmente difícil o condicionamento do indivíduo. A probabilidade de que ele fracasse em algum aspecto, de que o equilíbrio entre as inclinações pessoais e as tarefas sociais seja inatingível para o indivíduo, torna-se extremamente aguda.

Portanto, o avanço da divisão das funções e da civilização, em certos estágios, é crescentemente acompanhado pelo sentimento dos indivíduos de que, para manterem suas posições na rede humana, devem deixar fenecer sua verdadeira natureza. Eles se sentem constantemente impelidos pela estrutura social a violentar sua "verdade interior". Sentem-se incapazes de fazer o que mais se ajusta a suas faculdades ou de se transformar no que realmente queriam vir a ser. A pressão exercida no indivíduo pela rede humana, as restrições que sua estrutura lhe impõe e as tensões e cisões que tudo isso produz nele são tão grandes que um emaranhado de inclinações irrealizáveis e não resolvidas se acumula no indivíduo: essas inclinações raramente se revelam aos olhos de outrem, ou sequer à consciência do próprio indivíduo.[3]

Uma concepção bastante aceita da relação entre indivíduo e sociedade expressa de maneira particularmente vivaz esse estágio de desenvolvimento. Nessa situação, com frequência parece ao indivíduo que seu verdadeiro eu, sua alma, está trancafiado em algo alheio e externo, chamado "sociedade", como que numa cela. Ele tem a sensação de que das paredes dessa cela, de "fora", outras pessoas, estranhos poderes exercem sua influência sobre seu verdadeiro eu como espíritos malévolos ou, às vezes, benignos; parecem atirar sobre ele bolas leves ou pesadas que deixam no eu impressões mais profundas ou mais superficiais.

É essa a visão subjacente, por exemplo, à "teoria ambiental", amplamente disseminada e que parece validar o nebuloso conceito de "ambiente". É essa a atitude discernível, com maior ou menor facilidade, nas reflexões atuais sobre a relação entre indivíduo e sociedade. A discussão entre as diferentes escolas de pensamento, na verdade, refere-se apenas à questão de saber quão profundas e essenciais para a formação do indivíduo são as pressões e influências exercidas por essa sociedade "externa". Alguns dizem que elas têm apenas uma importância ligeira e que o que determina primordialmente a forma do indivíduo são as leis internas dele mesmo, que independem de suas relações com os outros: sua natureza "interna" congênita. Outros dizem que a importância desse processo "interno" é relativamente pequena e que a influência formadora crucial vem de "fora". Outros, ainda, defendem uma espécie de solução conciliadora: imaginam uma interação entre o "dentro" e o "fora", entre fatores "psíquicos" e "sociais", embora tendam a conferir maior ênfase a este ou aquele.

A concepção subjacente a todas essas ideias, a antítese entre o "eu puro" — objeto da psicologia —, que estabelece relações com as outras pessoas como que vindo de fora, e a sociedade — objeto da sociologia —, que se opõe ao indivíduo como algo que existe fora dele, essa concepção sem dúvida tem certo valor como expressão de determinado estágio histórico da rede humana e da forma correspondente de autoconsciência humana. Mas revela-se insuficiente quando o campo de investigação é ampliado, quando o indivíduo não parte diretamente de si e de seus sentimentos ao refletir sobre a sociedade, mas vê a si mesmo e a sua autoconsciência no contexto mais amplo da evolução histórica. Poderíamos indagar como e por que a estrutura da rede humana e a estrutura do indivíduo se modificam ao mesmo tempo de uma certa maneira, como na transição da sociedade guerreira para a sociedade nobiliárquica, ou desta para a sociedade trabalhadora de classe média, quando os desejos dos indivíduos, sua estrutura instintiva e de pensamento, e até o *tipo de individualidades*, também se modificam. Então se constata — ao se adotar um ponto de vista dinâmico mais amplo, em vez de uma concepção estática — que a visão de um muro intransponível entre um ser humano e todos os demais, entre os mundos interno e externo, evapora-se e é substituída pela visão de um entrelaçamento incessante e irredutível de seres individuais, na qual tudo o que confere a sua substância animal a qualidade de seres humanos, principalmente seu autocontrole psíquico e seu caráter individual, assume a forma que lhe é específica dentro e através de relações com os outros.

Nossos instrumentos de pensamento não são suficientemente móveis para apreender adequadamente os fenômenos reticulares, nossas palavras ainda não são flexíveis o bastante para expressar com simplicidade esse simples estado de coisas. Para ter uma visão mais detalhada desse tipo de inter-relação, podemos pensar no objeto de que deriva o conceito de rede: a rede de tecido. Nessa rede, muitos fios isolados ligam-se uns aos outros. No entanto, nem a totalidade da rede nem a forma assumida por cada um de seus fios podem ser compreendidas em termos de um único fio, ou mesmo de todos eles, isoladamente considerados; a rede só é compreensível em termos da maneira como eles se ligam, de sua relação recíproca. Essa ligação origina um sistema de tensões para o qual cada fio isolado concorre, cada um de maneira um pouco diferente, conforme seu lugar e função na totalidade da rede. A forma do fio individual se modifica quando se alteram a tensão e a estrutura da rede inteira. No entanto essa rede nada é além de uma ligação de fios individuais; e, no interior do todo, cada fio continua a constituir uma unidade em si; tem uma posição e uma forma singulares dentro dele.

Isso é apenas uma imagem, rígida e inadequada como todas as imagens desse tipo. Mas, como modelo de reflexão sobre as redes humanas, é suficiente para dar uma ideia um pouco mais clara da maneira como uma rede de muitas unidades origina uma ordem que não pode ser estudada nas unidades individuais. Entretanto as relações interpessoais nunca podem ser expressas em simples formas espaciais. E esse é um modelo estático. Talvez ele atenda um pouco melhor a seu objetivo se imaginarmos a rede em constante movimento, como um tecer e destecer ininterrupto das ligações. É assim que efetivamente cresce o indivíduo, partindo de uma rede de pessoas que existiam antes dele para uma rede que ele ajuda a formar. A pessoa individual não é um começo e suas relações com as outras não têm origens primevas. Assim como, numa conversa contínua, as perguntas de um evocam as respostas do outro e vice-versa, e assim como determinada parte da conversa não provém apenas de um ou do outro, mas da relação entre os dois, a partir da qual deve ser entendida, também cada gesto e cada ato do bebê não são produtos de seu "interior" nem de seu "ambiente", nem tampouco de uma interação entre um "dentro" e um "fora" originalmente distintos, mas constituem uma função e um precipitado de relações, só podendo ser entendidos — como a imagem do fio numa trama — a partir da totalidade da rede. Similarmente, a fala do outro desenvolve na criança em crescimento algo que lhe é inteiramente próprio, uma linguagem que é inteiramente *sua* e que, ao mesmo tempo, é um produto de suas relações com os outros, uma expressão da rede humana em que ela vive. Do mesmo modo, as ideias, convicções, afetos, necessidades e traços de caráter produzem-se no indivíduo mediante a interação com os outros, como coisas que compõem seu "eu" mais pessoal e nas quais se expressa, justamente por essa razão, a rede de relações de que ele emergiu e na qual penetra. E dessa maneira esse eu, essa "essência" pessoal, forma-se num entrelaçamento contínuo de necessidades, num desejo e realização constantes, numa alternância de dar e receber. É a ordem desse entrelaçamento incessante e sem começo que determina a natureza e a forma do ser humano individual. Até mesmo a natureza e a forma de sua solidão, até o que ele sente como sua "vida íntima",[4] traz a marca da história de seus relacionamentos — da estrutura da rede humana em que, como um de seus pontos nodais, ele se desenvolve e vive como indivíduo.

IV

Normalmente imaginamos o ser humano, na atualidade, como dotado de diversos compartimentos psíquicos. Estabelecemos distinções entre "mente" e "alma", "razão" e "sentimento", "consciência" e "instinto" ou "ego" e "id". Mas a nítida diferenciação das funções psíquicas evocada por essas palavras não é, vale reiterar, algo simplesmente dado por natureza. Ela só ocorre no ser humano quando ele cresce — criança — num grupo, numa sociedade de pessoas. Não ocorre, como o crescimento físico, por exemplo, em decorrência de um mecanismo natural herdado, mas emerge do entrelaçamento das "naturezas" de muitas pessoas. E, por mais nitidamente que nossos conceitos possam expressá-la, essa diferenciação só passa a existir aos poucos, mesmo nos adultos, com a crescente diferenciação das próprias sociedades humanas. Ela é produto de um processo sócio-histórico, de uma transformação da estrutura da vida comunitária.

Além disso, os conceitos com que tentamos expressar essa diferenciação mais nítida das funções psicológicas nos adultos de nossa sociedade mostram acentuada tendência a esconder, de modo particular, o caráter especificamente *funcional* daquilo a que chamamos "psique". "Razão", "mente", "consciência" ou "ego" — com toda a sua diferença no detalhe, com todas as diferenças no modo como traçam a linha divisória no interior do psiquismo humano — são termos que dão, todos, a impressão de substâncias, em vez de funções, de algo em repouso e não em movimento. Parecem referir-se a uma coisa que existe do mesmo modo que o estômago ou o crânio. Na realidade, porém, trata-se de funções muito específicas do organismo humano. São funções que, ao contrário das do estômago ou dos ossos, por exemplo, *se dirigem* constantemente para *outras* pessoas e coisas. São *formas particulares de autorregulação da pessoa em relação a outras pessoas e coisas.*

O mesmo se aplica aos instintos e aos afetos. Até na literatura psicanalítica se encontra, às vezes, afirmações de que os instintos ou o "id" seriam imutáveis *se desconsideradas as mudanças de sua direção*. Mas como é possível desconsiderar esse direcionamento em algo tão fundamentalmente *dirigido* para outra coisa quanto os instintos humanos? O que chamamos "instintos" ou "inconsciente" constitui também uma forma específica de autorregulação em relação a outras pessoas e coisas, apesar de ser uma forma que, dada a nítida diferenciação das funções psíquicas, já não controla diretamente o comportamento, mas o faz através de vários desvios.

Numa palavra, há na totalidade do organismo humano duas áreas de funções diferentes, mas inteiramente interdependentes. Existem órgãos e funções que servem para manter e reproduzir constantemente o próprio organismo, e há órgãos e funções que servem às relações do organismo com outras partes do mundo e a sua autorregulação nessas relações. Geralmente expressamos a diferença entre essas duas áreas de funções — de um modo excessivamente estático e substancializador — através da distinção entre "corpo" e "alma". Aquilo a que nos referimos como "alma", ou como pertinente à "psique", não é outra coisa, na realidade, senão *a estrutura formada por essas funções relacionais*. O ser humano não é, como faz parecer uma certa forma histórica de autoconsciência humana, simplesmente um continente fechado, com vários compartimentos e órgãos, um ser que, para começo de conversa, em sua organização natural, nada tem a ver com outras coisas e seres, mas é organizado, por natureza, como parte de um mundo maior. Em certo sentido, ele é um vetor que dirige continuamente valências dos mais diferentes tipos para outras pessoas e coisas, valências estas que se saturam temporariamente e sempre voltam a ficar insaturadas. Por natureza, ele é feito de maneira a poder e necessitar estabelecer relações com outras pessoas e coisas. E o que distingue essa dependência natural de relações amistosas ou hostis, nos seres humanos, da dependência correspondente nos animais, o que efetivamente confere a essa autorregulação humana em relação ao semelhante o caráter de uma autorregulação *psicológica* — em contraste com os chamados instintos dos animais —, não é outra coisa senão sua maior flexibilidade, sua maior capacidade de se adaptar a tipos mutáveis de relacionamentos, sua maleabilidade e mobilidade especiais.

Esse alto grau de maleabilidade e adaptabilidade das funções relacionais humanas é, por um lado, uma precondição para a estrutura das relações entre as pessoas ser tão mais variável do que entre os animais; numa palavra, aqui está a base da historicidade fundamental da sociedade humana. Por outro lado, ele é responsável pelo fato de ser o homem, numa medida especial, um ser social, dependente da companhia de outras pessoas. Nos outros animais, a autorregulação em relação a outras criaturas e coisas restringe-se de antemão, através de mecanismos reflexos, a vias bastante estreitas. Até nos animais que mais se aproximam do homem na sequência dos organismos, pode-se observar um certo relaxamento nesse aspecto, uma adaptabilidade um pouco maior a relações mutáveis, uma ligeira ampliação das vias de sua autorregulação. Mas somente no homem a ampliação e a maleabilidade das funções relacionais são tão grandes que cada ser humano necessita de vários anos para moldar sua autorregulação por outras pessoas — uma moldagem social que o faz assumir uma forma especificamente humana. O que falta ao homem em termos de predeterminação hereditária, em seu trato com os outros seres, tem que ser substituído por uma determinação social, uma moldagem sociogênica das funções psíquicas.

Assim, o fato de a forma assumida pelas funções psíquicas de uma pessoa não poder jamais ser deduzida exclusivamente de sua constituição hereditária, decorrendo, na verdade, do modo pelo qual ela se constitui conjuntamente com outras pessoas, da estrutura da sociedade em que o indivíduo cresce, explica-se, enfim, por uma peculiaridade da própria natureza humana: o grau bastante elevado em que a autorregulação humana está livre do controle de mecanismos reflexos hereditários. A existência dessa liberdade é bastante conhecida, embora tenhamos apenas uma pálida compreensão de suas origens na história natural. Graças a ela, o manejo das relações pelo indivíduo permite — e também exige — um grau de moldagem social muito superior ao de outros animais. Graças a essa moldagem social, a estrutura do comportamento, a forma de autorregulação em relação aos outros, é mais diversificada no homem do que em todos os outros animais; e, graças a ela, essa autorregulação torna-se, em suma, mais "individual". Também por esse lado, a descontinuidade entre sociedade e indivíduo, no pensamento, começa a desaparecer.

Esse é mais um aspecto a partir do qual se podem facilmente derrubar as cercas artificiais que hoje erigimos no pensamento, dividindo os seres humanos em várias áreas de controle: os campos, por exemplo, dos psicólogos, dos historiadores e dos sociólogos. As estruturas da psique humana, as estruturas da sociedade humana e as estruturas da história humana são indissociavelmente complementares, só podendo ser estudadas em conjunto. Elas não existem e se movem na realidade com o grau de isolamento presumido pelas pesquisas atuais. Formam, ao lado de outras estruturas, o objeto de uma única ciência humana.

Mas, desse ponto de vista global — por esquemática que deva permanecer esta visão por enquanto —, também adquirimos uma compreensão mais profunda do fato fundamental da existência do homem, a que tantas vezes nos referimos: o fato de a rede humana ter uma ordem e estar sujeita a leis diferentes e mais poderosas do que aquilo que planejam e querem os próprios indivíduos que a compõem. É a maior liberdade das relações humanas, no tocante ao controle exercido por mecanismos automáticos hereditários, que realmente abre caminho para a livre atuação dos mecanismos da rede social. É apenas por estar o comportamento relativamente livre da determinação por mecanismos hereditários, pela transformação gradativa e desigual da chamada autorregulação "instintiva" na chamada autorregulação "psíquica" do organismo em relação aos outros, que as regularidades ou leis nascidas do entrelaçamento e da interdependência dos indivíduos assumem sua plena força. Pelo simples fato de estarem os seres humanos menos presos do que outros animais a vias organicamente prescritas, ao configurarem suas relações entre si e com o resto do mundo, o entrelaçamento de suas atividades dá origem a leis e estruturas de um tipo especial. Justamente por essa razão, acionam-se na rede mecanismos automáticos de mudança, transformações históricas, que não têm origem no aparelho reflexo humano hereditário, nem tampouco — vistos como um todo, tal como efetivamente ocorrem — são desejados ou planejados por pessoas isoladas, embora sejam tudo menos caóticos. Justamente por isso, o irrevogável entrelaçamento dos atos, necessidades, ideias e impulsos de muitas pessoas dá origem a estruturas e transformações estruturais numa ordem e direção específicas que não são simplesmente "animais", "naturais" ou "espirituais", nem tampouco "racionais" ou "irracionais", mas *sociais*.

E nessa peculiaridade da psique humana, em sua maleabilidade especial, sua natural dependência da moldagem social, reside a razão por que não é possível tomar indivíduos isolados como ponto de partida para entender a estrutura de seus relacionamentos mútuos, a estrutura da sociedade. Ao contrário, deve-se partir da estrutura das relações *entre* os indivíduos para compreender a "psique" da pessoa singular. Se o indivíduo isolado ingressasse na sociedade humana como Adão, como um adulto pronto num mundo estranho, seria realmente preciso um milagre ou uma harmonia prefixada para explicar por que as partes e o todo, a composição psicológica dos indivíduos e a estrutura de uma sociedade, num dado momento, correspondem uma à outra e se modificam conjuntamente. Uma vez que o controle relacional relativamente indiferenciado da criança recém-nascida só se torna diferenciado e regulado por meios humanos na relação com outros seres humanos, o que emerge como "alma" do indivíduo adulto não é estranho à sociedade e associal "em si mesmo", mas algo que, já em sua própria base, constitui função da unidade relacional de um poder superior a que chamamos "sociedade". Toda a maneira como o indivíduo se vê e se conduz em suas relações com os outros depende da estrutura da associação ou associações a respeito das quais ele aprende a dizer "nós".

Constata-se repetidas vezes que a ilustração mais simples dessa situação aparentemente muito complexa é a função psicológica da fala. Por natureza, toda pessoa normalmente traz consigo ao mundo um aparelho fonador passível de articulação e que ela mesma é capaz de controlar. Também nesse aspecto, o ser humano não apenas é suscetível de ser ajustado para se comunicar com outros de sua espécie, como também, por natureza, precisa desse ajustamento por outras pessoas, do ajustamento social, para se tornar humano no sentido pleno da palavra. No homem, o controle dessa forma de relação através da fala e seu aparelho fonador não se restringe, pela ação de mecanismos automáticos naturais, a uma gama tão estreita de expressões quanto nos outros animais. Ele é muito menos limitado pela herança. O que é estabelecido pela hereditariedade, como a extensão ou o timbre da voz, por exemplo, meramente fornece o arcabouço para uma infinita variedade de articulações possíveis. Poderíamos discutir *até onde* essas possibilidades são *limitadas* por certas características hereditárias ou pela história da sociedade ancestral. Só experimentos precisos poderiam demonstrar, por exemplo, se o sotaque de um africano nato continuaria a conservar algo da entonação de seus antepassados caso ele fosse criado, *desde seu primeiro dia de vida*, sem nenhum contato adicional com pessoas de sua sociedade originária, numa sociedade que falasse uma língua inteiramente diferente e caso todas as suas relações instintivas, as alavancas centrais da formação durante a primeira infância, fossem relações com pessoas dessa outra sociedade, permitindo-lhe um desenvolvimento normal. Mas, sejam os limites da maleabilidade um pouco mais estreitos ou mais amplos, a situação fundamental permanece a mesma: o que decide qual língua será gradualmente depositada no aparelho de linguagem do indivíduo é a sociedade em que ele cresce. E os hábitos pessoais de fala, o estilo mais ou menos individual de discurso que o indivíduo pode ter quando adulto, são uma diferenciação no interior do meio linguístico em que ele cresce. São uma função de sua história individual dentro de sua sociedade e da história desta. As características hereditárias certamente exercem alguma influência na natureza dessa diferenciação individual. Mas se trata de uma influência de tipo semelhante à exercida pelas peculiaridades de uma pedra bruta — por exemplo, sua maior ou menor dureza e seu tipo de granulação — na escultura magnificamente articulada que o escultor entalha a partir dela. E a coisa não é muito diferente no que tange ao material efetivo que a linguagem procura expressar, o pensamento e o sentimento. Não é diferente no que tange a toda a autorregulação da pessoa em relação a outros seres e coisas, no que tange a sua "psique".

Assim, dentro da divisão do trabalho que prevalece nas ciências, cabe à psicologia uma tarefa bastante curiosa. Cada criança, ao nascer, é produto de um destino que tem uma dimensão natural e uma dimensão social — a história de seus ancestrais, que se perde de vista na obscuridade dos milênios passados. A maneira compulsiva como o organismo do recém-nascido controla os processos em seu interior, o desenvolvimento e a redução de órgãos segundo um padrão nele impresso como legado das gerações anteriores e a influência relativamente pequena exercida *nessa* forma de autorregulação pela situação social vigente, são esses os fatores que nos levam a considerar a autoformação do indivíduo como sendo regida por "leis naturais". Até mesmo as funções autorreguladoras específicas por que se interessa a psicologia, inclusive as funções relacionais, sem dúvida são regidas, até certo ponto, por leis naturais, embora em menor grau do que a autorregulação do organismo no desenvolvimento dos órgãos. A psicologia interessa-se precisamente pelas funções de autorregulação que são menos estritamente determinadas do que outras pela história ancestral da pessoa e mais determináveis pela estrutura atual de sua sociedade e por seu destino efetivo dentro dela. Uma vez que essas funções mais maleáveis de controle não apenas podem ser moldadas pela sociedade vigente, mas necessitam sê-lo dessa maneira precisa para evoluírem até o complexo mecanismo de autocontrole do adulto, a psicologia vê-se confrontada com uma tarefa correspondentemente complexa. Por um lado, tem que investigar a estrutura e as leis naturais de todas as funções autorreguladoras humanas, dirigidas para os outros seres e coisas, que desempenham um papel nas relações que a pessoa mantém com eles e que, por sua maleabilidade natural, compõem o material a ser moldado por essas relações. Por outro lado, ela tem que rastrear o processo pelo qual essas funções de controle mais maleáveis, juntamente com determinada estrutura social e com o convívio com outras pessoas, diferenciam-se de maneira a dar origem a uma forma individual específica. Por fim, ela tem que esclarecer a estrutura geral desse processo de diferenciação e moldagem e explicar, detalhadamente, como é que a forma particular de controle comportamental que se consolida num "caráter", numa composição psicológica individual dentro do indivíduo, com base num determinado conjunto de relações, numa moldagem social específica, funciona, posteriormente, no convívio com as outras pessoas. A primeira parte dessas tarefas conduz diretamente a uma investigação das regularidades fisiológicas e biológicas do organismo e a outra, à investigação das estruturas e regularidades sócio-históricas de que dependem a direção e a forma da diferenciação individual.[5] Em suma, a psicologia constitui a ponte entre as ciências naturais e as ciências sociais.

V

Os seres humanos são parte de uma ordem natural e de uma ordem social. As considerações precedentes mostraram como é possível esse duplo caráter. A ordem social, apesar de muito diferente de uma ordem natural, como a dos órgãos no interior de determinado corpo, deve sua própria existência à peculiaridade da natureza humana. Essa peculiaridade consiste na mobilidade e maleabilidade especiais pelas quais o controle comportamental humano difere do dos animais. Graças a essas qualidades, aquilo que nos animais é basicamente uma parte herdada de sua natureza, um padrão fixo de controle comportamental em relação a outros seres e coisas, tem que ser produzido, em cada ser humano, na companhia de outras pessoas e através dela. E graças a essas qualidades entram em ação regularidades e processos automáticos que denominamos "sociais", em contraste com as regularidades orgânicas e naturais. O próprio relaxamento do aparelho reflexo que rege o comportamento humano é decorrência de um longo processo da história natural. Mas, graças a ele, ocorrem na vida comunitária humana processos e transformações que não estão pré-programados na natureza humana; graças a ele, as sociedades e, no interior delas, os indivíduos têm uma história que não é a história natural. Na coerência geral da natureza, eles formam uma continuidade autônoma de tipo especial.

Há sociedades — a dos aborígenes australianos, por exemplo — em que a estrutura básica das relações entre as pessoas mal chega a se modificar perceptivelmente ao longo de séculos. Já outras formas de vida comunitária encerram um impulso singular de autotranscendência em seu estilo de convívio sem que quaisquer causas extrassociais precisem estar implicadas. Elas são *dirigidas* para outras formas de relações e instituições interpessoais, quer essas formas sejam ou não efetivamente alcançadas. São, no sentido mais estrito da palavra, *históricas*.

Na base desses mecanismos e tendências automáticos de mudança social encontram-se formas particulares de relações humanas, tensões de um tipo e intensidade específicos entre as pessoas. Essas tensões começam a se produzir, para expor a questão em termos muito genéricos, em determinado estágio da divisão das funções, quando algumas pessoas ou grupos conquistam um monopólio hereditário dos bens e dos valores sociais de que outras pessoas dependem, seja para sua subsistência, seja para protegerem ou efetivarem sua vida social.

Entre os bens que podem ser assim monopolizados, sem dúvida se destacam os que servem para satisfazer as necessidades elementares, como a fome. Mas a monopolização desse tipo de bens é apenas *um* tipo de monopólio entre outros. Além disso, nunca existe isoladamente. Todo monopólio "econômico", seja qual for a sua natureza, direta ou indiretamente se liga a outro, sem o qual não consegue existir: a um monopólio da força física e de seus instrumentos. Este pode assumir, como no período feudal, a forma de um monopólio das armas, não organizado e descentralizado, exercido por grande número de pessoas, ou ainda, como na época do absolutismo, a de um monopólio da violência física controlado por um indivíduo. Aquilo a que nos referimos como a esfera "econômica" das interconexões — a esfera que hoje é frequentemente considerada, generalizando-se a partir da estrutura da fase inicial da industrialização, como uma esfera isolada da história e como sua única força propulsora, como o motor que aciona todas as outras esferas na condição de "superestrutura" — depende do monopólio da violência. E somente se torna possível com a crescente diferenciação da sociedade, ao se formarem centros mais estáveis de violência física e pacificação interna que permitem a emergência da economia como esfera distinta na vasta trama das ações humanas.

Uma esfera econômica de interconexões não surge *exclusivamente*, como às vezes se supõe, pelo fato de terem os seres humanos que satisfazer sua necessidade de comer. Também os animais são movidos pela fome, mas não se empenham numa atividade *econômica*. Quando parecem fazê-lo, isso se dá, tanto quanto hoje podemos perceber, com base numa predisposição mais ou menos automática, inata ou "instintiva" de suas vias de autorregulação. As redes econômicas, no sentido humano, surgem apenas porque a autorregulação humana em relação a outras coisas e seres *não* está automaticamente restrita, em igual medida, a canais relativamente estreitos. Uma das precondições da economia no sentido humano é o caráter singularmente *psicológico* do controle comportamental humano. Para que surja alguma forma dessa atividade econômica, é essencial a intervenção de funções superegoicas ou prescientes que regulem as funções instintivas elementares do indivíduo, sejam estas o desejo de alimento, proteção ou qualquer outra coisa. Somente essa intervenção torna possível às pessoas conviverem de maneira mais ou menos regulada, trabalharem juntas por um padrão comum de obtenção do alimento, e permite que sua vida comunitária dê origem a várias funções sociais interdependentes. Em suma, as regularidades especificamente sociais — e portanto econômicas — só passam a existir através da peculiaridade da natureza humana, que distingue os seres humanos de todas as demais criaturas. Por essa razão, todas as tentativas de explicar essas regularidades sociais a partir de regularidades biológicas ou de seus padrões, todos os esforços de transformar a ciência social numa espécie de biologia ou numa parte das outras ciências naturais revelam-se inúteis.

Os seres humanos criam um cosmo especial próprio dentro do cosmo natural, e o fazem em virtude de um relaxamento dos mecanismos naturais automáticos na administração de sua vida em comum. Juntos, eles compõem um *continuum* sócio-histórico em que cada pessoa cresce — como participante — a partir de determinado ponto. O que molda e compromete o indivíduo dentro desse cosmo humano, e lhe confere todo o alcance de sua vida não são os reflexos de sua natureza animal, mas a inerradicável vinculação entre seus desejos e comportamentos e os das outras pessoas, dos vivos, dos mortos e até, em certo sentido, dos que ainda não nasceram — em suma, sua dependência dos outros e a dependência que os outros têm dele, as funções dos outros para ele e suas funções para os outros. Essa dependência nunca se deve *exclusivamente* a seus instintos, de um lado, ou ao que se chama pensamento, presciência, ego ou superego, conforme o ponto de vista do observador, de outro, mas é sempre uma relação funcional baseada nas duas coisas. Do mesmo modo, as tensões específicas entre grupos diferentes, geradoras de um impulso em direção a mudanças estruturais nesse *continuum* humano que o transformam numa continuidade *histórica*, têm duas camadas. Nelas, e até mesmo em sua gênese, embora em graus variáveis, sempre estão implicados os impulsos emocionais a curto prazo e os impulsos superegoicos a longo prazo. Essas tensões nunca emergiriam sem forças propulsoras elementares como a fome; mas tampouco surgiriam sem impulsos de prazo mais longo, como os que se expressam no desejo de propriedade ou mais propriedade, de segurança permanente ou de uma posição social elevada a conferir poder e superioridade sobre os demais. Justamente a monopolização dos bens e valores que satisfazem essas múltiplas demandas instintivas, essas formas sublimadas de desejo — que satisfazem, em suma, a fome do ego e do superego —, justamente esse monopólio, ao lado da monopolização daquilo que satisfaz a fome elementar, cresce em importância para a gênese das tensões sociais na mesma medida em que avança a diferenciação das funções sociais e, portanto, das funções psíquicas, na mesma medida, igualmente, em que o padrão de vida normal de uma sociedade se eleva acima da satisfação das necessidades alimentares e sexuais mais elementares.

Evidentemente, a situação básica continua bastante simples, por complexa que seja a estrutura das funções sociais e, portanto, por complexas que possam tornar-se as tensões entre os vários grupos funcionais. Até nas sociedades mais simples de que temos conhecimento existe alguma forma de divisão das funções entre as pessoas. Quanto mais essa divisão avança numa sociedade e maior é o intercâmbio entre as pessoas, mais estreitamente elas são ligadas pelo fato de cada uma só poder sustentar sua vida e sua existência social em conjunto com muitas outras. Em certos estágios, os instrumentos de violência à disposição de alguns podem permitir-lhes negar aos outros aquilo de que estes precisam para garantir e efetivar sua existência social, ou mesmo ameaçá-los, subjugá-los e explorá-los constantemente; ou então as metas de alguns podem realmente exigir que se destrua a existência social e física de outros. Isso origina, na rede de pessoas, grupos funcionais e nações interdependentes, tensões cuja natureza e intensidade podem diferir amplamente, mas que sempre têm uma estrutura muito clara, passível de uma descrição bastante precisa. E são as tensões desse tipo que, ao atingirem certa intensidade e estrutura, geram um impulso por mudanças estruturais na sociedade. Graças a elas, as formas de relações e instituições da sociedade não se reproduzem aproximadamente da mesma forma de uma geração para outra. Graças a elas, algumas formas de vida em comum tendem constantemente a se mover em determinada direção, rumo a transformações específicas, sem que nenhuma força impulsionadora externa esteja implicada.

Essas forças reticulares encontram-se na raiz, por exemplo, da crescente divisão de funções, que tem importância tão decisiva no curso da história ocidental, levando em determinado estágio à utilização da moeda, em outro ao desenvolvimento das máquinas e, com isso, à maior produtividade do trabalho e a uma elevação do padrão de vida de um número cada vez maior de pessoas. Vemos tais automatismos na maneira como, no Ocidente, surgiram artesãos livres para confrontar a classe latifundiária, à medida que avançou a divisão das funções; e os vemos na emergência subsequente, ao longo de séculos em que houve uma mudança muito gradativa no equilíbrio de forças, de grupos nobres e burgueses, seguidos por grupos capitalistas e desprovidos de capital, como polos das tensões mais poderosas — tensões que, com certeza, nunca foram planejadas ou criadas por indivíduos isolados. Foi esse tipo de forças reticulares que, no curso da história ocidental, alterou a forma e a qualidade do comportamento humano, bem como toda a regulação psíquica do comportamento, impelindo os homens em direção à civilização. Podemos vê-las, em nossa própria época, na maneira rigorosa como as tensões que emergem dentro da rede humana sob a forma da livre concorrência tendem a um estreitamento da esfera da competição e, por fim, à formação de monopólios centralizados. Assim, através de forças reticulares, produziram-se e se produzem na história períodos pacíficos e outros turbulentos e revolucionários, períodos de florescimento ou declínio, fases em que a arte se mostra superior ou não passa de pálida imitação. Todas essas mudanças têm origem, não na natureza dos indivíduos isolados, mas na estrutura da vida conjunta de muitos. A história é sempre história de uma sociedade, mas, sem a menor dúvida, de uma sociedade de indivíduos.

Somente por essa perspectiva geral é possível compreender plenamente de que modo as mudanças desse tipo — por exemplo, o processo da crescente divisão do trabalho ou o da civilização — podem seguir uma direção e uma ordem muito definidas, ao longo de muitas gerações, sem que seu rumo efetivo seja planejado ou sistematicamente executado por pessoas singularizadas. E somente desse ponto de vista é que podemos finalmente compreender como é possível tal mudança nos seres humanos sem que haja um motor de mudança *externo* a estes. Nosso pensamento atual ainda é amplamente regido por ideias de causalidade inadequadas ao processo em discussão: somos intensamente inclinados a explicar qualquer mudança em determinada formação por uma causa *externa* a essa formação. O mistério da transformação especificamente sócio-histórica só começa a se desfazer quando se compreende o seguinte: que essas mudanças não precisam ser causadas nem por alterações da natureza, externas aos seres humanos, nem por alterações de um "espírito" interno aos indivíduos ou nações. Não dispomos de nenhuma prova de que, durante os séculos de avanço da civilização ocidental, tenham ocorrido quaisquer mudanças em escala semelhante, por exemplo, na constelação natural, no clima ou na natureza orgânica do próprio homem. O "ambiente" que se modificou — para usarmos essa expressão tão constantemente mal-empregada — foi apenas o ambiente que as pessoas formam umas para as outras. Durante esses séculos, o céu permaneceu mais ou menos o mesmo, tal como aconteceu com a natureza orgânica do homem e com a estrutura geológica da Terra. A única coisa que mudou e se deslocou numa direção específica foi a forma da vida comunitária, a estrutura da sociedade ocidental e, com ela, a influência social sobre o indivíduo e sobre a forma de suas funções psíquicas.

Talvez seja ilusório afirmar que esse *continuum* da sociedade humana é uma "máquina de moto perpétuo". Sem dúvida, esse *continuum* constantemente extrai energia física do mundo a seu redor. Do ponto de vista físico, a sociedade não passa de uma parte do cosmo natural mais poderoso que, como um todo, é na verdade uma máquina em perpétuo movimento. Mas, tal como a corrente do Golfo no oceano, por exemplo, o *continuum* de seres humanos interdependentes tem um movimento próprio nesse cosmo mais poderoso, uma regularidade e um ritmo de mudança que, por sua vez, são mais fortes do que a vontade e os planos das pessoas individualmente consideradas.

VI

Mas, uma vez alcançada uma visão mais clara dos aspectos da vida social que se destacam com mais nitidez do fluxo histórico quando contemplados do alto e numa longa extensão, convém retornar à outra perspectiva, a que se tem de dentro do fluxo. Cada uma dessas perspectivas, se isolada da outra, apresenta riscos específicos. Ambas — a visão aérea e a do nadador — mostram o quadro com certa simplificação. Ambas nos inclinam a depositar uma ênfase unilateral. Somente em conjunto elas proporcionam um panorama mais equilibrado.

Apenas mediante certo desprendimento, pondo de lado os desejos imediatos e as simpatias pessoais, se consegue obter uma visão não distorcida da ordem da mudança histórica, da necessidade com que a rede humana, depois de atingir certo auge das tensões, é instada a se deslocar para além de si mesma, quer em direção a uma integração mais abrangente, quer a uma relativa desintegração, a uma vitória das forças centrífugas. E o discernimento adquirido através desse desapego consciente nada perde de seu valor, com certeza, ao tornarmos a olhar através dos olhos de alguém que tem que tomar decisões aqui e agora, dentro do fluxo histórico. Só a perspectiva de uma visão mais ampla confere certa segurança às decisões tomadas sob a pressão dos impulsos a curto prazo. Mas, por sua vez, ela precisa ser balanceada e complementada pelo que se percebe melhor e com mais facilidade no momento da ação. Se o que mais nos impressiona, do mirante elevado, é a maneira rigorosa como o fluxo histórico é constantemente instado a rumar em determinada direção, a pessoa comprometida com a ação dentro do fluxo está muito mais consciente da medida em que são variados — o mais das vezes, embora nem sempre — os caminhos pelos quais certos tipos de estruturas e tensões têm condições de se transformar em estruturas de natureza diferente. Para essa pessoa, a história parece assemelhar-se a um desses rios caudalosos que, embora sempre sigam determinado rumo em direção ao mar, não encontram diante de si um leito fixo e previamente ordenado, e sim um amplo terreno em que têm de buscar um curso definido; um terreno em que, em outras palavras, eles ainda estão aptos a formar leitos de um grande número de maneiras possíveis.

Sem dúvida, geralmente só estamos em condições de obter um claro discernimento dos automatismos da mudança histórica quando temos à nossa frente não apenas o presente imediato, mas a longa história da qual nossa época emergiu. A pessoa que precisa agir e tomar decisões dentro da trama de sua época tem maior probabilidade de perceber outra característica reticular igualmente importante: sua extraordinária elasticidade. Para expressar o que, no curso da história, impressiona o observador que atingiu certo desprendimento, restam poucas opções, no atual estágio do pensamento e do discurso, senão buscar palavras e imagens no campo da natureza inanimada. É por isso que termos como "mecanismo" e "automatismo" têm sido usados aqui com tanta frequência. Mas a história não é, obviamente, um sistema de alavancas mecânicas inanimadas e automatismos de ferro e aço, e sim um sistema de pressões exercidas por pessoas vivas sobre pessoas vivas. Somente quando se houver criado uma terminologia especial para esse sistema dotado de leis especiais próprias será possível demonstrar, com a clareza adequada, a que ponto esses "automatismos" sociais diferem dos das oficinas de montagem. E embora, ao examinar do alto longos trechos da história, o observador possa notar, primeiramente, como é pequeno o poder individual das pessoas sobre a linha mestra do movimento e da mudança históricos, a pessoa que atua dentro do fluxo talvez tenha uma oportunidade melhor de ver quantas coisas podem depender de pessoas particulares em situações particulares, apesar da fixidez da direção geral. Somente as duas observações, longe de se contradizerem, resultam, quando adequadamente vinculadas, num quadro mais revelador e mais apropriado.

Basta considerarmos o efeito do mecanismo da concorrência. Quando pessoas ou grupos em livre concorrência entram em conflito violento, sem dúvida trabalham, queiram ou não, por uma redução da esfera de competição, visando a uma situação de monopólio, a despeito da frequência com que esse processo é temporariamente revertido, por exemplo, por alianças entre as partes mais fracas. Nessa medida, os atos dos concorrentes não são mais que alavancas de um automatismo social. Mas qual dos rivais será vitorioso, qual deles será capaz de controlar as oportunidades dos outros e, com isso, de administrar a lei do mecanismo de concorrência, ou seja, a decisão que mais importa para as partes implicadas — essa decisão é muito menos determinada pela estrutura global da sociedade em questão do que o é o próprio mecanismo social. O desfecho poderá depender em ampla medida dos dons instintivos, da energia pessoal e da inteligência de um ou mais indivíduos dentro dos grupos rivais. E o mesmo se aplica a muitas outras tensões cuja resolução prepara o terreno para mudanças estruturais da sociedade ou efetivamente as acarreta. O eixo ao longo do qual atua um determinado tipo de tensões, a direção que elas apontam a mais longo prazo e a estrutura geral para a qual tendem estão claramente delineados, quer essa direção seja a da "queda", da desintegração das estruturas e funções existentes, quer seja a de uma integração maior segundo diferentes eixos de tensão. Mas as formas e caminhos adotados por esses conflitos e transformações, bem como a velocidade em que eles ocorrem, por certo não são tão estritamente predeterminados quanto a corrente principal na qual se move o *continuum* social, na qual seus eixos de tensão se lançam para além de si mesmos.

Toda sociedade grande e complexa tem, na verdade, as duas qualidades: é muito firme e muito elástica. Em seu interior, constantemente se abre um espaço para as decisões individuais. Apresentam-se oportunidades que podem ser aproveitadas ou perdidas. Aparecem encruzilhadas em que as pessoas têm de fazer escolhas, e de suas escolhas, conforme sua posição social, pode depender seu destino pessoal imediato, ou o de uma família inteira, ou ainda, em certas situações, de nações inteiras ou de grupos dentro delas. Pode depender de suas escolhas que a resolução completa das tensões existentes ocorra na geração atual ou somente na seguinte. Delas pode depender a determinação de qual das pessoas ou grupos em confronto, dentro de um sistema particular de tensões, se tornará o executor das transformações para as quais as tensões estão impelindo, e de que lado e em que lugar se localizarão os centros das novas formas de integração rumo às quais se deslocam as mais antigas, em virtude, sempre, de suas tensões. Mas as oportunidades entre as quais a pessoa assim se vê forçada a optar não são, em si mesmas, criadas por essa pessoa. São prescritas e limitadas pela estrutura específica de sua sociedade e pela natureza das funções que as pessoas exercem dentro dela. E, seja qual for a oportunidade que ela aproveite, seu ato se entremeará com os de outras pessoas; desencadeará outras sequências de ações, cuja direção e resultado provisório não dependerão desse indivíduo, mas da distribuição do poder e da estrutura das tensões em toda essa rede humana móvel.

Nenhuma pessoa isolada, por maior que seja sua estatura, poderosa sua vontade, penetrante sua inteligência, consegue transgredir as leis autônomas da rede humana da qual provêm seus atos e para a qual eles são dirigidos. Nenhuma personalidade, por forte que seja, pode, como o senhor de um império feudal puramente agrário — para dar um exemplo ao acaso —, deter mais do que temporariamente as tendências centrífugas cuja força corresponde às dimensões do território. Ela não pode transformar sua sociedade, de um só golpe, numa sociedade absolutista ou industrial. Não pode, por um ato de vontade, promover a divisão de trabalho mais complexa, o tipo de exército, a monetarização e a total transformação das relações de propriedade que se fazem necessários para que se desenvolvam instituições centrais duradouras. Está presa às leis das tensões entre os vassalos e os senhores feudais, de um lado, e entre os senhores feudais rivais e o governante central, de outro.

Deparamos com compulsões muito semelhantes — ao buscarmos estruturas correlatas na história mais recente —, por exemplo, no desenvolvimento dos Estados Unidos da América. Também ali esteve implicada uma área territorial bastante vasta. Também ali encontramos, de um lado, tendências que lentamente cresciam no rumo da centralização e, de outro, forças especialmente vigorosas opondo-se a uma centralização maior. Tal como acontecera antes no imenso território do império germânico medieval, durante toda a história dos Estados Unidos, embora houvesse um nível muito superior da divisão do trabalho, as tensões entre os interesses centrífugos e centrípetos se mostraram extraordinariamente intensas. A contínua luta dos Estados isolados com as autoridades centrais da União, a longa e bem-sucedida resistência dos inúmeros bancos e monopólios privados contra a estabilização promovida por um banco central federal, a ocasional ocupação das posições centrais pelos próprios interesses centrífugos, as dificuldades que se ergueram contra uma legislação central uniforme, a luta entre a prata e o ouro e as incontáveis crises ligadas a essas tensões, tudo isso é suficientemente conhecido. Teria sido uma especial incompetência o que impediu os estadistas norte-americanos, por tanto tempo, de estabelecerem instituições centrais de controle público tão sólidas e estáveis quanto as da Europa? Qualquer um que se encontre em meio a essas redes, qualquer um que estude no pormenor a história norte-americana, sabe que não foi bem assim. Pouco importando quem se visse alçado à posição central dos Estados Unidos pelos vários mecanismos de seleção existentes, essa pessoa era irresistivelmente enredada num tipo e intensidade de tensões com que os estadistas europeus já não tinham que lutar, em decorrência da integração mais antiga e das dimensões relativamente reduzidas de cada um dos territórios europeus.

É claro que a força das tensões *dentro* do território dos Estados Unidos foi e é amplamente suplantada pela intensidade das tensões *entre* os diferentes Estados da Europa. Quer os diferentes polos dos eixos de tensão fossem representados por grandes personalidades, como na época de Jefferson e Hamilton, quer por pessoas de menor estatura, foi a força dessas tensões em sua sociedade que delineou, seguidas vezes, os atos a serem praticados pelos estadistas norte-americanos. E foi também em virtude da especial intensidade dos interesses centrífugos, e não de qualquer especial incompetência dos principais estadistas norte-americanos, que o centro de gravidade se deslocou para os interesses centrípetos muito mais lentamente do que na Europa, à medida que foi avançando a divisão das funções. Nenhuma personalidade, por maior que fosse, podia transgredir a lei dessa poderosa rede humana. Nela, o estadista individualmente considerado apenas dispunha, dependendo de sua estatura, de uma margem de decisão maior ou menor.

Mas ainda que, nesse caso como em todos os demais, a margem de decisão individual emerja dentro da rede social, não existe uma fórmula geral indicando a grandeza exata dessa margem individual em todas as fases da história e em todos os tipos de sociedades. Justamente o que caracteriza o lugar do indivíduo em sua sociedade é que a natureza e a extensão da margem de decisão que lhe é acessível dependem da estrutura e da constelação histórica da sociedade em que ele vive e age. De nenhum tipo de sociedade essa margem estará completamente ausente. Até a função social do escravo deixa algum espaço, por estreito que seja, para as decisões individuais. E, inversamente, a possibilidade de um rei ou um general influenciar seu destino e o de outrem por suas qualidades pessoais costuma ser incomparavelmente maior que a dos indivíduos socialmente mais fracos de sua sociedade. O alcance das decisões tomadas pelos representantes dessas funções de destaque torna-se imenso em certas situações históricas. E, para eles, a forma e a extensão da margem individual de decisão podem variar consideravelmente, conforme a adequação e a estatura pessoais do ocupante da função. Aqui, a margem de decisão é não apenas maior, como também mais elástica; nunca, porém, é ilimitada. E no exercício dessas funções de liderança, exatamente como no caso do escravo comum, a gama das decisões e a extensão de seu alcance são determinadas pelo tipo particular de integração que tiver dado origem a tais funções e que, por algum tempo, continue a reproduzi-las. A pessoa, individualmente considerada, está sempre ligada a outras de um modo muito específico através da interdependência. Mas, em diferentes sociedades e em diferentes fases e posições numa mesma sociedade, a margem individual de decisão difere em tipo e tamanho. E aquilo a que chamamos "poder" não passa, na verdade, de uma expressão um tanto rígida e indiferenciada para designar a extensão especial da margem individual de ação associada a certas posições sociais, expressão designativa de uma oportunidade social particularmente ampla de influenciar a autorregulação e o destino de outras pessoas.

Quando, por exemplo, o poder social de pessoas ou grupos de uma mesma área social é excepcionalmente desigual, quando grupos socialmente fracos e de posição subalterna, sem oportunidades significativas de melhorar sua posição, são pareados com outros que detêm o controle monopolista de oportunidades muito maiores de poder social, os membros dos grupos fracos contam com uma margem excepcionalmente reduzida de decisão individual. Nesse caso, quaisquer dons destacados ou características intensamente individualizadas entre os membros dos grupos fracos não podem ser desenvolvidos, ou só o podem ser em direções havidas por antissociais do ponto de vista da estrutura social existente. Assim, para os membros isolados das classes camponesas socialmente fracas que vivem à beira da inanição, por exemplo, a única maneira de melhorar sua sina consiste, muitas vezes, em abandonar a terra e adotar uma vida de banditismo. A posição de liderança nesses grupos, a posição de "chefe dos ladrões", constitui, nesses casos, a única oportunidade de eles tomarem uma iniciativa pessoal significativa. Dentro da estrutura da existência social normal dessas classes pobres e desfavorecidas, é mínima a margem que resta para a iniciativa pessoal. E é absolutamente certo que a posição social e o destino desses grupos, dada a enorme discrepância na distribuição dos instrumentos do poder social, só pode ser alterada pela estatura e energia especiais de um de seus membros que se haja transformado em seu líder.

Quando grupos dotados de um poder menos divergente ou aproximadamente igual numa sociedade constituem os polos principais dos eixos de tensão, a situação é diferente. Nesse caso, é bem possível que dependa da determinação e da estatura de algumas pessoas que, num momento oportuno, o centro de gravidade se desloque decisivamente para um lado ou para o outro. Nesse tipo de constelação reticular, pode ser muito ampla a margem de decisão acessível às pessoas que ocupam funções de liderança. Mas, seja maior ou menor a margem de decisão do indivíduo, o que quer que ele decida o alia a alguns e o afasta de outros. Tanto nas grandes questões quanto nas pequenas, ele está preso à distribuição do poder, à estrutura da dependência e das tensões no interior de seu grupo. Os possíveis cursos de ação entre os quais ele decide são predeterminados pela estrutura de sua esfera de atividade e pela trama desta. E, dependendo de sua decisão, o peso autônomo dessa trama trabalhará a seu favor ou contra ele.

É comum ouvirmos debater-se, atualmente, se a história é feita por grandes homens isolados ou se todas as pessoas são intercambiáveis, não tendo a individualidade pessoal a menor importância na marcha da história. Mas a discussão entre esses dois polos ocorre num vazio. Falta-lhe o elemento que fornece a base para qualquer discussão dos seres humanos e de seus modos de ser: o contato contínuo com a experiência. Diante de uma alternativa desse tipo, não existe um simples "sim" ou "não". Até no caso daquelas pessoas que estamos acostumados a encarar como as maiores personalidades da história, outras pessoas e seus produtos, seus atos, suas ideias e sua língua constituíram o meio em que e sobre o qual elas agiram. A natureza específica de sua coexistência com outras pessoas facultou à sua atividade, como à de todos os demais, certa margem e certos limites. A influência de uma pessoa sobre outras, sua importância para elas, pode ser especialmente grande, mas a autonomia da rede em que ela atua é incomparavelmente mais forte. A crença no poder ilimitado de indivíduos isolados sobre o curso da história constitui um raciocínio veleitário.

Não menos destituída de realismo, contudo, é a crença inversa, segundo a qual todas as pessoas têm igual importância para o curso da história, sendo assim intercambiáveis, não passando o indivíduo de um veículo passivo da máquina social. A mais elementar das observações ensina nos que a importância de diferentes indivíduos para o curso dos acontecimentos históricos é variável e que, em certas situações e para os ocupantes de certas posições sociais, o caráter individual e a decisão pessoal podem exercer considerável influência nos acontecimentos históricos. A margem individual de decisão é sempre limitada, mas é também muito variável em sua natureza e extensão, dependendo dos instrumentos de poder controlados por uma dada pessoa. Uma olhadela para a natureza da integração humana basta para tornar compreensível essa variabilidade dos limites individuais. O que dobra e cerceia os indivíduos, visto por outro lado, é o oposto diametral dessa limitação: sua atividade individual, sua capacidade de tomar decisões de maneiras muito diversificadas e individuais. A atividade individual de alguns é a limitação social de outros. E só depende do poder das funções interdependentes em questão, do grau de dependência recíproca, saber quem será mais capaz de limitar quem através de sua atividade.

Referimo-nos várias vezes ao curioso jogo de salão a que alguns grupos da sociedade ocidental tendem a se entregar com tanta frequência. Nele encontramos dois partidos opostos: um diz que "tudo depende do indivíduo", o outro, que "tudo depende da sociedade". Diz o primeiro grupo: "Mas são sempre determinados indivíduos que decidem fazer uma coisa e não outra." Os oponentes retrucam: "Só que as decisões deles são socialmente condicionadas." O primeiro grupo afirma: "Mas o que vocês chamam de 'condicionamento social' só se dá porque outros querem fazer alguma coisa e a fazem." Os outros respondem: "Mas o que esses outros querem fazer e fazem também é socialmente condicionado."

O feitiço que nos obriga a pensar em termos dessas alternativas está começando a se desfazer. É que, a rigor, o modo como uma pessoa decide e age desenvolve-se nas relações com outras pessoas, numa modificação de sua natureza pela sociedade. Mas o que assim se molda não é algo simplesmente passivo, não é uma moeda sem vida, cunhada como milhares de moedas idênticas, e sim o centro ativo do indivíduo, a direção pessoal de seus instintos e de sua vontade; numa palavra, seu verdadeiro eu. O que é moldado pela sociedade também molda, por sua vez: é a autorregulação do indivíduo em relação aos outros que estabelece limites à autorregulação destes. Dito em poucas palavras, o indivíduo é, ao mesmo tempo, moeda e matriz. Uma pessoa pode ter mais funções de matriz do que outra, mas é sempre também uma moeda. Até o membro mais fraco da sociedade tem sua parcela na cunhagem e na limitação dos outros membros, por menor que seja. O jogo de salão só pode continuar *ad infinitum* por separar, como duas *substâncias*, o que, na verdade, são duas *funções* inseparáveis dos seres humanos em seu convívio.

Ocorre que as duas facções têm uma ideia característica em comum, e essa base idêntica mostra que os antagonistas são filhos da mesma época. O debate inteiro presume, tacitamente — como um ponto de conluio secreto, fundamento inconteste da discussão —, que o "social" é aquilo que é "idêntico" ou "típico" entre diversas pessoas, enquanto o que singulariza e diferencia uma pessoa de todas as demais — em suma, uma individualidade mais ou menos pronunciada — é um elemento extrassocial que, ato contínuo, é atribuído, por motivos bastante obscuros, a uma origem biológica ou metafísica, conforme as preferências. Nesse ponto, o pensamento e a observação chegam ao fim.

Já enfatizamos que essa noção de individualidade como expressão de um núcleo natural extrassocial dentro do indivíduo, em torno do qual os traços "típicos" ou "sociais" se depositam como uma concha, está ligada, por sua vez, a uma vida íntima específica e historicamente determinada. Essa noção está ligada à tensão entre as funções egoicas e superegoicas, de um lado, e as funções instintivas, de outro — uma tensão que jamais, em nenhuma sociedade, está completamente ausente, mas se mostra especialmente intensa e difusa quando o processo civilizador atinge um estágio avançado. Essa tensão — as contradições entre os desejos do indivíduo parcialmente controlados pelo inconsciente e as exigências sociais representadas por seu superego — é o que alimenta constantemente a ideia de um núcleo individual natural na concha condicionada pela sociedade ou pelo ambiente. Essas contradições fazem parecer evidente ao indivíduo que ele é algo distinto "internamente", enquanto a "sociedade" e as outras pessoas são "externas" e "alheias". Essa forma específica de superego, esse cerceamento especialmente vigoroso e semiautomático de todos os impulsos e afetos direcionados para outrem, foi o que permitiu ao indivíduo — de maneira cada vez mais perceptível a partir do Renascimento — perceber-se como "sujeito" e perceber o mundo como uma coisa separada dele por um abismo, como o "objeto". Isso facultou-lhe ver-se como um observador externo ao restante da natureza, enquanto a natureza o confrontava como uma "paisagem"; facultou-lhe sentir-se um indivíduo independente de todas as outras pessoas e ver as outras pessoas como um campo "estranho" que originalmente nada tivera a ver com seu ser "interior", como um "ambiente", um "meio", uma "sociedade". Somente quando o indivíduo para de tomar a si mesmo como ponto de partida de seu pensamento, para de fitar o mundo como alguém que olha de "dentro" de sua casa para a rua "lá fora", para as casas "do outro lado", e quando é capaz — por uma nova revolução copernicana em seus pensamentos e sentimentos — de ver a si e a sua concha como parte da rua, de vê-los em relação a toda a rede humana móvel, só então se desfaz, pouco a pouco, seu sentimento de ser uma coisa isolada e contida "do lado de dentro", enquanto os outros são algo separado dele por um abismo, são uma "paisagem", um "ambiente", uma "sociedade".

Mas esse pesado cerceamento das emoções não está sozinho. Estreitamente ligadas a essa peculiaridade de nossa vida íntima, há muitas outras que contribuem igualmente para fazer com que ideias contrastantes como "dentro" e "fora", "inato" e "socialmente condicionado" afigurem-se, no tocante a nós mesmos, eternos opostos, elementos fundamentais do arsenal do pensamento e da consciência. Para dar apenas alguns exemplos, no estágio atual de desenvolvimento da autoconsciência, o indivíduo deriva especial satisfação da ideia de que deve tudo o que considera único e essencial em sua pessoa apenas a si mesmo, a sua "natureza", e a mais ninguém. A ideia de que pessoas "estranhas" possam ser parte integrante da formação de sua individualidade parece, hoje em dia, quase uma transgressão dos direitos do sujeito sobre si mesmo. Apenas aquela parte de si que a pessoa consegue explicar por sua "natureza" parece-lhe inteiramente própria. Ao explicá-la através de sua natureza, ela involuntariamente credita seu mérito a si mesma como uma conquista positiva; e, inversamente, tende a atribuir à sua natureza inata tudo o que vê em si própria como conquista positiva. Imaginar que sua individualidade especial, sua "essência", não seja uma criação única da natureza, súbita e inexplicavelmente saída de seu ventre, tal como Atena brotou da cabeça de Zeus, atribuir seus próprios dons psíquicos ou até seus problemas a algo tão fortuito quanto as relações com outras pessoas, algo tão transitório quanto a sociedade humana, parece ao indivíduo uma desvalorização que priva de sentido sua existência. A ideia de que sua individualidade tenha emergido da natureza imperecível, assim como a ideia de ter sido criada por Deus, parece proporcionar uma justificativa muito mais segura a tudo aquilo que a pessoa acredita ser-lhe singular e essencial. Isso ancora as qualidades individuais em algo eterno e regular; ajuda o indivíduo a compreender a necessidade de ser o que é. Explica-lhe, através de uma palavra — a palavra "natureza" —, aquilo que, de outro modo, seria inexplicável nele mesmo.

Assim, em decorrência de uma disposição peculiar de nossos sentimentos e desejos, é constante perdermos conscientemente de vista o fato de que a "natureza" das funções psíquicas dos seres humanos não é exatamente a mesma coisa que a "natureza" das outras funções que permitem a um corpo manter-se de determinada forma. Será necessária uma revisão radical da consciência vigente para que o véu de desejos e valores que tolda nossa visão nesse sentido possa ser superado. O que chamamos "individualidade" de uma pessoa é, antes de mais nada, uma peculiaridade de suas funções *psíquicas*, uma qualidade estrutural de sua autorregulação em relação a outras pessoas e coisas. "Individualidade" é uma expressão que se refere à maneira e à medida especiais em que a qualidade estrutural do controle psíquico de uma pessoa difere do de outra. Mas essa diferença específica das estruturas psíquicas das pessoas não seria possível se sua autorregulação em relação a outras pessoas e coisas fosse determinada por estruturas herdadas, da mesma forma e na mesma medida em que o é a autorregulação do organismo humano, por exemplo, na reprodução de órgãos e membros. A "individualização" das pessoas só é possível porque o primeiro controle é mais maleável que o segundo. E, em virtude dessa maior maleabilidade, palavras como "natureza" ou "disposição", e todos os termos correlatos, têm um sentido diferente quando aplicadas às funções psíquicas das pessoas e quando aplicadas às funções de reprodução ou crescimento dos órgãos. Neste segundo caso, superficialmente considerado, a ideia tradicional da natureza como um campo inalterável, ou que, pelo menos, se modifica num ritmo muito lento, tem certa validade. Mas, no caso das funções psíquicas, de sua adaptação e entrelaçamento na vida social, lidamos com entidades naturais que facultam um ritmo de mudança muito mais rápido, que incorporam uma ordem própria. Para explorar essas funções e a maneira como são moldadas umas pelas outras, precisamos elaborar conceitos especiais.

Hoje em dia os termos tradicionais são usados com excessiva frequência, sem se distinguir se se referem a funções psíquicas ou à formação de órgãos e membros. A experiência com as funções corporais dá o tom. Conceitos que se revelaram mais ou menos frutíferos em sua elucidação continuam a ser empregados sem nenhum fundamento adicional e, não raro, como modelos para investigar o psiquismo humano. Pensa-se, intui-se e, até certo ponto, deseja-se que a individualidade de uma pessoa, que a estrutura característica de sua autorregulação em relação a outras pessoas e coisas, exista da mesma forma independente, isolada de todas as relações, pela qual se intui que o corpo existe no espaço. Também por esse aspecto, gera-se a ideia de que o ser humano individual, com todas as qualidades psíquicas que o distinguem de outras pessoas, representa um cosmo autônomo, uma natureza à parte que, originalmente, nada teve a ver com o restante da natureza ou dos demais seres humanos. E, ao usar modelos derivados das funções físicas na tentativa de compreender as funções psíquicas, somos constantemente forçados a pensar em termos de opostos estereotipados, como "dentro" e "fora", "indivíduo" e "sociedade", "natureza" e "meio". A única alternativa que resta ao indivíduo parece consistir em conferir a um lado ou ao outro o papel decisivo na formação dos seres humanos. O máximo que se consegue imaginar é uma solução conciliatória: "Um pouco vem de fora e um pouco de dentro; só precisamos saber o que e quanto."

As funções psíquicas não se enquadram nesse padrão. A natural dependência que uma pessoa tem de outras, a orientação natural das funções psíquicas para os relacionamentos, bem como sua adaptabilidade e mobilidade dentro das relações, são fenômenos impossíveis de apreender através de modelos baseados em substâncias ou de conceitos espaciais como "dentro" ou "fora". Para entendê-los, são necessários meios conceituais diferentes e uma visão básica diferente.

Vimos tentando aqui dar alguns passos em direção a esses meios. A configuração da autorregulação psíquica de uma pessoa — por exemplo, sua língua materna — é, pelo fato de essa pessoa haver crescido em determinada sociedade, inteiramente "típica", e é, ao mesmo tempo, por ela haver crescido como um ponto de referência singular na rede de uma sociedade, inteiramente individual, ou seja, é manifestação única desse produto típico. Os animais, tomados individualmente, também diferem entre si "por natureza", tal como certamente o fazem as pessoas isoladas. Mas essa diferença biológica hereditária não é idêntica à diferença, na estrutura da autorregulação psíquica dos adultos, que expressamos com o termo "individualidade". Reiterando uma afirmação anterior, a pessoa que cresce fora do convívio humano não atinge essa "individualidade", como acontece com os animais. Somente através de uma longa e difícil moldagem de suas maleáveis funções psíquicas na interação com outras pessoas é que o controle comportamental da pessoa atinge a configuração singular que caracteriza determinada individualidade humana. Somente através de um processo social de moldagem, no contexto de características sociais específicas, é que a pessoa desenvolve as características e estilos comportamentais que a distinguem de todos os demais membros de sua sociedade. *A sociedade não apenas produz o semelhante e o típico, mas também o individual.* O grau variável de individuação entre os membros de grupos e camadas diferentes mostra isso com bastante clareza. Quanto mais diferenciada a estrutura funcional de uma sociedade ou de uma classe dentro dela, mais nitidamente divergem as configurações psíquicas de cada uma das pessoas que nela crescem. No entanto, por diferente que seja o grau dessa individuação, certamente não existe nenhum ponto zero de individuação entre as pessoas que crescem e vivem numa sociedade. Em maior ou menor grau, as pessoas de todas as sociedades que nos são conhecidas são individuais e diferentes umas das outras até o último detalhe de sua configuração e comportamento, e são específicas de cada sociedade, ou seja, são formadas e ligadas, na natureza de sua autorregulação psíquica, por uma rede particular de funções, uma forma particular de vida comunitária, que também forma e liga todos os seus outros membros. Aquilo que muitas vezes é conceitualmente separado como duas substâncias diferentes, ou duas camadas diferentes dentro do ser humano — sua "individualidade" e seu "condicionamento social" —, não passa, na verdade, de duas funções diferentes das pessoas em suas relações recíprocas, nenhuma das quais pode existir sem a outra. Trata-se de termos referentes à atividade específica do indivíduo em relação a seus semelhantes e a sua capacidade de ser influenciado e moldado pela atividade destes; referem-se à dependência que os outros têm dele e a sua dependência dos outros; são expressões de sua função de *matriz* e *moeda*.

VII

Se os seres humanos não fossem, por natureza, tão mais maleáveis e móveis do que os animais em seu controle comportamental, não comporiam juntos um *continuum* histórico autônomo (uma sociedade) nem possuiriam individualidade própria. As sociedades animais não têm outra história que sua "história natural"; e os animais dentro dessas sociedades não diferem uns dos outros em seu comportamento, não são individualizáveis, na mesma medida em que os seres humanos isoladamente considerados.

Mas, como os seres humanos podem ajustar-se uns aos outros nessa medida, e além disso precisam dessa adaptação, a rede de suas relações — sua sociedade — não se pode compreender em termos de indivíduos singulares, como se cada qual formasse, antes de mais nada, um cosmo natural e autônomo. Ao contrário, o indivíduo só pode ser entendido em termos de sua vida em comum com os outros. A estrutura e a configuração do controle comportamental de um indivíduo dependem da estrutura das relações entre os indivíduos. A base de todos os mal-entendidos no tocante à relação entre indivíduo e sociedade reside no fato de que, embora a sociedade, as relações entre as pessoas, tenha uma estrutura e regularidade de tipo especial, que não podem ser compreendidas em termos do indivíduo isolado, ela não possui um corpo, uma "substância" externa aos indivíduos.

Essas ideias podem ser fáceis ou difíceis de apreender, mas os fatos a que se referem são bastante simples: cada pessoa só é capaz de dizer "eu" se e porque pode, ao mesmo tempo, dizer "nós". Até mesmo a ideia "eu sou", e mais ainda a ideia "eu penso", pressupõe a existência de outras pessoas e um convívio com elas — em suma, um grupo, uma sociedade. Evidentemente, a reflexão teórica por si só não basta, e seria necessária uma estrutura diferente de autoconsciência individual, uma autojustificação diferente do indivíduo, para explorar todas as ramificações desse estado de coisas. Apenas mediante uma alteração na estrutura das relações interpessoais, uma estruturação diferente das individualidades, seria possível estabelecer uma harmonia melhor entre as pressões e exigências sociais, de um lado, e as necessidades individuais, o desejo de justificação, sentido e realização das pessoas, de outro. Só então a consciência que temos de que tudo o que somos e em que nos transformamos se dá em relação aos outros poderia passar de um mero discernimento teórico para uma norma de ação e comportamento. Aqui, deve bastar-nos a criação de uma terminologia para essa simples situação em si. A sociedade, com sua regularidade, não é nada externo aos indivíduos; tampouco é simplesmente um "objeto" "oposto" ao indivíduo; ela é aquilo que todo indivíduo quer dizer quando diz "nós". Mas esse "nós" não passa a existir porque um grande número de pessoas isoladas que dizem "eu" a si mesmas posteriormente se une e resolve formar uma associação. As funções e relações interpessoais que expressamos com partículas gramaticais como "eu", "você", "ele", "ela", "nós" e "eles" são interdependentes. Nenhuma delas existe sem as outras. E a função do "nós" inclui todas as demais. Comparado àquilo a que ela se refere, tudo o que podemos chamar "eu", ou até "você", é apenas parte.

E esse fato, o de cada "eu" estar irrevogavelmente inserido num "nós", finalmente deixa claro por que a entremeação dos atos, planos e propósitos de muitos "eus" origina, constantemente, algo que não foi planejado, pretendido ou criado por nenhum indivíduo. Como se sabe, esse aspecto permanente da vida social recebeu de Hegel sua primeira interpretação histórica. Ele o explica como uma "astúcia da razão". Mas o que está implicado não é uma astúcia nem um produto da razão. O planejamento dos indivíduos a longo prazo, comparado à multiplicidade de objetivos e anseios individuais dentro da totalidade de uma rede humana, e particularmente comparado ao contínuo entretecimento dos atos e objetivos individuais ao longo de muitas gerações, é sempre extremamente limitado. A interação dos atos, propósitos e projetos de muitas pessoas não é, ela mesma, algo pretendido ou planejado; em última instância, é imune ao planejamento. A "astúcia da razão" é uma tentativa provisória, ainda envolta em devaneios, de expressar o fato de que a autonomia daquilo a que alguém chama "nós" é mais poderosa do que os planos e objetivos de qualquer "eu" individual. O entrelaçamento das necessidades e intenções de muitas pessoas sujeita cada uma delas individualmente a compulsões que nenhuma pretendeu. Vez após outra, os atos e obras de pessoas isoladas, entremeados na trama social, assumem uma aparência que não foi premeditada. Vez após outra, portanto, as pessoas colocam-se ante o efeito de seus próprios atos como o aprendiz de feiticeiro ante os espíritos que invocou e que, uma vez soltos, não mais permanecem sob seu controle. Elas fitam com assombro as reviravoltas e formações do fluxo histórico que elas mesmas constituem, mas não controlam.

Isso se aplica às mais simples formas de relação entre as pessoas. Por exemplo, o fato de duas pessoas diferentes lutarem por uma mesma oportunidade social, seja ela um pedaço de terra ou um mesmo produto, o mesmo mercado ou a mesma posição social, origina algo que nenhuma delas pretendeu: uma relação competitiva, com suas leis específicas, ou, conforme o caso, uma elevação ou queda dos preços. Assim, pela entremeação dos anseios ou planos estreitamente relacionados de muitos indivíduos, entram em ação mecanismos de monopólio, avançando rumo a áreas cada vez mais vastas. Assim, por exemplo, o desordenado monopólio da violência exercido por toda uma classe de senhores feudais em livre concorrência dá origem, no lento passar dos séculos, a um monopólio privado, hereditário e central da força e, por fim, ao centro de um aparelho de Estado controlável por amplos setores da população. O mesmo se aplica à crescente divisão das funções. Também ela, como hoje se evidencia retrospectivamente ao observador — na condição de mudança contínua das relações humanas numa certa direção ao longo dos séculos —, certamente não foi planejada ou pretendida por qualquer pessoa individualmente considerada ou por muitas pessoas juntas. Sem dúvida, todos os instrumentos e instituições sociais específicos que assumem gradativamente contornos mais nítidos, sem serem planejados, no curso desse processo — os povoamentos urbanos, as máquinas ou seja lá o que for —, são aos poucos incorporados de maneira mais consciente, a partir de certo momento, nas metas e projetos de cada pessoa. Além disso, no curso da história ocidental, a proporção da sociedade acessível ao planejamento só faz aumentar. Mas todos esses instrumentos e instituições, apesar de incorporados aos objetivos de curto prazo de muitas pessoas e grupos isolados, tendem sempre, ao mesmo tempo, quando considerados em longas extensões temporais, para uma direção única que nenhuma pessoa ou grupo, isoladamente, desejou ou planejou. Do mesmo modo, no curso da história, uma alteração do comportamento humano no sentido da civilização veio gradualmente a emergir do fluxo e refluxo dos acontecimentos. Cada pequeno passo nessa trajetória foi determinado pelos desejos e planos de pessoas e grupos isolados; mas o que cresceu nesse trajeto até o momento, nosso padrão de comportamento e nossa configuração psicológica, certamente não foi pretendido por nenhuma pessoa em particular. E é dessa maneira que a sociedade humana avança como um todo; é dessa maneira que toda a história da humanidade perfaz seu trajeto:

De planos emergindo, mas não planejada,
Movida por propósitos, mas sem finalidade.

NOTAS

1. Não é nada fácil explicar o que são as estruturas e regularidades sociais, a menos que se possa ilustrá-las com exemplos da própria vida social, com estudos detalhados e solidamente fundamentados na experiência. Dada a exiguidade do espaço, isso não foi possível aqui. Resta-me apenas fazer referência às várias análises dos processos e regularidades sociais encontradas em meu estudo intitulado *O processo civilizador* (vol.I, Nova York, 1978; vol.II, Oxford, 1982) [ambos publicados no Brasil pela Zahar, 1990 e 1993, respectivamente]. Subjacentes a elas, mas não explicitadas, acham-se as mesmas ideias aqui expostas de forma mais geral.

2. No tocante a essa e às ideias subsequentes, cf. *O processo civilizador*, vol.I, cap.2, e vol.II, p.193ss.: "Sugestões para uma teoria de processos civilizadores".

3. R. M. Rilke, de *Sämtliche Werke*, vol.I, Frankfurt/Main, 1962, p.316-17:

> Sou apenas um de vossos mais humildes monges,
> fitando de minha cela a vida lá fora,
> das pessoas mais distante que das coisas
>
> . . .
>
> Não me julgueis presunçoso se digo:
> Ninguém realmente vive sua vida.
> As pessoas são acidentes, vozes, fragmentos,
> medos, banalidades, muita alegria miúda,
> já crianças, envoltas em dissimulação,
> quando adultas, máscaras; como rostos — mudas.
>
> Penso muita vez: deve haver tesouros
> onde se armazenam todas essas muitas vidas,
> como armaduras ou liteiras, berços
> que nunca portaram alguém francamente real,
> vidas qual roupas vazias que não se sustentam
> de pé e, despencando, agarram-se
> às sólidas paredes de pedra abobadada.
>
> E quando à noite vagueio
> fora de meu jardim, imerso em tédio,
> sei que os caminhos todos que se estendem
> levam ao arsenal de coisas não vividas.

Não há árvore ali, como se a terra se guardasse
e como ao redor da prisão ergue-se o muro,
sem janela alguma, em seu sétuplo anel.
E seus portões, de trancas de ferro,
que repelem os que querem passar,
têm suas grades todas feitas por mãos humanas.

4. A situação com que deparamos aqui, na relação do indivíduo com a sociedade, de uma pessoa com outra, tem certa semelhança com a que Goethe tantas vezes expressou no tocante à relação do homem com a natureza. Consideremos os dois poemas seguintes (extraídos de Goethe, *Selected Poems*, Londres, 1983):

Epirrema

Deves, da natureza na contemplação,
A isto em cada traço dar tua atenção:
Nada existe de externo e nada interno,
Pois dentro ela está fora e fora dentro.
Assim hás de captar, sem tempo demorado,
Claro como o dia, o mistério sagrado.

Com efeito: Ao físico

"No âmago da Natureza" —
Ó filisteu —
"Não há mente terrena capaz de penetrar."
A máxima é perfeita:
Mas faz-me a gentileza
De o dissidente poupar:
Eu e os de minha índole.
Pensamos: em todo lugar
Estamos no centro.
"Feliz da mortal criatura
A quem ela mostra não mais
Que sua crosta externa",
Por sessenta anos ouvi os de tua classe anunciar.
E faz-me praguejar, ainda que em silêncio;
A mim mesmo digo milhares de vezes:
Tudo ela concede, alegre e prodigamente;
Não tem a natureza núcleo
Nem crosta externa,
Sendo ao mesmo tempo todas as coisas.
É a ti mesmo que deves perscrutar, para veres
Se és centro ou periferia.

5. Também nisso se encontra a chave para entender a relação entre a civilização e a natureza humana: o processo civilizador é possibilitado pelo fato de a autorregulação da pessoa em relação a outros seres e coisas, sua "psique", não ser restringida por reflexos e automatismos inatos na mesma medida, por exemplo, da digestão. O que possibilita o processo civilizador é a singular adaptabilidade e transformabilidade dessas funções autorreguladoras. Ele é acionado e mantido em movimento por mudanças específicas no convívio humano, por uma transformação das relações humanas que atua num sentido muito definido, por um movimento autônomo da rede de indivíduos humanos interdependentes.

Parte II

Problemas da Autoconsciência e da Imagem do Homem
(*os anos 1940 e 50*)

Os Seres Humanos como Indivíduos e como Sociedade, e suas Autoimagens Inspiradas no Desejo e no Medo*

I

Todos sabem o que se pretende dizer quando se usa a palavra "sociedade", ou pelo menos todos pensam saber. A palavra é passada de uma geração a outra como uma moeda cujo valor fosse conhecido e cujo conteúdo já não precisasse ser testado. Quando uma pessoa diz "sociedade" e outra a escuta, elas se entendem sem dificuldade.

Mas será que realmente nos entendemos?

A sociedade, como sabemos, somos todos nós; é um grande número de pessoas reunidas. Mas um bom número de pessoas reunidas na Índia e na China forma um tipo de sociedade diferente da encontrada na América ou na Grã-Bretanha; a sociedade composta por muitos indivíduos na Europa do século XII era diferente da encontrada nos séculos XVI ou XX. E, embora todas essas sociedades certamente tenham consistido e consistam em nada além de muitos indivíduos, é claro que a mudança de uma forma de convívio para outra não foi planejada por nenhum deles. Pelo menos, é impossível constatar que qualquer pessoa dos séculos XII ou mesmo XVI tenha trabalhado deliberadamente pelas sociedades de nossos dias, que assumem a forma de Estados nacionais altamente industrializados. Que tipo de formação é esse, esta "sociedade" que compomos juntamente, mas que não foi pretendida ou planejada, tal como agora se apresenta, por nenhum de nós, nem tampouco por todos nós juntos, que só existe quando existe um grande número de pessoas, só continua a funcionar quando muitas pessoas, tomadas isoladamente, querem e fazem certas coisas, mas cuja estrutura e grandes transformações históricas claramente independem das intenções de qualquer pessoa em particular?

Quando alguém examina as respostas hoje dadas a essas e outras questões similares, vê-se confrontado, em termos gerais, com dois amplos campos opostos. Parte das pessoas aborda as formações sócio-históricas como se estas tivessem sido concebidas, planejadas e criadas, tal como agora se apresentam ao observador retrospectivo, por diversos indivíduos ou organismos. Embora alguns indivíduos dentro desse campo geral possam ter algum nível de

---

* Algumas passagens do texto que se segue, particularmente no início da primeira e terceira seções, compreendem uma revisão direta da Parte I deste volume.

consciência de que seu tipo de explicação não é realmente satisfatório, por mais que distorçam suas ideias de modo a fazê-las corresponderem aos fatos, o modelo conceitual a que estão presos continua a ser o da criação racional e deliberada de uma obra — como um prédio ou uma máquina — por pessoas individuais. Quando têm diante de si instituições sociais específicas, como os parlamentos, a polícia, os bancos, os impostos, os livros ou seja lá o que for, eles procuram, para explicá-las, as pessoas que originalmente tiveram a ideia dessas instituições ou que primeiro a puseram em prática. Ao lidarem com um gênero literário, buscam o escritor que serviu de modelo para os outros. Ao depararem com formações em que esse tipo de explicação é difícil, como a linguagem ou o Estado, por exemplo, ao menos procedem *como se* essas formações sociais pudessem ser explicadas da mesma forma que as outras, as que seriam deliberadamente produzidas por pessoas isoladas para fins específicos. Podem, por exemplo, acreditar que a existência da linguagem é suficientemente explicada ao se assinalar sua função de meio de comunicação entre as pessoas, ou que a dos Estados se explica ao se argumentar que a finalidade do Estado é a manutenção da ordem, como se, no curso da história da humanidade, a linguagem ou a organização das pessoas sob a forma de Estados tivesse sido criada para esse fim específico, em algum momento, por indivíduos isolados, como resultado do pensamento racional. E, com bastante frequência, ao serem confrontados com fenômenos sociais que obviamente não podem ser explicados por esse modelo, como é o caso da evolução dos estilos artísticos ou do processo civilizador, seu pensamento estanca. Param de fazer perguntas.

No campo oposto, essa abordagem das formações históricas e sociais é amiúde tratada com desdém. Nele, o ser humano, como indivíduo, mal chega a desempenhar algum papel. Os modelos de pensamento aí utilizados são, primordialmente, modos de explicação extraídos das ciências puras ou aplicadas. Mas, como tantas vezes acontece quando se transferem modelos conceituais de um campo para outro, os modelos científicos tendem a assumir um caráter metafísico que, dependendo das necessidades e preferências de seus usuários, pode saber mais a uma religião da razão ou a uma fé mística. Basicamente, podem-se distinguir duas tendências predominantes nesse campo. Comum a ambas é o esforço de explicar as formações e processos sócio-históricos como produtos necessários da ação de forças supraindividuais anônimas, que são quase totalmente imunes à intervenção humana. Mas os expoentes da outra visão frisam a eterna reiteração das mesmas formas nas sociedades, enquanto seus adversários defendem a irrevogável mudança destas — ou da sociedade humana como um todo — numa direção particular.

O primeiro grupo geralmente concebe os processos sociais como ciclos inescapáveis que se repetem mais ou menos automaticamente. Seus modelos costumam ser extraídos da biologia. Eles encaram a sociedade como uma espécie de entidade orgânica supraindividual que avança inelutavelmente para a morte, passando pela juventude, maturidade e velhice. As cosmologias sociais de Spengler e Toynbee constituem exemplos desse modo cíclico de pensamento. Mas algumas variações dessa noção estática das entidades sociais supraindividuais são muito difundidas; podem ser encontradas, em vários matizes e disfarces, não apenas nos livros eruditos, mas também no pensamento popular. Basta recordarmos a expressão corriqueira que sugere a ideia, nem sempre conscientemente reconhecida, de que algumas sociedades são dotadas de um espírito comum supraindividual — o "espírito" da Grécia no caso dos antigos gregos ou o "espírito" da França no tocante aos franceses. Ou podemos pensar na crença, outrora disseminada, em que o ciclo regular de crescimento e colapso econômicos, ou a eterna repetição de guerra e da paz, era a expressão de uma ordem natural das coisas que seguia seu curso sem que pudesse ser influenciado por um conhecimento mais profundo de suas causas, ou uma ação esclarecida por esse conhecimento.

Os expoentes da outra corrente principal dentro desse campo também partem da ideia de um processo social automático e imutável. Mas frisam que tal processo avança irrevogavelmente numa determinada direção. Encaixam o ritmo recorrente num curso estritamente direcionado, que desconhece a repetição. Veem diante de si uma espécie de esteira transportadora em que cada produto se aproxima automaticamente da perfeição, ou uma espécie de rua de mão única em que todos são forçados a avançar na mesma direção.

Por vezes, e isso é mais óbvio em Hegel, essa maneira de pensar expressa-se numa espécie de panteísmo histórico: um Espírito Mundial, ou o próprio Deus, parece então incorporar-se, não no mundo estático de Spinoza, mas no mundo histórico em movimento, servindo para explicar sua ordem, sua periodicidade e seu propósito.

Outros fazem o extenuante esforço de retirar da esfera da metafísica a ideia de um processo social supraindividual a se mover inexoravelmente em determinada direção, trazendo-a para a terra e tornando-a acessível à investigação empírica. Comte e Marx, cada qual a seu modo, são representantes dessa tentativa numa etapa relativamente inicial. Sua visão é grandiosa, mas ainda vaga a meio caminho entre o céu e a terra. Comte chama atenção para uma sequência específica de processos do pensamento humano, vendo-a como a chave mestra na compreensão do processo sócio-histórico. Em todas as áreas do pensamento e ação humanos, ensina ele, podem discernir-se três estágios, com numerosas transições e combinações. São tão interligados que o segundo necessariamente emerge do primeiro e o terceiro, do segundo. Há um estágio religioso antropocêntrico, no qual as esperanças e temores da humanidade se condensam numa crença socialmente predeterminada em espíritos punitivos ou realizadores de desejos; um estágio metafísico-filosófico, em que conceitos abstratos como "natureza", "razão" ou "espírito" compõem um outro panteão, esse de entidades metafísicas; e, finalmente, um estágio científico-positivista em que todas as ideias, conceitos e teorias se tornam antidogmaticamente corrigíveis pela pesquisa sistemática e verificáveis pela aplicação. Já Marx concentra a atenção numa sequência de relações econômicas, também consideradas inelutáveis, que representam para ele o motor preponderante do desenvolvimento sócio-histórico e a principal chave para compreendê-lo. No curso desse desenvolvimento automático de relações econômicas, ensina ele, um grupo gradualmente decrescente de proprietários dos meios de produção opõe-se a um grupo gradualmente crescente de pessoas desprovidas de posses, até que, finalmente, após uma sucessão previsível de inescapáveis explosões sociais, os pobres e despossuídos levam a melhor. Mais estritamente do que a maioria de seus predecessores filosóficos, contudo, Comte e Marx atêm-se a um certo número de fatos observáveis e comprováveis. Ambos, porém, padecem gravemente de generalizações exageradas e de um anseio irresistível por afirmar a necessidade. Com frequência, suas generalizações vão muito além dos fatos que as corroboram. Os dois costumam extrair do que se oferece a sua observação apenas aquilo que querem ver e declaram necessário tudo o que julgam desejável. Provam a si mesmos, e tentam provar a nós, que o desenvolvimento sócio-histórico tem que se mover, necessariamente, na direção em que querem que ele se mova. Integram processos sociais parciais efetivamente observáveis num panorama total, ousadamente retratado, do desenvolvimento passado e futuro da humanidade, um panorama que reflete a direção de suas esperanças e temores. E o mesmo se aplica a toda a legião dos que proclamam não somente um progresso parcial (que, de fato, pode ser observado em muitas áreas), mas o avanço automático da sociedade em direção ao progresso contínuo — como se aplica, igualmente, aos que declaram que a rítmica ascensão e queda das sociedades humanas (que é realmente observável aqui e ali) constitui uma lei inelutável da história humana. Todos falam da sociedade humana como uma entidade supraindividual a cujas leis os seres humanos estão impotentemente submetidos, como submetidos estavam os gregos à inevitável determinação do destino.

Enquanto, para os adeptos da convicção oposta, as ações individuais se acham no centro do interesse, e enquanto, nesse campo, os fenômenos inexplicáveis em termos do planejamento e da criação individuais são mais ou menos perdidos de vista, aqui o interesse se concentra justamente no que o campo adversário considera difícil de apreender, como os modos de pensar, os estilos artísticos e os sistemas e instituições econômicos. E enquanto o primeiro campo é realmente incapaz de explicar a ligação entre os atos, pensamentos e objetivos dos indivíduos e essas formações sociais, não menos obscura é a maneira como seus adversários estabelecem esse vínculo no sentido oposto, do social para o individual. Eles usam modelos científicos para explicar formações sociais mediante forças mecânicas anônimas, ou modelos panteísta-religiosos para explicá-las pelo recurso a poderes espirituais supraindividuais.

Mas sem dúvida as dificuldades dessa natureza não se encontram apenas no estudo de fatos históricos e sociais no sentido mais estrito da palavra. Não menos evidentes são elas quando se tenta compreender as pessoas e a sociedade em termos das funções psicológicas. Na ciência que se interessa por esse tipo de fatos, encontramos, de um lado, uma tendência que trata o indivíduo singular como algo completamente isolável. Os estudiosos dessa corrente procuram elucidar a estrutura das funções psíquicas do indivíduo, independentemente de suas relações com todas as demais pessoas, e tentam explicar os fenômenos sociais, os sistemas políticos e econômicos, as línguas, os tipos de organização familiar, as estruturas mentais ou seja lá o que for como uma espécie de mosaico resultante dos atos e das funções psíquicas de cada pessoa. Por outro lado, encontramos uma abordagem sociopsicológica cuja problemática e teorias não podem ser prontamente vinculadas a uma psicologia baseada no indivíduo isolado. Os integrantes desse campo, à semelhança do campo correspondente nas outras ciências sociais, às vezes atribuem a sociedades inteiras uma alma própria, que transcende as almas individuais, uma *anima collectiva* ou uma "mentalidade grupal". E, mesmo quando não chegam a ir tão longe, é comum os estudiosos se contentarem em tratar os fenômenos sociopsicológicos como a soma ou, o que realmente dá na mesma, a média do comportamento de muitos indivíduos. A sociedade surge, então, simplesmente como uma aglomeração de muitos indivíduos, como o determinante estatístico de atitudes e ações, e não como um auxiliar (em vez de meta) indispensável e como a evidência mais importante à disposição da pesquisa sociopsicológica. E, como quer que procedam no pormenor as diferentes correntes da psicologia individual e social, também por esse ângulo a relação entre os objetos de estudo de ambas permanece mais ou menos misteriosa. Muitas vezes é como se as psicologias do indivíduo e da sociedade fossem duas disciplinas inteiramente separáveis. E as questões levantadas por cada uma são formuladas, desde o início, de um modo que sugere existir, na realidade, um abismo intransponível entre o indivíduo e a sociedade.

Para onde quer que nos voltemos, deparamos com as mesmas antinomias: temos uma certa ideia tradicional do que somos como indivíduos. E temos uma noção mais ou menos distinta do que queremos dizer ao pronunciar o termo "sociedade". Mas essas duas ideias — a consciência que temos de nós como sociedade, de um lado, e como indivíduos, de outro — nunca chegam a coalescer inteiramente. Sem dúvida temos consciência, ao mesmo tempo, de que esse abismo entre os indivíduos e a sociedade não existe na realidade. Toda sociedade humana consiste em indivíduos distintos e todo indivíduo humano só se humaniza ao aprender a agir, falar e sentir no convívio com outros. A sociedade sem os indivíduos ou o indivíduo sem a sociedade é um absurdo. Mas, quando tentamos reconstruir no pensamento aquilo que vivenciamos cotidianamente, é constante aparecerem lacunas e falhas em nosso fluxo de pensamento, como num quebra-cabeça cujas peças se recusassem a compor uma imagem completa.

O que nos falta, sejamos explícitos, são modelos conceituais e, além deles, uma visão global graças à qual nossas ideias dos seres humanos como indivíduos e como sociedades possam harmonizar-se melhor. Não sabemos, ao que parece, deixar claro para nós mesmos como é possível que cada pessoa isolada seja uma coisa única, diferente de todas as demais; um ser que, de certa maneira, sente, vivencia e faz o que não é feito por nenhuma outra pessoa; um ser autônomo e, ao mesmo tempo, um ser que existe para outros e entre outros, com os quais compõe sociedades de estrutura cambiável, com histórias não pretendidas ou promovidas por qualquer das pessoas que as constituem, tal como efetivamente se desdobram ao longo dos séculos, e sem as quais o indivíduo não poderia sobreviver quando criança, nem aprender a falar, pensar, amar ou comportar-se como um ser humano.

II

Quando um médico se vê confrontado com um paciente cujos sintomas são contraditórios e incompreensíveis, é provável que esquadrinhe a mente em busca de explicações que se ajustem ao caso, à luz de seus conhecimentos anteriores.

Mas, aqui, qual é a situação? Será possível que as dificuldades que temos em harmonizar as noções predominantes das pessoas como indivíduos e como sociedades tenham raízes na natureza dessas entidades, na "coisa em si", nas "pessoas na sociedade" como objeto da reflexão humana? Ou residirão as razões dessas dificuldades, ao contrário, nos modos de pensar que normalmente usamos para decifrar a nós mesmos como objetos de pensamento? Na transição da maneira fria e imparcial de pensar e observar no âmbito da natureza inanimada, característica das ciências naturais, comparadas aos modos mágicos ou míticos, para um modo de pensamento e observação mais frio e mais imparcial no tocante ao mundo humano, precisamos ascender a um novo nível de autoconsciência. Terão os problemas que surgem em muitas áreas, ao refletirmos sobre os problemas do universo humano, algo a ver com o fato de sua solução exigir um rompimento com as formas tradicionais de autoconsciência, com as autoimagens conhecidas e altamente valorizadas? Estarão estas ligadas ao fato de que, para superar esses problemas, tanto no pensamento quanto na ação, faz-se necessária uma revisão radical de nossa imagem do homem?

Há boas razões para crer que o modo de vida específico dos Estados nacionais industrializados está ligado a tipos muito específicos de imagem do homem e de autoconsciência individual que claramente diferem dos de outros grupos sociais ou dos de um mesmo grupo no passado. Será possível que as dificuldades e contradições que vêm à luz ao pensarmos sobre a relação entre indivíduo e sociedade estejam ligadas a modos de vida específicos desses grupos sociais em particular? E que os tipos de imagem humana que refletem o estado de autoconsciência das sociedades urbanas complexas não sejam muito apropriados ao que realmente somos como pessoas em sociedade?

Não há dúvida de que, nas sociedades complexas, a influência dos modos de pensamento e conduta que demonstraram seu valor na ascensão das ciências naturais e na manipulação da natureza inanimada se faz sentir muito além de sua esfera original. Mas talvez tais modos de pensamento e conduta não sejam os mais adequados para lidarmos convenientemente com um assunto como a relação entre indivíduo e sociedade. E, se assim for, é bem possível que a inadequação dos modos de pensamento baseados nas ciências naturais clássicas reforce a tendência das pessoas a buscarem um grato refúgio em concepções pré-científicas e mágico-míticas de si mesmas.

É possível que seja um pouco mais difícil as pessoas se contemplarem e analisarem, sem a obstrução de seus próprios anseios e temores, do que é para elas erguer o véu que esconde a natureza inanimada. Está perfeito que os filósofos nos exortem, ao longo dos séculos, com seu "Conhece-te a ti mesmo!"; mas talvez a maioria das pessoas, ao ouvir essa injunção, pense e sinta: "Não queremos saber muita coisa a esse respeito."

Por outro lado, também é possível que tenhamos tão pouca capacidade de suportar as catástrofes da história que aniquilaram a vida e o sentido, e de diminuir o sofrimento que os seres humanos causam uns aos outros, justamente por não nos dispormos a abrir mão das fantasias com que tradicionalmente enfeitamos nossa existência. Na verdade, somos impelidos pelo curso da história humana como os passageiros de um trem desgovernado, em disparada cada vez mais rápida, sem condutor e sem o menor controle por parte dos ocupantes. Ninguém sabe aonde a viagem nos levará ou quando virá a próxima colisão, nem tampouco o que pode ser feito para colocar o trem sob controle. Será que nossa capacidade de controlar nosso destino, como pessoas em sociedade, é tão insatisfatória assim, simplesmente por sentirmos tanta dificuldade em pensar no que há por trás das máscaras com que nos sufocamos, nascidas do desejo e do medo, e nos vermos como somos? E será tão reduzida nossa capacidade de devassar essas fantasias protetoras por ser ainda tão subdesenvolvida nossa capacidade de controlar as constantes ameaças de outros grupos aos grupos humanos no curso da história? Talvez o que torna assim difícil eliminar da reflexão sobre os seres humanos os efeitos de nossa agitação, de nossas imagens desejantes e temerosas, será o fato de estarmos tão desamparadamente cercados pelos perigos que, desta ou daquela forma, os seres humanos constituem uns para os outros? E porventura só seremos capazes de rechaçar esses perigos, de tornar suportável nosso desamparo frente às repetidas catástrofes da história, ocultando-os, expulsando-os de nossa consciência? Por último, será que esse velamento da realidade por um tecido de pensamento em que os resultados da observação factual ainda são perpassados por um material ilusório não contribui para nossa incapacidade de dominar a infindável destruição de grupos de seres humanos por outros?

Não constitui novidade — é claro — essa ligação entre as proporções de fantasia e realidade na mente humana e a capacidade do homem de controlar a área de vida a que se referem essas concepções. Em épocas anteriores, como sabemos, a experiência humana na esfera dos eventos naturais era muito menos adequada aos fatos e o curso desses acontecimentos era menos controlável. E, também nesse caso, não seria uma coisa a causa e a outra o efeito? Também aí, o movimento circulava interminavelmente por uma ligação bidirecional.

Pensemos, por exemplo, no uso da magia. Por um lado, como forma de pensamento e ação, ela ajuda as pessoas a adquirirem controle, na fantasia, de processos que elas ainda mal são capazes de influenciar na realidade — por exemplo, a prosperidade ou não de seus campos e rebanhos, bem como os relâmpagos, a chuva, a peste e outros processos naturais que lhes afetam profundamente a vida. Os pensamentos fantasiosos e os atos de magia ajudam-nas a aliviar uma situação de outro modo insuportável, na qual se encontram inteiramente expostas, como crianças pequenas, a forças misteriosas e incontroláveis. As fórmulas e práticas mágicas possibilitam encobrir e banir da consciência os horrores dessa situação, a total insegurança e vulnerabilidade que ela traz consigo e a perspectiva sempre presente do sofrimento e da morte. Elas levam as pessoas que as usam a supor que tenham obtido um discernimento da natureza das coisas e um poder sobre seu curso. E quando, como é comum acontecer, a crença em sua eficácia é compartilhada pelos membros de determinado grupo, torna-se tão firmemente entrincheirada que é muito difícil erradicá-la. Por conseguinte, essa ligação do pensamento e da ação a formas mágico-míticas de experiência, impregnadas de fantasia e afeto, sempre dificulta, e às vezes impossibilita, que as pessoas empreguem formas de conhecimento e comportamento mais realistas para reduzir a ameaça decorrente de acontecimentos naturais não controlados e colocá-los mais completamente sob seu controle.

Não precisamos discutir aqui o modo como as pessoas conseguiram romper o círculo vicioso que funcionava nessa área de sua vida, no que tange a sua relação com os fenômenos da esfera da natureza física. Talvez baste dizer que esse problema é um dos muitos pontos focais do desenvolvimento de uma teoria epistemológica em que se conciliam duas correntes, a da teoria filosófica clássica da cognição, de um lado, e a da teoria sociológica do conhecimento, de outro. Em sua maneira de colocar os problemas, essa nova teoria não leva menos em conta a aquisição do conhecimento dos fenômenos humanos, sob a forma das ciências sociais, do que a conquista do conhecimento de fenômenos naturais extra-humanos, sob a forma das ciências naturais. A imagem básica do círculo vicioso encontra-se em ambas as esferas. Mas, na esfera da existência humano-social, ela ocorre num nível diferente da esfera dos eventos naturais, ou mais exatamente da situação das pessoas que agem e pensam em relação a ela. Isso é o que acontece, pelo menos, nas sociedades industriais complexas, onde o teor de fantasia do pensamento popular sobre os fenômenos naturais é relativamente reduzido e a controlabilidade destes é relativamente grande. Na reflexão sobre os problemas da vida comunitária humana e no enfrentamento desses problemas, a força do velho *circulus vitiosus* faz-se sentir muito mais intensamente. Os acontecimentos dessa esfera são menos controláveis; o pensamento contém um teor maior de fantasia e afeto; e é mais difícil abordar os problemas de maneira relativamente não preconceituosa, ou, como costumamos dizer, "racional".

A ideia tradicional de uma "razão" ou "racionalidade" de que todas as pessoas são dotadas por natureza como uma peculiaridade inata da espécie humana e que ilumina todo o ambiente como um farol (a menos que haja uma disfunção) conforma-se muito pouco aos fatos observáveis. Por mais corriqueira que seja hoje em dia, essa ideia faz parte de uma imagem do homem em que as observações passíveis de comprovação misturam-se intensamente a fantasias oriundas de desejos e temores. A suposição de que o pensamento humano funciona automaticamente, de acordo com leis eternas, em todas as ocasiões e em todas as situações sociais, desde que esteja livre de distúrbios, é um amálgama de conhecimentos factuais e de um ideal desejante. Nela está contida uma exigência moral (com a qual não se tem necessidade de discutir), mascarada sob a forma de uma realidade. E enquanto aceitarmos esse tipo de autoconsciência e essa imagem humana, com todas as suas máscaras e impurezas, como algo a ser presumido como certo dificilmente poderemos enfrentar o problema aqui discutido. Mesmo que consideremos apenas as sociedades industrializadas de hoje, a inadequação dessas ideias é bastante óbvia. Poucas coisas são tão características da situação e da composição das pessoas dessas sociedades quanto o grau relativamente elevado de "racionalidade" ou "respeito pelos fatos" — ou, mais exatamente, a adequação entre o pensamento e a controlabilidade dos acontecimentos — que elas exibem em relação à natureza física e a relativa falta de ambos no tocante a sua própria vida social.

E essas diferenças da situação humana no vasto campo da sociedade espelham-se no estágio diferenciado de desenvolvimento das ciências correspondentes, discrepância esta que, por sua vez, contribui para a perpetuação dessas diferenças sociais. As ciências naturais normalmente influenciam o pensamento popular sobre os eventos naturais refreando as noções afetivas, especialmente através do sucesso prático de sua aplicação aos problemas técnicos. As ciências sociais, por sua vez, ainda tendem a ser vivamente influenciadas, em suas ideias fundamentais e em seu procedimento conceitual, pelas imagens e ideias afetivas que prevalecem na esfera pública de suas sociedades. Até mesmo conceitos e métodos de pesquisa que se revelaram apropriados nas ciências naturais adquirem, com frequência, um toque mágico ao serem acriticamente adotados pelas ciências sociais. Dão às pessoas que os utilizam uma sensação de discernimento e poder sem realmente conferirem esse discernimento ou poder em igual medida.

As ciências não se desenvolvem no vazio. Portanto, é inútil construir uma doutrina científica que proceda como se fosse esse o caso. Em suas causas e efeitos, o estado de desenvolvimento das ciências humanas, como o das ciências naturais, é característico de uma situação humana específica.

Com relação aos fenômenos naturais, mais do que às ocorrências sócio-históricas, os seres humanos têm conseguido sair do círculo vicioso que coloca o grau de incerteza e ameaça enfrentado pelos homens na dependência da adequação do pensamento e da ação humanos, e vice-versa. Na esfera dos eventos naturais, as pessoas têm conseguido, gradativamente, ao longo dos séculos, conter as ameaças e elaborar modelos de pensamento e ação que possuem um grau relativamente elevado de destemor, imparcialidade e propriedade. Aquilo a que chamamos "as ciências" constitui um elemento típico dessa situação.

Entretanto, no âmbito das relações humanas e sociais, as pessoas estão mais inextricavelmente presas no círculo vicioso. São menos capazes de lidar adequadamente, no pensamento e na ação, com os problemas que as confrontam, quanto mais suas vidas são ameaçadas, na área desses problemas, por riscos, tensões e conflitos incontroláveis, e dominadas pelos temores, esperanças e desejos daí resultantes. E quanto menos objetivas são elas em seus pensamentos e ações, quanto mais são suscetíveis aos sentimentos e à fantasia, menos são capazes de suportar os perigos, conflitos e ameaças a que estão expostas. Em outras palavras, as ciências humanas e as ideias gerais que as pessoas têm de si como "indivíduos" e "sociedades" são determinadas, em sua forma atual, por uma situação em que os seres humanos, como indivíduos e como sociedades, introduzem na vida uns dos outros perigos e temores consideráveis e basicamente incontroláveis. E essas formas de conhecimento e pensamento sobre as pessoas contribuem, por sua vez, para a constante reprodução desses perigos e temores. São causa e efeito dessa situação. Tal como aconteceu antes com respeito aos eventos naturais, também nesse caso, em consonância com o elevado grau de insegurança, perigo e vulnerabilidade que prevalece nessa área, as fantasias coletivas e os costumes semimágicos têm funções específicas. Também nesse caso, eles ajudam a tornar mais suportável a incerteza das situações que as pessoas são incapazes de controlar. Protegem-nas de uma consciência plena de perigos diante dos quais elas são impotentes. Servem como armas de defesa e ataque em seus conflitos umas com as outras. Tornam as sociedades mais coesas e dão a seus membros uma sensação de poder sobre acontecimentos sobre os quais, na realidade, é frequente eles exercerem pouco controle. Expô-los como fantasias é perigoso ou, pelo menos, considerado um ato perigoso e talvez hostil. Sua eficácia social depende, em boa parte, de eles serem tomados por ideias realistas e não por fantasias. E, uma vez que possuem eficácia social como fantasias coletivas, eles fazem parte — ao contrário de muitas fantasias puramente pessoais — da realidade social.

Mas o que dissemos anteriormente sobre a função social das ideias míticas e dos atos mágicos em relação aos eventos naturais também se aplica a sua função na esfera da vida social. Também aí, modos de pensar e agir carregados de afeto contribuem para uma incapacidade de dominar os perigos e temores que supostamente deveriam dissipar, e talvez até os reforcem. A convicção coletiva de sua adequação objetiva lhes confere uma solidez e uma permanência que, como no caso das concepções mágicas sobre a natureza nas sociedades mais simples, não podem ser enfraquecidas pelo simples apontar para fatos contraditórios.

Isso se vê, por exemplo, nas ideologias nacionais e na convicção que o sujeito tem do mérito especial, da grandeza e superioridade de sua tradição nacional, explícita ou implicitamente ligada a elas. Por um lado, essas ideologias ajudam a unir os membros de um Estado e a fazê-los cerrar fileiras quando há ameaça de perigo; por outro, servem para atiçar o fogo do conflito e da tensão entre as nações, e para manter vivos, ou até aumentar, os perigos que as nações procuram afastar com sua ajuda. Não raro, os valores que representam a essência daquilo que dá finalidade e sentido à vida contribuem para a constante renovação de tendências destruidoras da vida e do sentido, as quais, por sua vez, reforçam os valores que servem de defesa contra essas ameaças.

III

O mesmo se aplica às noções atuais do que se chama "indivíduo" e "sociedade". Aplica-se, em especial, a sua relação mútua. Os mais diversos tipos de perigos e medos afetam a discussão dessa relação. Também eles apontam para a situação das pessoas envolvidas na discussão; e, quanto menos se está ciente dessa situação, mais intensa é a influência tácita desses medos e perigos no curso da discussão; os debatedores tornam-se menos imparciais e o pensamento perde sua independência.

Por exemplo, não é inteiramente sem importância para a discussão desses problemas que, no amplo campo da sociedade, ocorram disputas entre partidos, classes e Estados que se legitimam através de profissões de fé sociais baseadas em *valorações* diametralmente opostas do "indivíduo" e da "sociedade". Em sua forma mais popular, as convicções de um dos lados apresentam o "indivíduo" como meio e o "todo social" como o valor e o objetivo supremos, enquanto os outros encaram a "sociedade" como meio e os "indivíduos" como o valor e o objetivo supremos. E em ambos os casos esses ideais e metas do pensamento e ação políticos são frequentemente apresentados como fatos. O que um dos lados diz que *deve* ser é pensado e falado como algo que *é*. Por exemplo, os membros de um grupo em que seja leal exigir e desejar que as reivindicações do Estado ou de outra organização *devam* ter precedência sobre as dos indivíduos podem julgar perceber que as coletividades sociais desta ou daquela natureza *são*, de fato, em qualquer época, mais reais e de maior peso do que os indivíduos que as compõem. E os membros dos grupos em que é leal exigir e desejar que as reivindicações dos indivíduos *devam* ter prioridade sobre as do grupo acreditam, muitas vezes, poder observar que os indivíduos *são* a verdadeira realidade, aquilo que efetivamente existe, enquanto as sociedades são algo que vem depois, algo menos real e, quem sabe, até mesmo uma mera invenção do pensamento, uma abstração. Em ambos os casos, o exigido e desejado funde-se, na consciência, com o que existe observavelmente. E, em consonância com a intensidade das perturbações e tensões a que ficam expostos os defensores dessas visões opostas em seu contexto social, em geral é a primeira que leva a melhor.

Por conseguinte, não é tarefa simples elaborar, sem se deixar perturbar por essas profissões de fé, modelos conceituais do "indivíduo" e da "sociedade" que se harmonizem mais com o que *existe*, com o que é comprovado como fato pela observação e pela reflexão sistemáticas. Tal iniciativa pode, a longo prazo, ajudar a afrouxar os grilhões do círculo vicioso mediante o qual a falta de controle sobre os acontecimentos resulta numa permeação do pensamento por fantasias afetivas e numa falta de rigor na reflexão sobre esses acontecimentos, o que, por sua vez, leva a um controle ainda menor sobre eles. A curto prazo, é bem possível que pareça inútil e sem sentido tentar desenredar a relação entre "indivíduo" e "sociedade", tal como efetivamente *existe* em todas as épocas, de sua capa protetora de imagens temporárias geradas pelo desejo e pelo medo, como as doutrinas mutuamente hostis do "individualismo" e do "coletivismo".

Nos dias atuais, palavras como "indivíduo", "sociedade", "personalidade" e "coletividade", por serem armas ideológicas das lutas de poder de vários partidos e Estados, acham-se tão impregnadas de um conteúdo emotivo que é difícil destrinçar seu núcleo concreto dos desejos e temores dos que estão engajados nos combates. Assim como as fórmulas mágicas eram outrora utilizadas para curar doenças que ainda não podiam ser satisfatoriamente diagnosticadas, é comum hoje em dia as pessoas usarem doutrinas mágicas como meio de solucionar os problemas humanos e sociais sem se darem ao trabalho de estabelecer um diagnóstico não influenciado pelo desejo e pelo medo. E, nessas doutrinas, palavras como "indivíduo" e "sociedade" desempenham um papel considerável como símbolos e senhas.

Assim, a palavra "indivíduo", por exemplo, pode despertar sentimentos negativos em pessoas para quem a doutrina do "individualismo" é desagradável. Elas podem associá-la à imagem de indivíduos implacáveis e brutais, propensos a oprimir os outros e enriquecer à custa deles. Ou então, o termo pode despertar-lhes um sentimento negativo, por elas considerarem a subordinação do indivíduo ao Estado, ou a alguma outra unidade social — a dedicação à nação, a solidariedade para com a própria classe, a submissão aos mandamentos da Igreja ou o sacrifício próprio em favor de um grupo racial —, como a realização de sua vida individual, ou simplesmente o mais elevado ideal humano. Tais sentimentos podem então condensar-se na ideia mitológica de que unidades sociais como as nações, as raças ou as classes têm, de fato, uma existência anterior e independente de todos os indivíduos, sendo, por assim dizer, *sociedades sem indivíduos*.

E para alguns, inversamente, a palavra "indivíduo" pode estar associada ao orgulho por sua posição independente na sociedade. Pode simbolizar aquilo que a pessoa isolada é capaz de realizar, independentemente de todas as demais e em concorrência com elas, por energia e mérito próprios. Nela podem encontrar eco todas as valorações positivas do ideal dessas pessoas, o "individualismo". Ou então o termo pode transmitir-lhes a imagem de grandes personalidades criadoras que elas reverenciam, a quem procuram imitar e com quem, num cantinho de sua alma, talvez se identifiquem. "Sociedade" pode significar, para elas, aquilo que a todos iguala, que barra o caminho da autorrealização ou do avanço da personalidade individual. A imagem que elas associam a essa palavra pode ser a de uma massa inerte de pessoas obscuras e indistinguíveis que ameaça empurrar a todos para um mesmo nível inferior. É possível que a vejam como a essência de tudo o que bloqueia a realização individual, impedindo alguém de expressar o que existe nele — em suma, como aquilo que limita e ameaça a liberdade, mais do que qualquer outra coisa. Esse tipo de sentimentos pode condensar-se na ideia de que, no começo, havia realmente indivíduos isolados — *indivíduos sem sociedade* —, que só se relacionaram e formaram sociedades numa etapa posterior.

Em suma, o que se entende por "indivíduo" e "sociedade" ainda depende, em grande parte, da forma assumida pelo que as pessoas desejam e temem. Trata-se de algo amplamente condicionado por ideais carregados de sentimentos positivos e antiideais carregados de sentimentos negativos. As pessoas vivenciam o "indivíduo" e a "sociedade" como coisas distintas e frequentemente opostas — não porque possam realmente ser observadas como entidades distintas e opostas, mas porque as pessoas associam essas palavras a sentimentos e valores emocionais diferentes e, muitas vezes, contrários. Esses padrões emocionais funcionam como moldes aos olhos da mente; determinam, em boa medida, quais os fatos percebidos como essenciais e quais os descartados como sem importância ao se refletir sobre as pessoas isoladas e sobre as sociedades que elas formam em conjunto. E quando, como é comum suceder hoje em dia, esse mecanismo seletivo funciona de maneira a que os aspectos individuais e sociais das pessoas sejam percebidos e valorizados como diferentes, é fácil atribuir-lhes um tipo de existência especial e diferenciada.

IV

Na vida prática, no trato direto com as pessoas, costuma parecer perfeitamente óbvio que esses aspectos diferentes dos seres humanos são inseparáveis. Parece muito natural que alguém seja a pessoa singular chamada Hans-Heinz Weber, que é, ao mesmo tempo, alemão, bávaro, cidadão de Munique, católico, editor, casado e pai de três filhos. A lente da atenção pode ser regulada num foco mais amplo ou mais restrito; pode concentrar-se naquilo que distingue uma pessoa de todas as demais como uma coisa única; ou naquilo que a vincula às outras, em suas relações com elas e sua dependência delas; e por fim pode enfocar as mudanças e estruturas específicas da rede de relações de que ela faz parte.

Atingimos um estágio, no desenvolvimento da linguagem e do pensamento, em que é possível classificar em termos gerais os diferentes níveis focalizados, através de um ajuste diferenciado da lente, distinguindo-os por expressões diferentes. São sempre as mesmas as pessoas observadas, mas um ajuste da lente mostra-as como indivíduos, enquanto uma abertura maior ou menor mostra-as como unidades sociais — famílias, nações ou talvez empresas, associações profissionais e classes sociais. Numa abordagem inicial do problema, isso é bastante simples; e, se fosse possível estudá-lo na condição de observador desprendido e imparcial, poder-se-ia ir mais adiante a partir desse ponto.

Mas, no curso das lutas pelo poder e das tensões entre os expoentes de ideais sociais contrários, essas expressões adquirem a importância adicional de símbolos emocionais. A questão relativa à natureza da relação entre o que se classifica de "indivíduo" e de "sociedade" é obscurecida pela questão de qual das duas coisas é mais valiosa. E como, no conflito de ideais, uma costuma receber valoração bem superior à outra, sendo amiúde considerada positiva, enquanto a outra é negativa, os dois termos são usados como se se referissem a duas coisas diferentes ou duas pessoas diferentes. Fala-se de "indivíduo" *e* "sociedade" do mesmo modo que se fala de sal *e* pimenta, ou de mãe *e* pai. No pensamento e no discurso, usamos dois conceitos pelos quais se classificam os fenômenos humanos, a partir de dois planos de observação inseparáveis, como se eles se referissem a duas entidades diferentes, uma das quais pudesse existir sem a outra. Isso, essa ideia da existência separada das duas coisas, de indivíduos que existem, em algum sentido, além da sociedade, ou de sociedades que existem, em algum sentido, além dos indivíduos, constitui, na verdade, um dos pressupostos tácitos comuns a ambos os contendores na luta entre "individualistas" e "coletivistas", ou como quer que possam denominar-se. Trata-se de um dos fundamentos não verificados e não questionados de seu combate.

Como ponto de partida de uma discussão da questão da natureza dos aspectos individuais e sociais dos seres humanos, esse emprego das palavras "indivíduo" e "sociedade" conduz o pensamento, invariavelmente, a becos sem saída, feitos de pseudoproblemas insolúveis. A ideia que ele sugere, a imagem de duas entidades diferentes, separadas por um extenso abismo ou por uma antítese insuperável, responde, em larga medida, por todas as intermináveis discussões sobre a questão de quem "chegou" primeiro, o "indivíduo" ou a "sociedade" — variações sobre a velha charada do ovo e da galinha —, ou sobre a outra questão, de qual deles determina qual: "Deve-se partir dos 'indivíduos' para compreender as 'sociedades' ou dos fenômenos sociais para explicar os indivíduos?" Como fundamento não questionado da pesquisa, essa imagem dá sustentação à ideia de que a divisão das ciências humanas entre as que versam sobre os indivíduos e as que versam sobre as sociedades é mais do que uma simples fase da divisão científica do trabalho que deverá levar, mais cedo ou mais tarde, a ligações e sínteses. Sugere que essa é uma divisão justificada pela existência separada do próprio objeto de estudo. Leva à formulação de perguntas históricas confusas, tais como: "Será a força impulsionadora da mudança histórica fornecida pelas grandes personalidades ou por forças sociais impessoais?" Em outras palavras, temos aqui um exemplo típico da maneira como os diferentes sentimentos e valorações associados a diferentes aspectos ou funções de um mesmo assunto se condensam, quando se usam as palavras correspondentes, na ideia de estarmos de fato lidando com assuntos diferentes. E já que, no curso dessas controvérsias, se é muitas vezes forçado a atribuir uma realidade superior àquilo que mais se valoriza, fica-se frequentemente envolvido em discussões sobre a realidade de conceitos que fazem lembrar as dos escolásticos: "Serão as relações sociais a única realidade e os indivíduos, mero produto do meio social?" "Serão os indivíduos a verdadeira realidade e as sociedades, mera figura de retórica?" "Ou será que ambos são reais e se acham numa relação recíproca?"

Quando a questão é formulada dessa forma, para que se tenha plena consciência do que está em jogo, não é difícil reconhecer que todos os modos de pensamento e discurso que levam à utilização dos termos "indivíduo" e "sociedade" como se eles se referissem a duas entidades distintas e independentes — sem excluir a ideia de sua "relação recíproca" — são muito elementares e não particularmente adequados. E, quando se leva em conta nosso conhecimento histórico das sociedades europeias de épocas anteriores, ou nosso conhecimento das sociedades contemporâneas num estágio anterior de desenvolvimento, é fácil compreender que a ideia dessa divisão e antítese entre "indivíduo" e "sociedade", entre o "eu" e "os outros", de modo algum é a maneira universal e evidente de autopercepção dos seres humanos que comumente alega ser.

Mas, por insatisfatórios que sejam esses modos de pensamento e discurso como meio de explicar a realidade geral, eles são perfeitamente autênticos e genuínos como meio de expressar a experiência das pessoas em determinada época histórica, dos membros das sociedades mais complexas e individualizadas hoje existentes. E, por fácil que seja encontrar fatos passíveis de mostrar que essas formas de experiência e os conceitos a elas correspondentes não são muito adequados à realidade, eles trazem em si, para muita gente, uma força de convicção que não se deixa abalar pela referência aos fatos.

O uso vigente no discurso e no pensamento torna esses e muitos outros conceitos relativos ao mundo humano bastante suscetíveis às cargas afetivas. Seu sentido, portanto, costuma ser mais indicativo do estado emocional da pessoa que os emprega do que dos fatos a que eles se referem. E essa carga emocional do pensamento e do discurso relativos aos eventos do mundo humano não é um sinal de deficiência naquilo que se denomina — com um termo semirreificante, semimetafísico — "razão" ou "compreensão". O problema que nos confronta aqui é comumente obscurecido pela ideia de que as pessoas possuem a "razão" por natureza, uma razão que, como a luz de um farol, ilumina uniformemente todas as áreas da vida, desde que não seja bloqueada pelas emoções, como por nuvens passageiras. O problema só emerge em sua plena significação quando se leva em conta a peculiaridade estrutural básica da condição humana que já foi mencionada: o movimento circular pelo qual o desenvolvimento do controle social sobre determinada área da vida é dependente do rigor do pensamento a respeito dela, e vice-versa.

O padrão social de controle da área a que nos referimos como "eventos naturais" é bastante elevado nos países industrializados, e o mesmo se aplica ao autocontrole do pensamento e da observação nesse campo. Nele, a insegurança das pessoas diminuiu expressivamente no decorrer dos últimos séculos, tal como aconteceu com o componente de desejo e medo na atividade mental nessa esfera. Mas em relação a vastas áreas do mundo humano, especialmente a suas tensões e conflitos, tanto o padrão de controle social sobre os acontecimentos quanto o de autocontrole na reflexão sobre eles são consideravelmente menores. As ameaças mútuas das pessoas e, particularmente, das nações, bem como a insegurança daí decorrente, ainda são muito grandes, e o refreamento dos afetos na reflexão sobre essa área é reduzido, comparado ao que é normal em relação aos fenômenos naturais.[1]

A intromissão de ideais e valores advindos das lutas pelo poder na sociedade, e que introduzem uma intensa carga afetiva nas discussões aparentemente objetivas da relação entre "indivíduo" e "sociedade", é um dos muitos exemplos desse tipo de ligação bidirecional. Esse é o círculo vicioso, a armadilha em que somos colhidos: é muito difícil elevar o padrão de autodisciplina, o refreamento dos desejos e temores — e com isso a adequação das ideias e observações —, enquanto há um nível elevado de conflito e tensão entre as pessoas e um baixo grau de controle sobre eles. E é difícil tornar essas tensões e conflitos mais suscetíveis ao controle humano enquanto há um nível elevado de afetividade no pensamento e percepção pertinentes a essa área, e um baixo nível de objetividade.

A noção de que as ideias e o pensamento, por si só, podem servir de ponto de partida para afrouxar as tenazes desse círculo vicioso faz-nos lembrar um pouco a história do Barão de Munchausen, que se tirou do pântano puxando-se pelo próprio rabo de cavalo. É que, em todas essas questões, o importante não é o que tal ou qual pessoa pode pensar. Rica ou ousada que seja a imaginação de um indivíduo, ele nunca pode afastar-se muito do padrão contemporâneo de pensamento e discurso. Está preso a esse padrão, nem que seja apenas pelos instrumentos linguísticos a seu dispor. Se os utilizar de um modo que se afaste demais do uso vigente, deixará de ser inteligível. Suas palavras perderão a função principal de instrumentos de comunicação entre as pessoas. O potencial de desenvolvimento delas pelo indivíduo pode ser considerável, mas é sempre limitado. É que as ideias que deixam de ser comunicáveis não têm sentido. Por essa razão, o que se disse aqui sobre o círculo vicioso está relacionado, antes de mais nada, ao atual padrão *social* de pensamento e discurso. É isso que estabelece uma espécie de ciclo funcional com o padrão social de controle sobre a área de vida em questão. Enquanto o controle efetivo é relativamente limitado e o pensamento é densamente carregado de afeto e objetivamente inadequado, os dois se reforçam constantemente um ao outro. E a tendência a perpetuar a forma que ambos assumiram, num dado momento, torna extremamente difícil acionar um deles sem empurrar o outro na mesma direção.

Mesmo assim — pensar provavelmente ajuda até certo ponto.

NOTA

1. Só nos conscientizamos plenamente da peculiaridade da situação em que o padrão de "racionalidade" — para usar o termo corriqueiro — é relativamente elevado na reflexão sobre os eventos naturais e relativamente baixo na consideração dos fenômenos sociais humanos ao nos desvencilharmos da cômoda ideia de que essa diferença se fundamenta na natureza do material, na peculiaridade dos dois campos de estudo. É comum nos contentarmos em afirmar que é relativamente fácil investigar os fenômenos naturais com frieza e calma, com elevado grau de autodisciplina, porque, evidentemente, não há sentimentos humanos implicados. Com demasiada facilidade, esquecemos que só numa fase relativamente tardia de sua longa história é que os seres humanos ficaram em condições de pensar "racionalmente" sobre os fenômenos naturais sem que seus sentimentos, seu terror e seus desejos fossem diretamente implicados em seus conceitos. Essas questões são mais detidamente discutidas *in* Norbert Elias, *Involvement and Detachment*, Oxford, 1987, especialmente p.6-9 e 50-73.

As Estátuas Pensantes

I

É frequente que as discussões sobre a relação entre indivíduo e sociedade se baseiem, explícita ou implicitamente, numa ideia que pode ser assim resumida: "O que se pode *ver*, realmente, são pessoas singulares. As sociedades não são visíveis. Não podem ser percebidas pelos sentidos. Por conseguinte, não se pode dizer que existam ou sejam 'reais' no mesmo sentido ou grau em que se pode afirmá-lo de cada uma das pessoas que as compõem. No fim, tudo o que se pode afirmar sobre as formações sociais baseia-se em observações de pessoas isoladas e de seus enunciados ou produções."

Em conformidade com essa postura fundamental, muitos chegam à convicção de que tudo o que se afirme acerca dos fenômenos sociais não faz mais, na verdade, do que generalizar observações feitas sobre os indivíduos; e vez por outra se ouve o comentário de que não apenas *o que se afirme* sobre tais fenômenos, mas também os próprios fenômenos — as sociedades e todas as formações sociais isoladas —, não passa, portanto, de abstrações. "Está muito bem", pode alguém dizer, "que as formações sociais sejam simplesmente apresentadas como relações entre pessoas particulares. Mas, como somente estas podem ser percebidas, será que tudo o que se pode dizer de tais relações não é indiretamente deduzido de observações de pessoas isoladas? Uma vez que as relações em si não podem ser diretamente percebidas, como é possível investigá-las? Como, adaptando a famosa indagação de Kant, são possíveis as ciências sociais?"

Ao examinar um dos problemas fundamentais das ciências sociais, portanto, deparamos com questões que guardam certo parentesco com os problemas da epistemologia clássica. Em ambos os casos, o ponto de partida da reflexão é a ideia de que todo o nosso conhecimento é, primordialmente, um conhecimento de corpos isolados ou, pelo menos, de fenômenos físicos que percebemos com os sentidos. Um dos problemas fundamentais com que isso nos confronta é a questão de como chegamos a nosso conhecimento de todas as relações entre organismos isolados que não são perceptíveis pelos sentidos. Num dos casos, a questão é a origem de nosso conhecimento das relações entre pessoas isoladas, no outro, a questão da origem de nosso conhecimento das relações entre objetos não humanos e suas modificações, como, por exemplo, sua relação de causa e efeito.

A semelhança entre essas questões não é nada acidental. Nos dois casos, está ligada a uma forma peculiar de autoconsciência e de imagem do homem. Mas não se costuma ter-se ciência dela como tal, como uma variação especial de nossa consciência de nós mesmos e dos outros. Em geral, ela se apresenta à pessoa em questão como algo natural e universalmente humano, como a forma da autoconsciência humana, a imagem que as pessoas têm de si em todas as épocas.

É possível reconhecer, ao mesmo tempo, que há e houve outras maneiras de vivenciarmos a nós mesmos e aos outros. Podemos saber que as formas que conhecemos de autoconsciência, a imagem que fazemos do homem, tiveram uma emergência tardia na história da humanidade, começando lentamente e por um breve período se limitando a pequenos círculos da sociedade antiga, para depois, no chamado Renascimento, afetar as sociedades ocidentais. Não obstante ela geralmente se afigura como a forma normal e sadia de percebermos a nós mesmos e a outrem, e uma forma que, ao contrário de outras, não requer explicação. Mesmo hoje essa imagem ainda parece tão evidente que é difícil arrancá-la de seu lugar fixo na consciência e considerá-la do lado de fora, por assim dizer, como algo novo e surpreendente.

Por outro lado, enquanto formos incapazes de fazê-lo, estaremos correndo o risco de deparar com dificuldades insuperáveis na resolução de questões práticas e teóricas, tanto na ação quanto no pensamento. A crítica da autoconsciência, a demanda de uma revisão das formas básicas de autopercepção e percepção do outro que vigoram em nossa sociedade, certamente terá de se haver com uma compreensível resistência. A estrutura básica da ideia que fazemos de nós e das outras pessoas é uma precondição fundamental de nossa capacidade de lidar eficazmente com elas e, pelo menos dentro dos limites de nossa sociedade, para nos comunicarmos com elas. Quando essa estrutura é questionada, nossa segurança sofre uma ameaça. O que era certo torna-se incerto. Ficamos como alguém subitamente lançado ao mar, sem nenhuma visão de terra firme. Os pressupostos não questionados, as estruturas básicas de pensamento de que nos apoderamos com as palavras de nossa língua, sem maior reflexão, acham-se entre os meios de orientação indispensáveis sem os quais nos extraviamos, do mesmo modo que perdemos a capacidade de orientação espacial quando os marcos conhecidos que determinam o que esperamos perceber se revelam enganadores e indignos de confiança. Mas, sem nos lançarmos pelo menos por algum tempo ao mar da incerteza, não poderemos escapar às contradições e inadequações de uma certeza ilusória.

Talvez seja útil, para dar um relevo mais nítido à estranheza de nossa imagem de nós mesmos e do homem, olhá-la retrospectivamente no espelho da imagem do eu e do homem que, seguidas vezes ao longo dos séculos exerceu um papel fundamental na luta para solucionar o problema do conhecimento.

Consideremos, por exemplo, o homem que formulou pela primeira vez, de maneira paradigmática, o problema do saber e da cognição mais ou menos na forma que conservou até hoje: Descartes. O dito associado a seu nome — "Penso, logo existo" — transformou-se numa espécie de lema. Mas esse dito dá apenas uma pálida e enganosa ideia da imagem do eu e do homem subjacente a suas meditações. Para compreender essa concepção fundamental, devemos ao menos recordar em linhas gerais o processo de pensamento, o período de dúvida e incerteza por que ele passou antes de encontrar terra firme sob seus pés, na nova certeza de que o fato indubitável da reflexão do sujeito também colocava fora de dúvida a existência de seu eu.

Descartes indagou-se, primeiramente, se havia alguma coisa de que se tivesse certeza absoluta, alguma coisa de que não fosse possível duvidar em nenhuma circunstância. Na vida social, reconheceu, era preciso aceitar muitas ideias como se constituíssem um Evangelho, embora delas não se pudesse ter tanta certeza. Assim, ele resolveu partir em busca daquilo que fosse absolutamente seguro e descartar todas as concepções sobre as quais pudesse haver a mais ínfima dúvida. "Tudo o que aprendi", disse a si mesmo, "tudo aquilo que sei, aprendi-o através ou a partir das percepções sensoriais. Mas será realmente possível confiar nos próprios sentidos? Posso ter certeza de estar sentado aqui, junto a minha estufa aquecida, usando meu robe e segurando este pedaço de papel em minha mão? Posso ter plena certeza de que estas são minhas mãos e meu corpo? Claro, estou vendo minhas mãos; sinto meu corpo. Mas", disse a voz dissidente da dúvida, "acaso não existem pessoas que acreditam ser reis, quando, na realidade, são indigentes? Não há pessoas convencidas de que sua cabeça é de louça e seu corpo, de vidro? Não será possível que Deus tenha arranjado as coisas de modo a que eu *acreditasse* ver o céu e a terra, e *acreditasse* ter um corpo tridimensional, embora, na realidade, nada disso exista? Ou então, se Ele não o fez, não será possível que um espírito maligno me esteja levando à ilusão de achar que sinto, vejo e ouço todas essas coisas que na realidade não existem? Não se pode", disse o filósofo a si mesmo, "descartar essa possibilidade." E, ao se sentir assim compelido a rejeitar, uma a uma, todas as ideias de si mesmo e do mundo, tachadas de duvidosas e indignas de confiança, ele finalmente sucumbiu, como outras pessoas sob a incessante pressão da dúvida, ao mais tenebroso desespero. Nada havia de certo no mundo, pareceu-lhe, nada que fosse indubitável.

"Por conseguinte", escreveu, "devo levar em conta a possibilidade de que o céu e a terra, e todas as formas no espaço, não passem de ilusões e fantasias manejadas por um espírito maligno para prender minha credulidade numa armadilha. Conceberei que eu mesmo não tenho olhos nem mãos, nem carne e ossos, nem sentidos, mas creio falsamente possuí-los todos."

Só depois de passar algum tempo vagando pelas trevas da incerteza e submetendo todas as suas experiências à prova de fogo de sua dúvida radical foi que Descartes vislumbrou um pálido raio de luz no fim do túnel. Por mais que a dúvida pudesse havê-lo corroído e ameaçado destruir todas as certezas, havia, segundo descobriu, um fato de que era impossível duvidar: "Poderia eu", perguntou-se, "acabar me convencendo de que eu mesmo não existo? Não, eu existo. Pois posso convencer-me de que sou capaz de pensar em alguma coisa e duvidar dela."

Aí chegamos ao cerne dessa forma peculiar de autoconsciência: as percepções sensoriais, e portanto, o conhecimento dos objetos físicos, inclusive o próprio corpo, tudo era duvidoso e ilusório. Mas não se podia duvidar, concluiu Descartes, de que se duvidava. "Não me é possível pensar que não penso. E o pensar só é possível se eu existir."

A concepção do eu humano com que aí deparamos e as questões que ela implica são muito mais do que os jogos mentais de determinado filósofo. São altamente características da passagem de uma concepção dos seres humanos e do mundo solidamente alicerçada na religião para concepções secularizadas, passagem essa que se fazia sentir na época de Descartes. Essa secularização do pensamento e da ação humanos certamente não foi obra de um ou vários indivíduos. Ligou-se a mudanças específicas que afetaram todas as relações da vida e do poder nas sociedades ocidentais. As deliberações de Descartes representam um passo típico nessa direção, numa versão original. Indicam, de maneira paradigmática, os problemas peculiares com que as pessoas se viram confrontadas, ao pensarem em si e na certeza de sua autoimagem, quando o panorama religioso do eu e do mundo se tornou um alvo aberto à dúvida e perdeu a condição de evidência. Esse panorama básico que distribuía certezas, essa ideia que as pessoas tinham de si como parte de um universo de criação divina, nem por isso desapareceu, mas perdeu sua posição central e dominante no pensamento. Enquanto ela preservou essa posição, aquilo que era perceptível pelos sentidos ou podia ser confirmado pelo pensamento ou pela observação desempenhava, no máximo, um papel secundário nas questões, pensamentos e percepções das pessoas. As questões que mais lhes importavam diziam respeito a algo que, em princípio, não podia ser descoberto pela observação, com a ajuda dos órgãos sensoriais, nem pelo pensamento, apoiado no que as pessoas apuravam através da utilização metódica dos olhos e ouvidos. Referiam-se, por exemplo, ao destino da alma ou à finalidade dos homens e dos animais no contexto da criação divina. Para indagações dessa natureza, somente se podiam encontrar respostas com a ajuda deste ou daquele tipo de autoridades reconhecidas, escrituras sagradas ou homens bem-conceituados — em síntese, através da revelação direta ou indireta. As observações individuais eram de muito pouca serventia e a reflexão individual só contribuía na medida em que se apresentasse como uma interpretação de uma das fontes de revelação. E as pessoas, por conseguinte, sentiam-se parte de um reino espiritual invisível. Podiam sentir-se inseridas numa hierarquia de seres cujo patamar mais inferior era composto pelas plantas e animais, e o mais elevado, pelos anjos, tendo por ápice o próprio Deus. Ou talvez se vivenciassem como uma espécie de microcosmo cujo destino estava estreitamente ligado ao do macrocosmo da criação. Qualquer que fosse sua forma particular, um traço básico desse panorama do homem e do mundo era que aquilo que podia ser percebido pelos sentidos adquiria significação a partir de algo que não podia ser descoberto e confirmado pela reflexão individual nem pelas observações individuais.

Uma das precondições do pensamento de Descartes foi um certo afrouxamento, uma perda de poder por parte das instituições sociais que tinham sido guardiãs dessa tradição intelectual. Seu pensamento reflete a crescente conscientização, em sua época, de que as pessoas eram capazes de decifrar os fenômenos naturais e dar-lhes uma utilização prática simplesmente com base em sua própria observação e pensamento, sem invocar autoridades eclesiásticas ou vetustas. Em virtude da obra anterior dos pensadores da Antiguidade clássica, essa descoberta soou, a seus contemporâneos, como um redescobrimento. Foi o redescobrimento de si mesmos como seres capacitados a chegar por seu próprio pensamento e observação à certeza sobre os acontecimentos, sem terem de recorrer às autoridades. E isso deslocou a atividade mental — reificada pelo termo "razão" — e os poderes de percepção para o primeiro plano da autoimagem do homem.

II

Agora que todas essas ideias são tidas por aceites, talvez não seja muito simples nos colocarmos na situação das pessoas que viveram na época em que tais experiências constituíram uma inovação, a qual, pouco a pouco, e não sem uma poderosa resistência, infiltrou-se nos processos de pensamento humanos. Mas recordar uma época em que aquilo que hoje é quase evidente ainda tinha o brilho e o ineditismo do desconhecido confere relevo mais nítido a algumas características de nossas concepções fundamentais de nós mesmos e do mundo, concepções essas que, por sua familiaridade, normalmente permanecem abaixo do limiar da consciência clara. Isso nos deixa plenamente cônscios do fato de que a imagem que hoje têm de si os membros das sociedades europeias e norte-americanas pioneiras — uma imagem de seres que compreendem os acontecimentos pela exclusiva aplicação da inteligência, da observação e do pensamento individuais — não deve ser presumida como uma coisa existente *a priori*. Não pode ser entendida em separado da situação social dos que se veem dessa maneira. Ela evoluiu como sintoma e fator de uma transformação específica que, como todas essas mudanças, afetou simultaneamente as três coordenadas básicas da vida humana: a formação e o posicionamento do indivíduo dentro da estrutura social, a própria estrutura social e a relação dos seres humanos sociais com os acontecimentos do mundo não humano. Talvez seja mais fácil ver em retrospectiva o quanto essa transição de um modo de pensar predominantemente autoritário para um modo de pensar mais autônomo, ao menos no tocante aos eventos naturais, esteve intimamente ligada ao avanço mais generalizado da individualização nos séculos XV, XVI e XVII na Europa. Ela estabeleceu um paralelo com a transição de uma consciência mais "externa", dependente das autoridades, para uma consciência mais autônoma e "individual". Em retrospectiva, podemos ver com maior clareza quão estreitamente essa nova forma de autoconsciência esteve ligada à comercialização crescente e à formação dos Estados, à ascensão de ricas classes aristocráticas e urbanas e, não menos importante, ao poder visivelmente crescente dos seres humanos sobre os fenômenos naturais não humanos.

No decorrer dessas descobertas sobre os eventos naturais, as pessoas perceberam novas coisas a seu próprio respeito. Não apenas aprenderam cada vez mais a chegar a certezas sobre os eventos naturais através do pensamento e observação metódicos, como também se conscientizaram cada vez mais de si mesmas como seres capazes de obter essas certezas através de sua própria observação e reflexão individuais. Sua imagem do universo físico mudou, e também sua autoimagem. No tocante a si mesmas, mostraram-se menos inclinadas a aceitar a imagem tradicional proposta pelas autoridades. Examinaram-se com mais cuidado no espelho da consciência, observaram-se e pensaram nos seres humanos de maneira mais consciente e sistemática. Em suma, ascenderam a um novo nível de autoconsciência. As duas mudanças — na imagem do universo não humano e em sua autoimagem — estiveram intimamente ligadas. E a indagação cartesiana, toda a própria investigação "epistemológica", não passou de expressão dessa nova autoimagem humana.

III

Isso não equivale a dizer que as pessoas submetidas a essas mudanças estivessem cientes delas do mesmo modo que estamos hoje, quando podemos descortiná-las a distância. A partir do "Renascimento", aproximadamente, a forma básica de autoconsciência e a imagem humana hoje predominantes foram-se formando, lentamente, em diversas sociedades, até serem presumidas como um dado. O próprio fato de agora podermos perceber isso constitui expressão do progresso gradativo em direção a um novo estágio de autoconsciência. Outra expressão disso é o fato de a forma de autoconsciência presumida, que hoje se assemelha a um conceito universalmente válido do homem, poder ser percebida como algo que evoluiu através de um certo processo, juntamente com o contexto social mais amplo.

Comparados a seus predecessores medievais, os membros das sociedades europeias a partir do "Renascimento" ascenderam a um novo nível de autoconsciência. Tornaram-se cada vez mais capazes de se verem como que a distância, tomando o Sol por centro do universo, em vez de presumirem ingenuamente que a Terra, e portanto, eles próprios, eram esse centro. Essa "revolução copernicana" foi extremamente característica do novo patamar de autoconsciência que essas pessoas, lentamente, atingiram.

Mas, em comparação com esse nível de autoconsciência, vemo-nos hoje, aqui e ali, começando a galgar o seguinte. Estamos aprendendo a ver nossa imagem, simultaneamente, no espelho da autoconsciência e em outro espelho, maior e mais distante. Como a ascensão das ciências naturais foi mais precoce, seu rápido avanço e a ascensão das ciências sociais e humanas constituem juntos, hoje em dia, uma força impulsionadora e um sintoma dessa mudança.

Sem dúvida, seria preferível que pudéssemos falar, simplesmente, numa ampliação do conhecimento das pessoas a seu próprio respeito. Mas, embora não fosse incorreta, tal formulação não seria suficiente: ela não faz propriamente justiça aos fatos. O processo de aquisição do conhecimento, o aumento constante de nosso saber sobre os fatos, a aproximação mais estreita entre as ideias e procedimentos humanos e aquilo que se pode estabelecer como fato através da observação crítica, toda essa modificação de nosso modo de experiência ao longo das gerações — e, portanto, no decorrer da vida individual — não constitui, na totalidade dos casos, simples extensão de uma dada dimensão. Não estamos interessados apenas numa crescente acumulação de conhecimentos factuais, ideias ou métodos de pensamento ou pesquisa que existam num mesmo plano, como objetos dispostos sobre a mesa.

Há também diferenças entre os *níveis* de observação — comparáveis às existentes entre a visão que se tem das pessoas na rua quando se está entre elas e a visão diferente que elas oferecem quando vistas do primeiro andar de uma casa, de um quinto andar ou até de um avião. De tempos em tempos — por exemplo, no fim da "Idade Média" ou, em nossa própria época, a partir do fim do século XVIII, ou ainda, analogamente, nas sociedades africanas ou asiáticas contemporâneas —, pode-se observar, acompanhando a acumulação sistemática dos conhecimentos sociais e uma transformação específica da vida social, o atingimento dessa perspectiva mais ampla e mais alta, perspectiva que é característica de um novo nível de consciência.

A dificuldade especial criada por esse estado de coisas para a compreensão e a descrição reside no fato de que a nova perspectiva não abole, pura e simplesmente, as de outros níveis de consciência. A comparação com os pontos de vista do pedestre e do piloto de avião é capenga. As pessoas são constituídas de tal modo que, dando prosseguimento à metáfora, podem experimentar a si mesmas e às outras diretamente como pedestres e, ao mesmo tempo, observar a si e a outrem, andando de um lado para outro na rua, de um andar superior de um prédio. E talvez, ao mesmo tempo, possam até discernir suas próprias imagens do ponto de vista do piloto, tanto ao andarem pela rua quanto ao olharem do prédio para baixo.

As sociedades mais simples — e as crianças de todas as sociedades — ainda oferecem exemplos de pessoas para quem a capacidade de ver a si e a seus companheiros de uma certa distância, como espectadores da janela de um prédio, ao mesmo tempo em que andam pela rua, é ainda totalmente inatingível. Elas têm, é claro, uma consciência de si e das outras pessoas. Mas ainda vivem e agem em ligação direta com os outros. Não têm acesso algum à forma de experiência e à gama de ideias que permitem às pessoas experimentar-se como algo distinto e independente de seu grupo, como pessoas, em certo sentido, opostas a seu grupo. Não são "individualizadas" no sentido em que se pode usar essa palavra ao aplicá-la a pessoas de sociedades mais complexas. Ficaríamos tentados a dizer que são conscientes sem serem conscientes de si. Mas, embora essa formulação realmente toque num ponto significativo da situação em pauta, ela não é, estritamente falando, muito adequada. É que todas as sociedades mais simples ainda existentes parecem ter em seus vocabulários, além do "nós", conceitos correspondentes a nossos "eu" e "você". Devemos considerar a possibilidade, ao menos como hipótese, de terem existido grupos humanos em que até os adultos seriam incapazes de executar o ato de autodistanciamento necessário para se falar de si mesmo como "eu" e dos outros como "vocês". Por outro lado, é bem possível que pessoas de muitas sociedades simples, e até de várias sociedades contemporâneas bastante complexas, sejam incapazes de executar o ato adicional de autodistanciamento necessário para se vivenciarem não apenas como um "eu", mas como um possível "você" para outros que se refiram a eles mesmos como "eu".

Os exemplos mais simples da natureza multifacetada da consciência no extremo oposto do desenvolvimento humano até o momento encontram-se, provavelmente, em algumas áreas da literatura. Podemos pensar no desenvolvimento do romance desde a segunda metade do século XIX. Nos textos em prosa dos séculos anteriores — e, certamente, não apenas nos textos *em prosa* —, o escritor mostrava-se predominantemente preocupado em dizer ao leitor o que as pessoas faziam, o que acontecia. Gradativamente, a atenção passou a se concentrar não apenas na narração dos acontecimentos, mas em como as pessoas os vivenciavam. Os autores descreviam uma paisagem, por exemplo, e ao mesmo tempo a chamada "paisagem interior", no sentido mais estrito ou mais amplo do termo — *le paysage intérieur*. Descreviam encontros entre as pessoas e, ao mesmo tempo, o "fluxo de consciência" delas ao se encontrarem. Mas, quaisquer que fossem os *slogans* usados, a mudança que se expressou na literatura de modo algum se restringiu a esta. A especial sensibilidade dos escritores permitiu-lhes, como uma espécie de vanguarda da sociedade, perceber e expressar mudanças que estavam ocorrendo no campo mais amplo das sociedades em que viviam. Não fosse assim, eles não teriam encontrado leitores que os compreendessem e apreciassem. Essas formas literárias constituem, na verdade, testemunhos da lenta ascensão, que pode ser observada em diversas sociedades, para um novo nível de consciência. E a presente discussão, a rigor, não é outra coisa senão uma tentativa de levar avante a descrição dessa nova etapa de autoconsciência e da imagem humana que pouco a pouco desponta no horizonte, juntamente com o que as pessoas descobrem de novo a respeito de si mesmas como indivíduos, sociedades e formações naturais.

IV

Uma das dificuldades enfrentadas neste empreendimento liga-se ao fato de que, até o momento, mal existem investigações a longo prazo dessas mudanças na história das sociedades ou dos indivíduos. Tampouco existem modelos teóricos convincentes desse desenvolvimento no rumo de uma consciência multifacetada. Expressões como "transição para um novo nível de consciência" talvez tenham um toque um tanto hegeliano para os que estão familiarizados com esse filósofo. Pode-se dizer, em termos muito genéricos, que as palavras correntemente empregadas quando se busca uma expressão mais ou menos adequada para algo que emerge lentamente no campo da visão sofrem, inevitavelmente, de toda sorte de associações linguísticas prévias a distorcê-las e falseá-las.

Poderíamos inclinar-nos, por exemplo, a ver a ideia de uma sucessão de níveis na visão mutante que os homens têm de si e de seu mundo como o mero produto extravagante de uma fantasia especulativa. Ou poderíamos suspeitar que ela implique a noção de um desenvolvimento automático e predeterminado, uma sequência histórica necessária, um aperfeiçoamento e um progresso autoevidentes, o desdobramento de algum espírito supraindividual; ou ainda de abrigar a ideia — normalmente expressa através de termos como "relativismo" ou "historicismo" — de que, ao se abrir uma nova perspectiva sobre a consciência, tudo o que as pessoas vivenciaram, pensaram e disseram anteriormente deve tornar-se falso e sem importância.

Nada disso é verdade. A ideia de que é multifacetado aquilo a que reificadoramente chamamos "consciência" resulta de uma tentativa de estabelecer um novo arcabouço mental dentro do qual seja possível processar observações específicas e que possa servir de guia para observações ulteriores. É uma ideia que pode e deve ser verificada e revisada à luz de novas pesquisas empíricas. O fato de ter um toque hegeliano só prova, realmente, que Hegel estava, em alguns aspectos, na trilha de fenômenos acessíveis à verificação empírica, ainda que os tenha entremeado na estrutura de seu sistema especulativo a ponto de ser difícil desemaranhar o que pode ser verificado por outras pessoas daquilo que é, simplesmente, sua metafísica pessoal, além de uma justificação da ordem social em que ele viveu. Na verdade, talvez esse entrelaçamento desvie os outros da trilha que ele descobriu.

A direção dessa trilha talvez possa ser indicada, da maneira mais simples, pela referência a um aspecto elementar da experiência humana: os homens têm condição de saber que sabem; são capazes de pensar sobre seu próprio pensamento e de se observar observando. Em algumas circunstâncias, podem galgar mais um degrau e se conscientizar de si como sabendo que estão conscientes de si ao saber. Em outras palavras, são capazes de galgar a escada espiralada da consciência, partindo de um patamar dotado de uma visão específica para um patamar superior, também com sua visão, e capazes, olhando para baixo, de se ver postados, ao mesmo tempo, em outros níveis da escadaria. Além disso, a perspectiva característica desses outros níveis é assimilada à deles, de um modo ou de outro, embora suas características não sejam idênticas para as pessoas que a presumem como certa e para as que são capazes de vê-la com certo desapego de um nível superior da consciência. Até onde se pode subir ou descer essa escada depende não apenas do talento, da estrutura de personalidade ou da inteligência das pessoas individualmente consideradas, mas do estado de desenvolvimento e da situação global da sociedade a que elas pertencem. Estes fornecem o contexto, com seus limites e possibilidades, enquanto os homens tiram proveito das possibilidades ou as deixam inaproveitadas.

V

O que sucedeu na época de Descartes foi a transição para um novo nível de autoconsciência. As dificuldades enfrentadas por ele e alguns de seus contemporâneos e sucessores se deveram, em boa medida, à incapacidade dos homens em conciliar as características que observavam em si mesmos ao ascenderem na escada em caracol do conhecimento — e se enxergarem como sujeitos do saber e do pensamento — com as características que divisavam ao se perceberem, simplesmente, como objetos do pensamento e observação humanos. Eles tomavam essas diferentes percepções, enquanto sujeito e objeto do conhecimento, como se se tratasse de diferentes componentes de si mesmos.

Assim, as reflexões de Descartes, por exemplo, expressam a experiência de alguém que, por um lado, começou a se perceber como pensando e observando sem depender das autoridades, mas apenas de si mesmo, e que, por outro lado, se percebia como parte daquilo que observava, como um organismo entre outros. Mas, com os meios de reflexão que estavam a seu dispor naquela época, seria difícil alcançar uma compreensão conceitual apropriada desse duplo papel de observador e observado, conhecedor e conhecido, sujeito e objeto do pensamento e da percepção. De um modo ou de outro, os dois papéis se apresentavam como diferentes modos de ser ou até como entidades diferentes. Ou então se usavam no discurso e no pensamento conceitos que pareciam referir-se a coisas diferentes e, talvez, muito distintas. E essa tendência a falar e pensar sobre papéis e funções conceitualmente distintos, ainda que indissoluvelmente ligados, como se fossem entidades separadas foi típica de toda uma era. Poder-se-ia dizer que uma primeira era, de orientação teológica e religiosa — a Idade Média —, foi seguida por uma segunda, de orientação metafísica, em cujo pensamento e discurso as funções e sentimentos reificados desempenharam papel primordial. Eis um exemplo.

Como observadora, a pessoa isolada confrontava o mundo como um ser bastante livre e desprendido; distanciava-se, até certo ponto, do mundo das coisas inanimadas e do mundo dos seres humanos, e portanto de si mesma. Em sua condição de observado, o ser humano percebia-se como parte de um processo natural e, em consonância com o estado alcançado pelo pensamento na época de Descartes, como parte do mundo dos fenômenos físicos. Este era visto como uma espécie de mecanismo de relógio ou máquina que, como outras coisas do mesmo tipo, era percebido pelos sentidos. Por conseguinte, em seu experimento intelectual, Descartes postulou sua própria existência, em sua condição de organismo, como algo tão incerto e tão exposto à dúvida radical quanto todos os outros objetos que conhecemos por intermédio dos sentidos. A única coisa que ele viu como indubitavelmente existente foi a si mesmo na condição em que pensava e duvidava. Ele se observou e se vivenciou, por um lado, da maneira como era percebido pelos outros, como que através dos órgãos sensoriais deles, ou por si mesmo num espelho; e por outro lado, ao mesmo tempo, percebeu-se de uma forma que, segundo presumiu, não implicava a mediação dos sentidos, ou seja, como pensador e observador, sujeito da experiência. E, como muitas outras pessoas que ascenderam a esse nível de autoconsciência, que se observaram como observadoras, se conheceram como conhecedoras, pensaram em si e se experimentaram como pensadoras e experimentadoras, ele atribuiu cada uma das diferentes maneiras em que se percebeu a um plano diferente e distinto da existência.

Foi esse tipo de dualismo, postulando duas visões de si mesmo como distintas e absolutas, que por longo tempo determinou o tipo de perguntas formuladas pela epistemologia — acima de tudo porque esse mesmo dualismo foi formando, cada vez mais, o padrão básico de autoconsciência na população em geral da maior parte das sociedades ocidentais. Certamente, esse passo em direção a uma nova forma de autoconsciência não foi único. A Bíblia descreve uma passagem do mesmo cunho. No paraíso, os ancestrais da humanidade eram inconscientes de sua nudez; então, comeram o fruto proibido do conhecimento e se conscientizaram dela. Aí encontramos uma expressão vívida da estreita medida em que a ampliação da consciência moral está ligada à ampliação da autoconsciência.

O que se tornou perceptível na era de Descartes foi um movimento nessa mesma direção, à medida que o homem ascendia na escada em caracol. Se as pessoas do nível precedente de autoconsciência se haviam percebido, em consonância com sua educação e seu estilo de vida, como membros de associações tais como grupos familiares ou Estados inseridos num reino espiritual governado por Deus, passaram então a se perceber cada vez mais como indivíduos, embora sem perder inteiramente a antiga concepção. A modificação nos estilos de vida social impôs uma crescente restrição aos sentimentos, uma necessidade maior de observar e pensar antes de agir, tanto com respeito aos objetos físicos quanto em relação aos seres humanos. Isso deu mais valor e ênfase à consciência de si mesmo como um indivíduo desligado de todas as outras pessoas e coisas. O desprendimento no ato de observar os outros e se observar consolidou-se numa atitude permanente e, assim cristalizado, gerou no observador uma ideia de si como um ser desprendido, desligado, que existia independentemente de todos os demais. Esse ato de desprendimento ao observar e pensar condensou-se na ideia de um desprendimento universal do indivíduo; e a função da experiência, do pensar e observar, passível de ser percebida de um nível superior de autoconsciência como uma função da *totalidade* do ser humano, apresentou-se pela primeira vez, sob forma reificada, como um componente do ser humano semelhante ao coração, ao estômago ou ao cérebro, uma espécie de substância insubstancial *no* ser humano, enquanto o ato de pensar se condensou na ideia de uma "inteligência", uma "razão" ou, no linguajar antiquado, um "espírito". Os dois aspectos do duplo papel das pessoas em relação a si mesmas e ao mundo em geral — como conhecedoras de si e conhecidas por si, como experimentando a si e aos outros e sendo experimentadas por si e pelos outros, como desligadas do mundo na contemplação e indissociavelmente emaranhadas nos acontecimentos do mundo —, esses dois aspectos foram tão hipostasiados nos hábitos do pensamento e do discurso que se afiguraram objetos diferentes, como "corpo" e "mente", um dos quais se abrigava no interior do outro como o caroço numa ameixa. Na verdade, a tendência a visualizar as funções como substâncias chegou a ponto de a relação entre elas ser concebida em termos espaciais. A atividade de observar e pensar que é peculiar ao homem, com seu concomitante retardamento da ação, o crescente cerceamento dos impulsos emocionais e o sentimento a ele associado de ser desligado do mundo e oposto a ele, reificaram-se na consciência como ideia de algo que podia ser localizado dentro dos seres humanos, assim como estes pareciam ser organismos entre organismos em sua condição de objetos observáveis do pensamento.

VI

O problema básico da epistemologia correspondeu a essa forma de autoconsciência humana. Tomou como ponto de partida a condição absoluta conferida ao momento de autodesprendimento que faz parte do ato de cognição naquilo a que chamamos o estágio "científico" do desenvolvimento. Baseou-se na noção de um sujeito cognoscente em oposição ao mundo dos objetos cognoscíveis, do qual ele seria separado por um vasto divisor. O problema era saber como o sujeito poderia adquirir um conhecimento seguro dos objetos através desse divisor. As respostas variaram. Mas, quer tenham assumido uma forma empiricista, racionalista, sensorialista ou positivista, a estrutura básica da questão permaneceu a mesma durante séculos até os dias atuais. Foi uma das verdades axiomáticas desse período. Basta-nos selecionar alguns exemplos da multiplicidade de teorias clássicas do conhecimento para divisar com mais clareza sua natureza especial e também os problemas insolúveis em que as pessoas constantemente se viram enredadas em decorrência dessa imagem do homem, com sua reificação de funções humanas específicas.

Foi essa a postura fundamental — sempre a mesma. A percepção de si mesmo como observador e pensador foi reificada no discurso e no pensamento, dando origem à noção de uma entidade, dentro do ser humano, que estava isolada de tudo o que se passava fora dela pelas paredes de seu continente corporal e que só era capaz de obter informações sobre os eventos externos pelas janelas do corpo, os órgãos sensoriais. Quão fidedignas eram essas informações, se os sentidos apresentavam uma imagem distorcida do que se passava "do lado de fora", se havia, efetivamente, alguma coisa "fora", se e até que ponto a "coisa pensante" dentro de nós — a *res cogitans*, como a chamou Descartes — influenciava e modificava a sua maneira o que chegava até nós pelos sentidos, todas essas foram perguntas que tiveram de ser reiteradamente discutidas, dadas as pressuposições aqui descritas.

Diversos filósofos, sobretudo Berkeley, não viram como se convencer de que qualquer coisa pudesse existir independentemente das percepções do sujeito. A afirmação "há", sustentou Berkeley, na verdade não significava outra coisa senão "percebo algo". Não implicava que houvesse alguma coisa ocorrendo fora de mim, mas apenas que havia algo acontecendo em mim. Meus sentidos eram estimulados, só isso. E, ao que lhe pareceu, o único aval de que o "eu" dispunha, dentro de seu invólucro, para assegurar que havia alguma coisa duradoura fora dele e que, de algum modo, ela correspondesse a suas concepções, era Deus.

Essa foi, certamente, uma posição extremada na controvérsia epistemológica. Mas, talvez por ter sido extremada, exibiu com especial clareza a imagem do homem que era comum a todas as posturas em disputa. Outros filósofos decerto mostraram maior confiança na fidedignidade de nossos sentidos. Presumiram que os olhos e ouvidos nos fornecem um quadro bastante fiel do mundo externo. Recebemos impressões sensoriais das coisas externas a nós, pensaram eles, e delas destilamos concepções simples de certas qualidades das coisas, como as ideias de cor, forma, tamanho e massa. Essa foi a posição adotada por Locke, por exemplo. Mas até os expoentes desse ponto de vista esbarravam em algumas dificuldades características. Podiam dizer: "Sou capaz de perceber uma coisa verde, retangular, sólida e pesada. Mas como saber se todas essas qualidades estão relacionadas entre si como qualidades de uma mesma coisa? Tudo o que os sentidos me transmitem são informações sobre certas qualidades. Os objetos como tais não podem ser percebidos pelos sentidos. A questão, portanto, é como chegarei à ideia mais complexa de um substrato unificado para uma coleção de impressões sensoriais." E nesse ponto Locke, como muitos outros que tentaram derivar de sua própria experiência suas concepções das coisas e das relações entre elas, viu a si mesmo e a seus argumentos em consideráveis apuros. Partindo do padrão básico — aceito como evidente até mesmo por seus mais ferozes adversários — de uma imagem do homem que compreendia um "dentro" e um "fora", tendo as impressões sensoriais como única ponte entre eles, Locke adotou a postura de que a consciência, a razão, ou o que mais se pudesse chamar a coisa interna insubstancial, gradativamente se preenchia de conhecimentos derivados das impressões sensoriais, como um vaso inicialmente vazio. A dificuldade estava em explicar, por esse ponto de vista, como podia uma pessoa chegar a uma concepção das relações, especialmente das relações regulares e necessárias, entre as impressões sensoriais isoladas ou entre aquilo que lhes dava origem. Onde haveríamos de encontrar conceitos referentes a relações como semelhante e dessemelhante, todo e parte, causa e efeito?

Diversos filósofos, seguindo as pegadas de Platão, ofereceram a esse tipo de perguntas uma resposta bastante simples em sua abordagem. Os conceitos e ideias dessa ordem, argumentaram eles, não poderiam ser marcas impressas em nós por objetos materiais que nos sejam externos. Eles faziam parte do equipamento natural de nossa razão ou de nossa alma. Alguns expoentes dessa linha de argumentação depuseram maior ênfase na origem divina dessas ideias, enquanto outros as consideraram uma parte inata da natureza humana. Mas, é claro, ainda permanecia em aberto a questão de até que ponto as pessoas podiam experimentar coisas "fora" delas através do véu dessas ideias preexistentes, de o que seriam essas coisas independentemente da pessoa que as experimentava — a menos que, como Leibniz, se fosse buscar uma saída do dilema presumindo-se uma harmonia preestabelecida entre o "dentro" e o "fora". Quaisquer que fossem essas hipóteses tranquilizadoras, do outro lado estavam os céticos, que declaravam que nada disso era comprovável. Em muitos casos, provavelmente, foi apenas a pressão da opinião pública ou o poder da Igreja e do Estado que os impediu de dizerem abertamente que todas essas ideias não passavam, sob a capa da razão, de devaneios reconfortantes. David Hume, por exemplo, com sua incorruptível integridade intelectual, contentou-se em assinalar — de maneira muito lógica em relação a seus pressupostos — que não conseguia encontrar razão alguma para afirmar uma relação necessária entre as impressões sensoriais isoladas. Tanto quanto ele podia ver, essas ideias provavelmente se baseavam na repetição de experiências, no hábito ou na habituação. E Kant, que aplicou a extraordinária acuidade e fertilidade de sua mente a uma tentativa de produzir uma síntese dessas antinomias, descobriu-se não menos profundamente atrapalhado no labirinto dos problemas insolúveis gerados pelas suposições comuns que subjaziam a essa disputa filosófica. Imaginou que, em nosso conhecimento do mundo, as experiências que nos chegam de fora através dos sentidos fundiam-se com formas de relações e ideias presentes em nossa consciência antes de qualquer experiência. E, ainda que a contribuição kantiana tenha representado um considerável refinamento da concepção das ideias inatas, as dificuldades elementares em que ela se deixou apanhar foram as mesmas. No fim, também Kant se viu confrontado com a questão de saber se realmente era possível conhecer as coisas em si, tais como eram, independentemente das formas preexistentes de consciência, ou se essas ideias e formas primárias de relação que existiam *a priori* e que, segundo ele presumiu, eram atributos eternos e inalteráveis da consciência humana, condenavam permanentemente os seres humanos a perceberem os objetos assim como eles apareciam em decorrência desses atributos.

Aí está o problema. A prolongada discussão sobre o conhecimento girou, basicamente, em torno desta questão: será que os sinais que o indivíduo recebe através dos sentidos são inter-relacionados e processados por uma espécie de mecanismo inato, chamado "inteligência" ou "razão", de acordo com leis mentais comuns a todas as pessoas, eternas e preexistentes à experiência, ou será que as ideias formadas pelo indivíduo com base nesses sinais simplesmente refletem as coisas e as pessoas tais como são, independentemente de suas ideias? Houve posições intermediárias, soluções conciliatórias e sínteses, mas todas elas se situam em algum ponto do *continuum* entre esses dois polos.

E esse esquema básico comum subjacente às questões estava estreitamente ligado a um outro esquema comum, concernente à autoconsciência e à imagem do homem, e a ideias básicas sobre o eu e sua relação com o não-eu que os pensadores aceitaram sem questionamento.

VII

A imagem do homem que, sem chegar a ser questionada, esteve pressuposta nesse debate filosófico sem a menor dúvida se mostrou diferente da que desempenhara seu papel na discussão entre os grandes filósofos escolásticos. Mas também lhe deu prosseguimento. Sob uma forma mais ou menos secularizada e sendo concebida ora em relação a Deus, ora isolada de Deus, ela mostrou descender de um ancestral eclesiástico. A ideia da dualidade entre corpo e alma fornecera às pessoas, anteriormente, um arcabouço intelectual para que se compreendessem e vivia agora num cantinho especial, ao lado de questões do outro mundo concernentes às relações invisíveis e não observáveis, tais como o destino das pessoas e das coisas. Transformou-se então, juntamente com as questões deste mundo sobre a natureza de nosso conhecimento dos objetos visíveis e observáveis, na ideia de uma dualidade entre corpo e mente, razão, consciência ou seja lá que nome se lhe dê.

"Sou uma pessoa", rezaria esse esquema básico numa forma simples, "e tenho um corpo. Meu corpo é feito de matéria, tem extensão espacial e, portanto, certa posição no espaço. Mas minha razão, minha mente, minha consciência ou meu eu não é feito de matéria nem se estende no espaço. A razão e a inteligência, a mente e a consciência têm sede *em* meu corpo, mas são diferentes *de* meu corpo." E foi essa estranha noção de uma coisa "descoisificada" — que, apesar de não ser espacial, ocupa uma posição muito definida no espaço, no interior de meu corpo —, foi essa ideia de que "eu", ou "minha inteligência", "minha consciência", "minha mente" está contida em meu corpo, como num traje de mergulho, que proporcionou o alicerce comum até mesmo a visões diametralmente opostas da controvérsia epistemológica. Como travejamento incontestado da autopercepção, ela ficou subjacente à questão de se e até que ponto as ideias "internas" correspondiam aos objetos "externos". Esse é o cerne da questão. As pessoas vivenciavam-se como sistemas fechados.

Além disso, o "sujeito do conhecimento", chamado pelos mais variados nomes nas diversas teorias do conhecimento, correspondeu a essa ideia. O modelo subjacente a ele foi o de um "eu" individual dentro de seu invólucro. Tudo o que estava "fora", fosse coisa ou ser humano, aproximava-se dele como que *a posteriori*, como algo desconhecido e estranho que se postasse sozinho diante do mundo — por exemplo, no caso do filósofo — como observador e pensador em busca da resposta a uma pergunta. Mesmo quando se incluía na argumentação a ideia de outras pessoas, elas eram vistas, essencialmente, como uma coleção de sistemas fechados, cada um dos quais, exatamente como todo o mundo parecia fazer consigo mesmo, olhava de "dentro" para um mundo que estava "fora". Em consonância com o padrão básico de autopercepção, elas não eram vistas como algo a que se pudesse dizer "você" ou "nós", mas, por assim dizer, como uma massa de "eus". E esse "eu" do conhecimento, o *homo philosophicus* da epistemologia clássica, era, examinado de perto, um adulto que nunca fora criança. A questão era como uma pessoa "racional", uma pessoa com o aparato mental de um adulto, podia obter conhecimento do mundo. Para fins epistemológicos, abstraía-se a observação de que todo adulto um dia fora criança; isso era posto de lado como irrelevante para o problema de como se adquiria o conhecimento. A questão era saber como um indivíduo racional e adulto podia, aqui e agora, obter conhecimento de coisas "do lado de fora". O conceito de desenvolvimento, como meio de pensar a sociedade, mal esteve ao alcance das escolas de filosofia empenhadas na controvérsia epistemológica até cerca do início do século XIX, ou só o esteve sob forma primitiva. Tratava-se de um conceito das relações que ainda não encontrara elaboração adequada.

Hume, que nunca se permitiu recuar diante de qualquer conclusão a que o levasse a lógica de suas ideias, expressou-o de maneira absolutamente inequívoca em sua tese fundamental. É altamente instrutivo, até para a compreensão de nosso próprio pensamento, vê-lo debater-se em vão com um problema que é hoje comumente respondido, sem maior reflexão, pelo uso do conceito corriqueiro de desenvolvimento — pelo menos na vida cotidiana. Num plano mais técnico, ainda há muitos problemas não resolvidos ligados a esse conceito.

Uma pessoa, dizia Hume a si mesmo, foi criança um dia e agora é um homem. Mudou em todos os aspectos, até fisicamente. Qual é, portanto, a semelhança ou a identidade entre criança e homem? Que queremos dizer ao afirmar que ele é a mesma pessoa? A resposta habitual era: quaisquer que tenham sido as mudanças por que ele passou, suas diferentes partes estão interligadas por uma relação causal. Mas Hume julgava essa resposta extremamente insatisfatória. A ideia de um substrato idêntico parecia-lhe suspeita, até mesmo quando aplicada a objetos inanimados. E se afigurava muito mais suspeita quando aplicada aos seres humanos. Como jamais conseguiu convencer-se de que palavras como "causa" e "efeito" se referissem a uma relação sujeita a uma regularidade ou lei, como não conseguia entender por que uma ligação causal haveria de ser diferente de uma relação passível de ser observada com frequência, essa história de identidade entre a criança e o homem parecia-lhe fundamentalmente fictícia. Era do mesmo tipo, escreveu Hume, da identidade que atribuímos às plantas e aos organismos animais. A maioria dos filósofos parecia inclinar-se a presumir que a identidade pessoal brotava da consciência. Mas a consciência, tal como ele a via, não era nada além de uma coleção de ideias e percepções sensoriais. "Não consigo descobrir nenhuma teoria que me pareça adequada e satisfatória a esse respeito." Também nesse caso, Hume seguiu sua linha de raciocínio até conclusão extrema. Ao contrário de outros metafísicos, que geralmente consideravam intoleráveis as perguntas sem resposta, ele pôde encará-las de frente e dizer: "Não sei a resposta." Mas a estrutura básica da imagem do homem que dera origem à pergunta, como podemos ver, era sempre a mesma.

Talvez seja mais fácil apreender esse ponto com a ajuda de uma parábola — a parábola das estátuas pensantes. À margem de um largo rio, ou talvez na encosta íngreme de uma montanha elevada, encontra-se uma fileira de estátuas. Elas não conseguem movimentar seus membros. Mas têm olhos e podem enxergar. Talvez ouvidos, também, capazes de ouvir. E sabem pensar. São dotadas de "entendimento". Podemos presumir que não vejam umas às outras, embora saibam perfeitamente que existem outras. Cada uma está isolada. Cada estátua em isolamento percebe que há algo acontecendo do outro lado do rio ou do vale. Cada uma tem ideias do que está acontecendo e medita sobre até que ponto essas ideias correspondem ao que está sucedendo. Algumas acham que essas ideias simplesmente espelham as ocorrências do lado oposto. Outras pensam que uma grande contribuição vem de seu próprio entendimento; no final, é impossível saber o que está acontecendo por lá. Cada estátua forma sua própria opinião. Tudo o que ela sabe provém de sua própria experiência. Ela sempre foi tal como é agora. Não se modifica. Enxerga. Observa. Há algo acontecendo do outro lado. Ela pensa nisso. Mas continua em aberto a questão de se o que ela pensa corresponde ao que lá está sucedendo. Ela não tem meios de se convencer. É imóvel. E está só. O abismo é profundo demais. O golfo é intransponível.

VIII

A espécie de consciência a que essa parábola se refere certamente não é coisa do passado. O sentimento que ela expressa, do indivíduo que se sente essencialmente só, a sensação* de existir em isolamento, em oposição ao "mundo externo" das pessoas e das coisas, e de ser, "internamente", algo para sempre separado do que existe "do lado de fora", talvez até se encontre com frequência bem superior nas sociedades ocidentais de hoje do que em qualquer época do passado, mesmo na era da filosofia europeia clássica, poucos séculos atrás. Nessas sociedades, fincou raízes profundas nas línguas implantadas nos jovens como instrumentos de compreensão, raízes tão profundas que é quase impossível, ao falar e pensar no funcionamento e no comportamento dos seres humanos, evitar a reificação presente em analogias espaciais como "vida interior" e "mundo externo", "sede da razão", "conteúdos da consciência", "sua razão deveria dizer-lhe que..." ou "ele se conhece por dentro...". Em geral, elas se impõem ao pensamento como perfeitamente evidentes. Mal nos apercebemos de que, ao usar essas expressões, atribuímos a certas atividades humanas qualidades espaciais que, como outras funções e atividades dos seres humanos, elas realmente não possuem. Faz sentido dizer que o coração e os pulmões estão situados no interior da cavidade peitoral. Pode-se localizar o cérebro dentro do crânio e algumas funções cerebrais dentro do próprio cérebro. Mas não faz realmente sentido dizer que algo acontece *dentro* dessas funções, dentro da consciência ou do pensamento. Não se pode realmente dizer que algo acontece dentro da fala ou fora do andar. Faz pouco sentido,

---

* Usaremos, às vezes, a tradução sensação quando a forma literal seria sentimento, uma vez que em português, ao contrário das línguas de que geralmente se traduz a filosofia, não existe o recorte pelo qual "sentimento" designa a esfera afetiva e emocional, opondo-se a "sensação", que recobriria estritamente o campo do conhecimento e da percepção. Em nossa língua, "sensação" pode ter, e frequentemente tem, forte conteúdo afetivo: temos uma sensação de medo, ou de solidão; soa pouco apropriado ao gênio da língua dizer, nestes casos, que temos um sentimento de medo, ou de solidão. (R.J.R.)

igualmente, dizer que a consciência tem sede no cérebro ou que a razão está sediada no interior do ser humano. Afinal, não se diz que a fala tem sede na garganta e na boca ou o andar, nas pernas.

A parábola das estátuas pensantes dá-nos uma indicação do motivo por que parece tão convincente, ao menos para as pessoas de certos grupos sociais, a ideia de que a consciência, os sentimentos, o entendimento, ou até o próprio "eu" estão localizados "dentro" do ser humano. Ela sugere estarmos lidando com a autopercepção de pessoas a cuja conduta um grau relativamente alto de cerceamento foi imposto pela natureza da vida social e pelo modo correspondente de criar os filhos. O controle comportamental desta ou daquela espécie existe sem dúvida em todas as sociedades humanas. Mas aqui, em muitas sociedades ocidentais, há vários séculos que esse controle é particularmente intensivo, complexo e difundido; e o controle social está mais ligado do que nunca ao autocontrole do indivíduo. Nas crianças, os impulsos instintivos, emocionais e mentais, assim como os movimentos musculares e os comportamentos a que tudo isso as impele, ainda são completamente inseparáveis. Elas agem como sentem. Falam como pensam. À medida que vão crescendo, os impulsos elementares e espontâneos, de um lado, e a descarga motora — os atos e comportamentos decorrentes desses impulsos —, de outro, separam-se cada vez mais. Impulsos contrários, formados com base nas experiências individuais, interpõem-se entre eles. E, uma vez que o padrão básico dessas experiências difere nas diferentes sociedades, o padrão básico desse autocontrole e toda a sua relação com os impulsos elementares e espontâneos comuns a todas as pessoas diferem nas diferentes sociedades. Essa intervenção de impulsos contrários entre os impulsos humanos espontâneos e universais e a descarga na ação tornou-se, ao longo de vários séculos, nas sociedades europeias — por motivos que não precisamos examinar aqui —, especialmente profunda, uniforme e abrangente. Uma trama delicadamente tecida de controles, que abarca de modo bastante uniforme, não apenas algumas, mas todas as áreas da existência humana, é instilada nos jovens desta ou daquela forma, e às vezes de formas contrárias, como uma espécie de imunização, através do exemplo, das palavras e atos dos adultos. E o que era, a princípio, um ditame social acaba por se tornar, principalmente por intermédio dos pais e professores, uma segunda natureza no indivíduo, conforme suas experiências particulares. "Não mexa aí", "Fique quieto", "Não coma com as mãos", "Onde está seu lenço?", "Não vá se sujar", "Pare de bater nele", "Aja como quer que ajam com você", "Você não pode esperar?", "Faça seu dever de matemática", "Você nunca vai chegar a lugar nenhum", "Trabalhe, trabalhe, trabalhe", "Pense antes de agir", "Pense em sua família", "Pense no futuro", "Pense no Partido", "Pense na Igreja", "Pense na Inglaterra", ou "na Alemanha, na Rússia, na Índia, na América", "Pense em Deus", "Você não tem vergonha?", "Você não tem princípios?", "Você não tem consciência".

A descarga direta dos impulsos na atividade, ou até no movimento, vai se tornando mais e mais difícil. Desvios variados e amiúde altamente complexos dessas tendências — para longe da descarga que elas buscam espontaneamente — transformam-se em regra geral. Reagir precipitadamente, sem longos atos de ensaio, sem a silenciosa antecipação de futuros movimentos de xadrez a que chamamos "reflexão", é quase impossível para os adultos dessas sociedades. Não raro, é perigoso, passível de punição ou marginalizante; e, para quem perde o controle, a ameaça vinda dos outros é menos intensa, muitas vezes, do que a que vem de si mesmo — pelo medo, vergonha ou escrúpulo. O intervalo temporal entre o pensamento, os atos experimentais ensaiados sem nenhum movimento e a atuação dos membros, no ato em si, torna-se cada vez mais longo. Deixando de lado algumas situações claramente definidas em termos sociais, os impulsos controladores socialmente instilados, reificados por palavras como "compreensão", "razão" ou "escrúpulo", geralmente bloqueiam o acesso direto de outros impulsos mais espontâneos, seja do instinto, dos sentimentos ou do pensamento, à descarga motora na ação. Os sentimentos e a autopercepção do indivíduo, que se apresentam no pensamento e na fala como uma encapsulação de seu "interior", retirado do mundo "externo", das outras coisas e pessoas, estão muito estreitamente ligados a esse crescimento do autocontrole individual no curso de um desenvolvimento social específico. O que nele se expressa é o desvio das tendências espontâneas para longe da descarga direta na ação pela interposição das funções mais rígidas e mais complexas de controle do próprio indivíduo.

Quando amor e ódio podem ser fácil e espontaneamente descarregados na ação, o convívio das pessoas, a menos que seja garantido por poderosos organismos sociais de controle, é altamente volátil. As pessoas estabelecem contato entre si com facilidade e frequência e fazem pesadas exigências emocionais umas às outras, exigências estas que são atendidas ou não, que trazem alegria ou pesar. Quando esses impulsos só podem expressar-se na ação de maneira silenciosa, postergada e indireta, com um intenso autocontrole habitual, o indivíduo frequentemente se vê tomado pela sensação de estar isolado de todas as outras pessoas e do mundo inteiro por uma barreira invisível. E, em consonância com a lógica do pensamento emocional, em que coisas objetivamente inconciliáveis podem facilmente afigurar-se conciliáveis e idênticas se estiverem imbuídas do mesmo sentimento, é comum sentir-se que essa barreira invisível se funde com o corpo visível. O corpo, tal como aparece ao sentimento, separa uma pessoa da outra como uma parede, ainda que tenhamos perfeita consciência de que é também ele que as une. Parece um continente que isola do "exterior" e "contém" a própria pessoa, ou, conforme o caso, a "consciência", os "sentimentos", a "razão" e a "consciência moral", como um receptáculo.

Essas transformações da consciência tanto são *históricas*, no sentido de que sociedades inteiras passaram ou ainda passam por elas atualmente, quanto *pessoais*, no sentido de que toda criança as atravessa ao crescer. À medida que elas avançam, mais e mais atividades que originalmente implicavam a pessoa inteira, com todos os seus membros, são concentradas apenas nos olhos, embora, é claro, esse tipo excessivo de restrição possa ser compensado por atividades como a dança ou os esportes. Com a crescente supressão dos movimentos corporais, aumenta a importância do ver: "Você pode olhar, mas não mexa nisso", "Bela figura", "Não chegue muito perto, por favor". Ou o mesmo pode acontecer com a fala: "Você pode xingar as pessoas, mas não bata nelas", "Paus e pedras podem me arrebentar os ossos, mas insultos não me atingem", "Mantenha as mãos longe de mim". Os prazeres do olhar e da audição tornam-se mais ricos, mais intensos, mais sutis e mais gerais. Os dos membros são cada vez mais confinados a algumas áreas da vida. Percebemos muito e nos movimentamos pouco. Pensamos e observamos sem sair do lugar. A parábola das estátuas pensantes exagera, mas produz o efeito esperado. As estátuas veem o mundo e formam concepções dele, mas lhes é negado o movimento dos membros. São feitas de mármore. Seu olhos veem e elas são capazes de pensar no que veem, mas não podem ir até lá. Suas pernas não podem andar nem suas mãos, segurar. Elas olham de fora para o interior de um mundo, ou de dentro para um mundo lá fora — como quer que se prefira formulá-lo —, um mundo sempre separado delas.

A sensação desse vazio, ou, para usar a outra imagem, de um muro invisível entre uma pessoa e outra, o eu e o mundo, expressa-se com muita frequência, direta ou indiretamente, na história ocidental recente. Talvez seja perfeitamente autêntica, mas muitas vezes pende como um véu sobre a ideia que fazemos da relação entre o ser humano em busca do conhecimento e o objeto de seu conhecimento, dando-lhe, como vimos, um cunho de fantasia. Ela também distorce enganadoramente nossas ideias sobre a relação de uma pessoa com outra, do indivíduo com a sociedade. E não constitui, de modo algum, o sentimento humano universal que amiúde parece constituir aos olhos da introspecção. É um sintoma da situação e da composição particular das pessoas de determinadas sociedades. É de se supor que, na tarefa prática de estabelecer comunicação com membros de sociedades diferentes, tenha algum valor despojar essa experiência e as imagens do homem a ela associadas de seu caráter de evidência. Se tivéssemos que resumi-la na linguagem reificadora a que estamos acostumados, diríamos que é, acima de tudo, uma forma específica de consciência moral, responsável pela sensação que temos de um muro invisível entre os mundos "interno" e "externo", entre indivíduo e indivíduo, entre o "eu" e o "mundo".

Nas filosofias metafísicas da atualidade, particularmente em diversos textos existencialistas, o problema do muro invisível expressa-se na própria escolha das questões a serem debatidas. Os autores concentram-se em problemas que afetam o indivíduo isolado, como a solidão, a angústia, a dor e a morte. E, como os expoentes da metafísica contemporânea geralmente descartam do centro do interesse as questões da percepção e do conhecimento, concentrando-se, em vez disso, nos problemas da "existência" humana como tal, ou da "experiência imediata", é comum podermos ver com mais clareza o que distingue seus interesses das preocupações dos filósofos europeus clássicos dos séculos XVII e XVIII do que aquilo que têm em comum com estes. Mas, por certo, os grandes filósofos clássicos não estavam exclusivamente interessados nas questões da "razão", como é frequente alegar-se — uma razão às vezes caracterizada, de modo muito condescendente, embora com uso considerável da argumentação racional, como "seca" ou "árida". A sua maneira, tal como seus sucessores recentes, eles buscaram respostas para perguntas concernentes ao lugar do homem no mundo, ou a suas relações com as outras pessoas. E, nesse aspecto, sua abordagem quase não diferiu da dos filósofos metafísicos da atualidade. Com muito poucas exceções, tanto uns quanto outros interessaram-se primordialmente por questões do ser humano, como se a existência de uma pluralidade de pessoas, o problema da coexistência dos seres humanos, fosse algo acrescentado, acidental e extrinsecamente, aos problemas da pessoa individual. Problemas como a solidão ou a "experiência direta", e como o do conhecimento, em que um "sujeito" isolado se opõe ao mundo dos "objetos" em sua busca de certeza, estão intimamente relacionados. A imagem não questionada do homem e a noção de autopercepção subjacente a ela são essencialmente idênticas em ambos os casos. O filósofo, quando suas ideias não se perdem em noções nebulosas de uma existência supraindividual, assume sua posição "no" indivíduo isolado. Pelos olhos dele, fita o mundo "lá fora" como que através de pequenas janelas; ou então medita, desse mesmo ponto de vista, sobre o que está acontecendo "do lado de dentro".

A Individualização no Processo Social

I

Os filósofos certamente não são os únicos membros de suas sociedades e de sua época a perceberem a si mesmos, às outras pessoas e ao mundo em geral da maneira que descrevemos. Escolhemos alguns de seus *leitmotivs* como exemplos por tornarem acessível, de modo mais articulado e tangível, uma forma de autopercepção e de percepção dos semelhantes muito difundida nessas sociedades e que nem sempre encontra uma expressão tão clara.

Resumindo o que já foi dito, eles são característicos de uma era em que um número cada vez maior de funções relativas à proteção e ao controle do indivíduo, previamente exercidas por pequenos grupos, como a tribo, a paróquia, o feudo, a guilda ou o Estado, vai sendo transferido para Estados altamente centralizados e cada vez mais urbanizados. À medida que essa transferência avança, as pessoas isoladas, uma vez adultas, deixam mais e mais para trás os grupos locais próximos, baseados na consanguinidade. A coesão dos grupos rompe-se à medida que perdem suas funções protetoras e de controle. E, nas sociedades estatais maiores, centralizadas e urbanizadas, o indivíduo tem que batalhar muito mais por si. A mobilidade das pessoas, no sentido espacial e social, aumenta. Seu envolvimento com a família, o grupo de parentesco, a comunidade local e outros grupos dessa natureza, antes inescapável pela vida inteira, vê-se reduzido. Elas têm menos necessidade de adaptar seu comportamento, metas e ideais à vida de tais grupos, ou de se identificar automaticamente com eles. Dependem menos deles no tocante à proteção física, ao sustento, ao emprego, à proteção de bens herdados ou adquiridos, ou à ajuda, orientação e tomada de decisão. Isso acontece, a princípio, em grupos limitados e especiais, mas se estende gradativamente, ao longo dos séculos, a setores mais amplos da população, até mesmo nas áreas rurais. E, à medida que os indivíduos deixam para trás os grupos pré-estatais estreitamente aparentados, dentro de sociedades nacionais cada vez mais complexas, eles se descobrem diante de um número crescente de opções. Mas também *têm* que decidir muito mais por si. Não apenas *podem* como *devem* ser mais autônomos. Quanto a isso, não têm opção.

Tanto a possibilidade quanto a necessidade de maior individualização constituem um aspecto de uma transformação social que ultrapassa em muito o controle do indivíduo. O produto dessa individualidade crescente, a maior diversidade das pessoas com respeito ao comportamento, à experiência e à composição, não é simplesmente dado pela natureza, no mesmo sentido da diversidade dos organismos humanos. Tampouco a separação dos indivíduos, da qual às vezes se fala como um fenômeno dado pela natureza, tem o mesmo sentido da separação de cada pessoa no espaço. Considerados como corpos, os indivíduos inseridos por toda a vida em comunidades de parentesco estreitamente unidas foram e são tão separados entre si quanto os membros das sociedades nacionais complexas. O que emerge muito mais nestas últimas são o isolamento e a encapsulação dos indivíduos *em suas relações uns com os outros*.

Essas relações — todo o estilo de sua coexistência social — levam cada vez mais a um controle geral dos afetos, à negação e transformação dos instintos. À medida que prossegue essa mudança social, as pessoas são mais e mais instadas a esconder umas das outras, ou até de si mesmas, as funções corporais ou as manifestações e desejos instintivos antes livremente expressos, ou que só eram refreados por medo das outras pessoas, de tal maneira que normalmente se tornam inconscientes deles.

Aquilo que, visto por um aspecto, se apresenta como um processo de individualização crescente é, visto por outro, um processo de civilização. Pode-se considerar característico de certa fase desse processo que se intensifiquem as tensões entre os ditames e proibições sociais, internalizados como autocontrole, e os impulsos espontâneos reprimidos. Como dissemos, é esse conflito no indivíduo, essa "privatização" — a exclusão de certas esferas de vida do intercâmbio social e sua associação com uma angústia socialmente instilada, como os sentimentos de vergonha ou embaraço —, que desperta no indivíduo a sensação de ser, "internamente", uma coisa totalmente separada, de existir sem relação com as outras pessoas, relacionando-se apenas "retrospectivamente" com os que estão "fora" dele. Examinado de perto, vê-se que esse modo de autopercepção vira de cabeça para baixo o processo que a ele conduziu. Por mais verdadeiro e autêntico que possa ser, como expressão da estrutura peculiar de personalidade do indivíduo num certo estágio do movimento da civilização, ele barra, ao mesmo tempo, uma forma não preconceituosa de observar as relações entre uma pessoa e outra. A lacuna e o conflito entre os impulsos mais espontâneos e os impulsos que cerceiam a ação imediata, sentidos pelas pessoas altamente individualizadas desse estágio de civilização, são por elas projetados em seu mundo. Muitas vezes, aparecem em suas reflexões teóricas como um vazio existencial entre um ser humano e outro, ou como o eterno choque entre indivíduo e sociedade.

II

Devemos também considerar que, nas sociedades situadas nesse estágio, a adaptação dos jovens a suas funções adultas costuma acontecer de um modo que reforça particularmente essas tensões e cisões na personalidade. Quanto mais complexa e abrangente é a continência, quanto mais intenso e multifacetado é, numa sociedade, o controle dos instintos exigido pelo correto desempenho dos papéis e funções adultos, maior se torna a divergência entre o comportamento dos adultos e o das crianças. A remodelação do indivíduo durante o crescimento, o processo civilizador individual em cujo decurso ele se desloca do ponto de partida do comportamento infantil, que é o mesmo em toda parte, para se aproximar mais ou menos do padrão de civilização atingido por sua sociedade, torna-se mais difícil e demorado. Prolonga-se o lapso de tempo necessário para preparar os jovens para os papéis e funções mais complexos do adulto.

À medida que aumenta o hiato entre o comportamento espontâneo das crianças e a atitude exigida dos adultos, torna-se cada vez menos possível colocar a criança, em idade precoce, como se faz nas sociedades mais simples, no degrau inferior da escada funcional cujo topo se pretende que ela alcance. Até na sociedade da Idade Média europeia, era frequente o jovem ser treinado diretamente a serviço de um mestre adulto. O pajem servia ao cavaleiro, o aprendiz, ao mestre da guilda. E, ainda que o período de serviço fosse longo e, em muitos casos, o degrau mais alto fosse inatingível para o indivíduo, a escala da carreira era relativamente baixa e tinha poucos degraus. Quando as sociedades se tornam mais complexas e centralizadas, quando a especialização aumenta e se diversificam as carreiras oferecidas pela sociedade, a preparação necessária para o desempenho das tarefas adultas também se torna mais prolongada e complexa. Durante um período extenso e que ainda continua a se alongar, as crianças e os jovens são isolados dos círculos adultos: frequentam a escola e estudam em universidades, agremiações técnicas e outras instituições especialmente organizadas para o preparo dos moços. O número e a especialização desses institutos aumentam, ampliando-se o acesso a eles. À medida que as profissões do adulto se tornam mais e mais especializadas e complexas, os jovens de setores cada vez mais amplos da população passam por uma preparação indireta em institutos especiais deste ou daquele tipo, em vez da preparação direta que antes prevalecia. Aumenta a expectativa de vida adulta. O mesmo se dá com o tempo de preparação para a idade adulta. Pessoas biologicamente maduras continuam socialmente imaturas. Trata-se de rapazes e moças, adolescentes, jovens inexperientes ou seja lá que nome recebam — não mais crianças, mas ainda não homens e mulheres. Eles levam uma vida social distinta, tendo uma "cultura jovem" — um mundo próprio, que diverge marcantemente do dos adultos. E, embora o prolongamento e o caráter indireto de sua preparação, causados pela constante expansão do conhecimento, possam facilitar sua assimilação na vida social adulta, frequentemente a tornam mais difícil em termos emocionais.

As tarefas profissionais acessíveis à massa dos indivíduos, na longa estrada da industrialização e da urbanização das tensas sociedades de transição, só coincidem com as expectativas dos jovens na minoria dos casos. Especializadas como são, dão margem limitada, na maioria deles, às inclinações e faculdades dos indivíduos. Muitas vezes, não há uma congruência ou continuidade adequada entre a vida na reserva da juventude e nos campos predominantemente restritos da atividade adulta. Nessas sociedades complexas, a primeira assemelha-se a encraves ou ilhas especiais de onde nenhuma via direta leva à segunda. Não raro, a transição de uma esfera para outra é marcada por um corte notável na vida do indivíduo, que ele acolhe com maior ou menor dificuldade. Na travessia desses encraves, o jovem pode e deve ter experiências frequentes, seja com novas vivências, seja com os outros em relação a ele e consigo mesmo em relação aos outros. A faixa de experimentação que lhe é acessível não tem nenhuma relação com a uniformidade, a regularidade e o cerceamento relativos da vida que, em muitos casos, está à espera do adulto. Na vida social desse grupo etário, é comum desenvolverem-se aptidões e interesses aos quais as funções adultas, dentro dessa estrutura, não dão margem alguma; são formas de comportamento e inclinações que os adultos têm que cercear ou reprimir.

Com a crescente especialização das sociedades, a trajetória do indivíduo a caminho de se tornar uma pessoa autoconfiante e autônoma torna-se mais longa e complicada. Aumentam as exigências feitas a seu autocontrole consciente e inconsciente. Outros fatores que impedem a assimilação dos jovens na sociedade adulta são o alongamento e a forma especial assumida pelo período que transcorre entre a infância e a idade adulta social. Isso também aumenta a probabilidade de a pessoa em questão não conseguir atingir um equilíbrio adequado entre as inclinações pessoais, o autocontrole e os deveres sociais.

III

Assim, o padrão básico da imagem do eu e do homem em geral continua a se fundamentar, mesmo nos tipos mais avançados de especialização e individualização sociais que emergiram até hoje, na ideia de um "interior" separado do mundo "externo" como que por um muro invisível. Mas, na ideia do mundo externo, os eventos naturais já não desempenham o mesmo papel que tinham nos séculos XVII ou XVIII, por exemplo. A antítese entre indivíduo e natureza, entre o sujeito em busca do conhecimento e os objetos naturais do conhecimento, vai aos poucos perdendo importância. Isso não ocorre porque os problemas epistemológicos que se apresentam sob essa forma de reflexão tenham encontrado uma solução convincente — o que raramente acontece —, mas porque é óbvio que eles ficam menos urgentes à medida que as pessoas vão-se tornando mais e mais capazes de controlar os processos naturais no pensamento e na ação, e de usá-los para seus próprios fins. Os processos físicos, em particular, estão visivelmente perdendo seu caráter de poderes misteriosos, indomáveis e perigosos que irrompem com frequência na vida das pessoas. Em vez deles, os membros dessas sociedades veem-se cada vez mais como os detentores do poder, capazes de decifrar os enigmas da natureza e de dobrar os processos naturais a seus próprios fins. E, à medida que a investigação sistemática dos poderes naturais, depois de longa resistência, vai aos poucos se transformando numa coisa corriqueira, e que sua exploração para fins humanos se converte numa coisa tida como certa, os objetos naturais deixam de desempenhar o mesmo papel de antes na ideia de um "mundo externo" oposto ao "interior" do ser humano, separado dele como que por um muro invisível. É como se as pessoas se tivessem dito: "Talvez não possamos concordar quanto a se e em que medida nossas ideias dos eventos naturais realmente correspondem, independentemente da observação humana, às coisas em si. Mas vejam nossas usinas elétricas, nossas máquinas, nossas ferrovias e nossos aviões. Podemos extrair mais alimentos de nossa terra e mais leite de nossas vacas. Estamos até, lentamente, levando a melhor sobre as doenças. Na prática, quando o pensamento e a ação se ligam, somos perfeitamente capazes de estabelecer elevado grau de correspondência entre nossas ideias e expectativas dos fenômenos naturais e esses fenômenos em si mesmos. Se os filósofos não conseguem explicar teoricamente como é possível essa crescente congruência, pior para eles — *tant pis pour les philosophes.*"

O que se pode efetivamente observar é o seguinte: com a crescente mudança nas relações entre os seres humanos e as forças naturais extra-humanas, estas últimas vão aos poucos perdendo terreno como elemento da noção de um "mundo externo" oposto ao "mundo interno" humano. Em lugar delas, o abismo entre a parte "interna" do indivíduo e as outras pessoas, entre o verdadeiro eu interior e a sociedade "externa", desloca-se para o primeiro plano. À medida que os processos naturais se tornam mais fáceis de controlar, parece que nossa relativa falta de controle sobre as relações entre as pessoas e, em particular, entre os grupos, bem como os insuperáveis obstáculos erguidos contra as inclinações pessoais pelas exigências sociais, se torna muito mais perceptível.

Desse modo, perpetua-se o símbolo metafísico da individualização crescente, a ideia que o indivíduo tem de que seu eu interior está isolado do mundo lá fora como que por um muro invisível. Mas ela se apresenta mais como expressão do sentimento pessoal de estar isolado dos outros, ou como a sensação do "indivíduo" de estar separado da "sociedade", e menos como a expressão de um abismo entre o homem e a natureza. E se amplia a noção desse eu "interior" isolado do mundo externo. A mudança que se pode observar em diversos sistemas metafísicos concebidos pelos filósofos tem seu equivalente nas mudanças na maneira como mais e mais setores da sociedade percebem a si mesmos. Nessa percepção, a ênfase amiúde se desloca da "razão", como traço distintivo do eu "interior" separado do mundo "externo", para algo que, na verdade, é apenas uma reificação da mesma coisa numa base mais ampla: a "vida inteira", a "existência" do ser humano. Nesse campo ampliado da sociedade, não é incomum depararmos com autoimagens em que a ideia do eu interior se baseia não apenas nas funções intelectuais, mas também nos sentimentos, na "verdadeira natureza" da pessoa inteira, inclusive nos aspectos mais animais do ser humano, à medida que estes vão sendo crescentemente privatizados.

Assim, o indivíduo pode expressar o sentimento de que a vida social lhe recusa a realização de seu eu interior. Pode achar que a sociedade o impele a violar sua "verdade íntima". A palavra "sociedade" é frequentemente usada, nesses contextos, como se referindo a uma pessoa. Através desse uso, o termo tende a adquirir o caráter do papel da mãe como força fria, hostil, restritiva e opressora, que nega a satisfação ao filho e o obriga a refrear dentro de si tudo aquilo que ele gostaria de fazer, mostrar e expressar. Nesse aspecto, a sociedade é muito diferente da "natureza", tal como apresentada na metafísica do que denominamos "era moderna". Ao contrário do tratamento que lhe era dado em épocas anteriores, a natureza é cada vez mais vista como uma pessoa perfeitamente amistosa que, embora possa ter lá seus caprichos, constitui um símbolo de tudo o que é bom, curativo, normal e sadio — em suma, "natural". Assim, na metafísica popular — e até erudita — de nossa era, a "sociedade" é comumente apresentada como aquilo que impede as pessoas de desfrutarem uma vida "natural" ou "autêntica". O que se é dentro de si, independentemente das outras pessoas, o que se acredita ser seu "eu interior", está associado ao complexo emocional que cerca a palavra "natureza". O eu interior é percebido como "natural", enquanto o trato com as outras pessoas é visto como coisa imposta "de fora", como máscara ou capa colocada pela "sociedade" sobre o núcleo interno natural. Agora é a "sociedade" que se opõe, como "mundo externo", ao "eu interno", incapaz, ao que parece, de tocar o "núcleo interno autêntico". Numa ligeira variação sobre esse tema, a sociedade é vista como um carcereiro que proíbe o indivíduo de pisar fora de sua cela interna.

"Fitando de minha cela a vida lá fora", eis como Rilke expressa essa ideia num de seus poemas.* "Das pessoas estou mais distante que das coisas; as pessoas são meros acidentes, vozes, medos, máscaras. Ninguém vive sua vida. Talvez haja, em algum lugar, depósitos de tesouros onde se armazenem todas essas vidas não vividas, como armaduras, berços ou vestimentas que ninguém jamais usou. Todos os caminhos acabam levando a esse arsenal de coisas não

---

* Ver nota 3 da Parte I deste livro.

vividas. É como um presídio sem janelas. Portas com trincos e grades de ferro bloqueiam a entrada. E as grades são feitas por mãos humanas."

Esses versos, aqui parafraseados, expressam de maneira clara e exemplar uma forma de autopercepção e sofrimento humanos que, sem dúvida, não se restringem aos poetas e filósofos. Na sociedade como um todo, talvez essa percepção nem sempre seja tão clara, ou tão vívida sua expressão. A intensidade desses sentimentos varia de pessoa para pessoa. Mas a situação humana que Rilke expressa aqui, a sua maneira, faz parte do que seria chamado, tempos atrás de *Zeitgeist*, o "espírito da época". Pertence à configuração básica das pessoas que vivem em certos grupos sociais. Como fenômeno social e individual, esse tipo de experiência faz parte da mudança geral em cujo decurso cada vez mais pessoas se desligam das comunidades pequenas, menos diferenciadas e estreitamente ligadas, e se dispersam como que no movimento de um leque que se abre, formando as sociedades mais complexas e, por fim, os Estados nacionais em que elas mantêm maior distância pessoal entre si.

Nas comunidades mais primitivas e unidas, o fator mais importante do controle do comportamento individual é a presença constante dos outros, o saber-se ligado a eles pela vida inteira e, não menos importante, o medo direto dos outros. A pessoa não tem oportunidade, necessidade, nem capacidade de ficar só. Os indivíduos mal sentem alguma oportunidade, desejo ou possibilidade de tomar decisões por si ou de conceber qualquer pensamento sem a constante referência ao grupo. Isso não significa que os membros desses grupos convivam harmoniosamente. É comum ocorrer o inverso. Significa apenas que — para usar o termo que convencionamos — eles pensam e agem primordialmente do ponto de vista do "nós". A composição do indivíduo adapta-se ao constante convívio com os outros a quem o comportamento tem que ser ajustado.

Nas sociedades industrializadas, urbanizadas e densamente habitadas, os adultos têm muito mais oportunidade, bem como necessidade e capacidade, de ficar sozinhos, ou pelo menos de ficar a sós aos pares. Escolher por si entre as muitas alternativas é exigência que logo se converte em hábito, necessidade e ideal. Ao controle do comportamento pelos outros vem juntar-se um crescente autocontrole em todas as esferas da vida. E, como não raro acontece, os atributos da composição humana positivamente avaliados na escala de valores sociais são estruturalmente vinculados a outros que recebem avaliação negativa. Um desses atributos do lado positivo é o orgulho que têm as pessoas altamente individualizadas de sua independência, sua liberdade e sua capacidade de agir por responsabilidade própria e decidir por si. Por outro lado, temos seu maior isolamento mútuo, sua tendência a se perceberem como dotadas de um eu interior inacessível aos outros, e toda a gama de sentimentos associados a essa percepção, como a sensação de não viver a própria vida ou a de uma radical solidão. As duas coisas são aspectos do mesmo padrão básico de estrutura da personalidade. Mas, por lhes serem dadas valorações opostas, por ter cada qual um tom emocional diferente, inclinamo-nos a vê-las como fenômenos independentes sem nenhuma ligação entre si.

Em outras palavras, o desenvolvimento da sociedade rumo a um nível mais elevado de individualização de seus membros abre caminho para formas específicas de realização e formas específicas de insatisfação, chances específicas de felicidade e contentamento para os indivíduos e formas específicas de infelicidade e incômodo que não são menos próprias de cada sociedade.

A oportunidade que os indivíduos têm hoje de buscar sozinhos a realização dos anseios pessoais, predominantemente com base em suas próprias decisões, envolve um tipo especial de risco. Exige não apenas considerável volume de persistência e visão, mas requer também, constantemente, que o indivíduo deixe de lado as chances momentâneas de felicidade que se apresentam em favor de metas a longo prazo que prometam uma satisfação mais duradoura, ou que ele as sobreponha aos impulsos a curto prazo. Às vezes elas podem ser conciliadas, às vezes não. É possível correr riscos. Tem-se essa alternativa. A maior liberdade de escolha e os riscos maiores andam de mãos dadas. Pode-se atingir as metas que dão sentido e realização ao esforço pessoal e assim encontrar a felicidade esperada. Pode-se chegar à metade do caminho. Talvez a realidade se revele menos extasiante do que o sonho. Pode-se falhar por completo na consecução dos objetivos e carregar pela vida afora um sentimento de fracasso. A guerra, as rebeliões e outros eventos sociais podem bloquear o caminho. Pode-se fazer uma avaliação errada das probabilidades de alcançar essas metas, partindo-se da posição social de que se dispõe. Pode-se fazer exigências excessivas a si mesmo; a meta que promete sentido e realização talvez não seja a que mais se ajuste às aptidões do indivíduo. O esforço da longa jornada pode ser tão grande que a pessoa perca a capacidade de desfrutar a realização ou de vê-la como uma realização satisfatória. A capacidade pessoal de sentir alegria e realização pode ter sido sufocada na infância, através das relações familiares. Há muitas dessas possibilidades. A abundância de oportunidades e metas individuais diferentes nessas sociedades é equiparável às abundantes possibilidades de fracasso.

O mesmo se aplica ao "arsenal de coisas não vividas". Do ponto de vista estrutural, a profusão de oportunidades perdidas equipara-se à profusão de alternativas entre as quais se pode e se deve decidir. Usualmente, aceita-se o que foi alcançado sem se pensar muito no que ficou para trás. Mas, quer o indivíduo o recorde ou não, o caminho que ele tem que trilhar nessas sociedades complexas — comparado ao que se abre para o indivíduo das sociedades menos complexas — é extraordinariamente rico em ramificações e meandros, embora não na mesma medida, é claro, para os indivíduos de diferentes classes sociais. Ele passa por grande número de bifurcações e encruzilhadas em que se tem que decidir por este ou aquele caminho. Quando se olha para trás, é fácil deixar-se tomar pela dúvida. Eu não deveria ter escolhido um rumo diferente? Não terei desprezado todas as oportunidades que tive naquela ocasião? Agora que consegui isto, que produzi isto ou aquilo, que me tornei um especialista nisto ou naquilo, não terei deixado que se perdessem muitos outros dons? E não terei deixado de lado muitas coisas que poderia ter feito? É próprio das sociedades que exigem de seus membros um grau muito elevado de especialização que grande número de alternativas não utilizadas — vidas que o indivíduo não viveu, papéis que não desempenhou, experiências que não teve, oportunidades que perdeu — sejam deixadas à beira do caminho.

IV

Nas sociedades mais simples, há menos alternativas, menos oportunidades de escolha, menos conhecimento sobre as ligações entre os acontecimentos e, portanto, menos oportunidades passíveis de parecerem "perdidas", quando vistas em retrospectiva. Nas mais simples de todas, é frequente haver diante das pessoas um único caminho em linha reta desde a infância — um caminho para as mulheres e outro para os homens. Raras são as encruzilhadas; raramente alguém é colocado sozinho diante de uma decisão. Também nesse caso, a vida traz seus riscos, mas a margem de escolha é tão pequena e tão grande a exposição ao poder caprichoso das forças naturais que os riscos mal chegam a depender das decisões. Consistem, principalmente, no risco que todos correm ao vir ao mundo, na ameaça da destruição física. E a preponderância desse risco é característica, ao mesmo tempo, das duas coisas — da natureza humana e da forma específica da vida social: os caçadores podem não pegar nenhuma presa; as pessoas correm o risco da inanição; e, quanto mais se enfraquecem, menor é sua chance de agarrar e comer a presa. As enchentes, os rios revoltos e as nuvens trovejantes inundam inesperadamente a terra, e é impossível escapar. Os incêndios nas florestas ou cerrados bloqueiam o caminho para a segurança. O sol fustiga com inclemência e os poços secam. Os animais, as doenças ou os adversários humanos atacam e matam. A ameaça à vida é onipresente e corriqueira. Os espíritos ajudam ou se enfurecem, ninguém sabe por quê. Vive-se um dia atrás do outro. A pessoa come, sente fome, dança, morre. Qualquer visão a longo prazo de algo que possa ocorrer em algum momento futuro é muito limitada, e o comportamento presciente é incompreensível e pouco desenvolvido. Igualmente incompreensível é a possibilidade de uma pessoa deixar de fazer algo que se sinta premida a fazer aqui e agora em nome de uma satisfação que talvez lhe venha dentro de uma semana ou um ano, ou sua possibilidade de fazer o que chamamos "trabalhar". Por que haveria alguém de fazer um esforço muscular não referido às exigências urgentes do momento?

Esse foi o tipo de vida social levado pelos ancestrais de todas as pessoas hoje vivas, e por muito mais tempo do que os tipos de vida social documentados em registros escritos durante a curta fase de desenvolvimento humano a que chamamos "história". Até mesmo a época em que os grupos humanos começaram, aqui e ali, a colocar no chão sementes de plantas silvestres, de maneira sistemática e deliberada, com vistas ao alimento que poderiam esperar meses depois, ou a criar animais jovens com vistas a seu uso futuro, ocorreu há pouco mais de 10 mil anos. A cada grande passo nesse caminho — quer tenha sido a transformação das sociedades coletoras em sociedades agrárias estabelecidas, quer a dos caçadores em criadores de gado; quer o uso de pedras e ossos como matéria-prima para instrumentos e armas tenha dado lugar ao do metal, com todos os segredos de sua utilização, a que somente os especialistas tinham acesso; quer as indústrias manuais, séculos depois, se tenham transformado em indústrias mecanizadas —, a direção geral dessas e de outras mudanças correlatas, sob certo aspecto, foi a mesma ao longo dos séculos.

Cada uma dessas mudanças pressupôs e, por sua vez, produziu um aumento da capacidade de previsão. O intervalo entre o primeiro passo rumo a determinada meta e o último, com o qual ela era atingida, tornou-se mais longo, e mais numerosos vieram a ser os passos intermediários. Tratava-se de um curto intervalo nos pequenos grupos em que os adultos estavam aptos e obrigados a desempenhar todas as atividades exigidas pela satisfação de suas necessidades sob a forma social aceita, e nos quais dispunham de todas as capacidades requeridas. Essas capacidades talvez fossem a preparação de pedras e ossos, a coleta de alimentos, a construção de abrigos no inverno ou a obtenção e utilização de uma centelha extraída das pedras ou da madeira. Aos poucos o intervalo tornou-se mais longo. Os instrumentos tornaram-se mais adequados a seus empregos; o número de instrumentos sociais cresceu, o mesmo ocorrendo, sem dúvida, com a variedade das capacitações. Quando se comparam os utensílios de pedra que restaram do início da Idade da Pedra com os de sua fase intermediária e final, tem-se um bom exemplo dessa crescente diferenciação, embora ela tenha evoluído com lentidão incomparavelmente maior do que a diferenciação e a especialização dos implementos e capacitações nas sociedades industrializadas do presente. Por quanto tempo cada indivíduo adulto possuiu todas as capacidades normais nessa sociedade, durante os 500 mil — ou talvez 600 mil ou 700 mil — anos em que este ou aquele tipo de pedra funcionou como a mais requintada matéria-prima para a produção de utensílios humanos e em que época começaram a surgir especialistas em determinadas habilidades são coisas difíceis de dizer. Seja como for, no decorrer do tempo, não apenas multiplicou-se o número de passos entre o primeiro e o último numa sequência de ações, como também um número crescente de pessoas se fez necessário para executar esses passos. E, no decorrer desse processo, mais e mais pessoas viram-se numa crescente dependência umas das outras, interligadas como que por correntes invisíveis. Cada qual funcionava como um elo de ligação, um especialista com uma tarefa limitada. Cada qual era urdida numa trama de ações em que um número cada vez maior de funções especiais, e de pessoas dotadas das capacidades para executá-las, se interpunha entre o primeiro passo em direção a uma meta social e a consecução dessa meta.

E, a partir de certa etapa na crescente divisão das funções, o número de funções coordenadoras especiais necessárias à manutenção de mais e mais atividades especializadas também começou a crescer. Quanto mais extensas se tornavam as cadeias de ação, mais difícil se fazia, para o indivíduo entremeado na rede de dependência por suas capacitações, obter uma visão global; e mais árduo se tornava distinguir o que era meio do que era fim.

Na história de determinada sociedade, as mudanças nessa direção podem ser observadas de diferentes maneiras. Sintoma característico dessas mudanças é a utilização crescente de certos objetos como padrões genericamente reconhecidos nas transações. Determinadas conchas, ou até animais domésticos, podem ainda exercer essa função nas negociações entre grupos frouxamente vinculados. O uso de peças de metal cujo peso e valor social são garantidos pela estampa impressa de um governante ou, pelo menos, de uma autoridade central implica uma organização bastante sólida. E o aumento da circulação da moeda numa sociedade é sinal seguro de que suas cadeias de ação estão ganhando mais elos e de que a divisão das funções está aumentando, assim como o é a formação de um Estado dentro dessa sociedade.

Quando os ancestrais das pessoas hoje vivas, impelidos pela fome, apanhavam as pedras que encontravam pelo chão e com elas matavam animais, estavam agindo sob o efeito do impulso direto de suas necessidades presentes. Quando afiavam pedras, mesmo não estando famintos, para se preparar para a caçada vindoura, ou quando pintavam desenhos dos animais no chão e nas pedras e matavam suas presas retratadas, antes mesmo de elas estarem presentes na realidade, para terem maior certeza de seu alimento e aliviar a insegurança geral da vida, sua presciência e a distância entre o primeiro passo e o último já eram maiores. Mas tudo isso ainda podia ocorrer no contexto de grupos pequenos, que tinham que produzir tudo de que precisavam. E sua capacidade de inserir funções de controle inibidoras, retardadoras ou diversivas entre o impulso instintivo espontâneo e o desempenho motor do ato, sua capacidade efetiva de opor atos mentais a intensas premências ativas, talvez ainda não fosse muito grande. Assim como estavam menos amparadas e mais expostas às forças naturais do que seus descendentes, essas pessoas também eram mais impotentes diante das forças naturais dentro de seu próprio corpo.

Mesmo depois de evoluírem biologicamente para o que chamamos — de maneira nada modesta — de *homo sapiens*, o homem sábio, a espécie a que pertencem todas as pessoas hoje vivas, devemos presumir que, por longo tempo, as coisas ainda foram assim. É que as mudanças que se seguiram — o avanço da divisão das funções, o aumento da previsão e da capacidade de refrear os impulsos a curto prazo, com tudo o que essas mudanças trouxeram consigo — não foram sintomas de novas evoluções corporais, mas de um desenvolvimento social e mental numa mesma espécie biológica. O corpo, os braços e as pernas, os olhos, os ouvidos e a estrutura cerebral já eram os mesmos. Mas foi necessária a experiência cumulativa de muitas centenas de gerações para que a previsão e a capacidade de refrear e controlar as forças naturais internas e externas aumentassem continuamente. E, por não ter sido biológico o desenvolvimento nessa direção, por não se haver enraizado, como muitas vezes se parece acreditar, na natureza humana, ele também pode ser revertido. As longas cadeias de ação, com sua divisão de funções, podem voltar a encolher. O controle social e psicológico do comportamento pode ser reduzido — não apenas aqui e ali, como constantemente acontece em todas as épocas, mas em toda a humanidade. E o tipo específico de comportamento a que se faz referência com palavras como "civilizado" ou "individualizado" pode dar margem a formas de comportamento e experiência movidas por impulsos animalescos de curto prazo. E, quando conseguimos conter nosso sentimento de que isto ou aquilo é "melhor" ou "desejável", e mais ainda nossa concepção fantasiosa de que uma coisa ou outra, o "progresso" ou a "decadência e queda", é necessária e inevitável, não parece muito difícil avaliar em que condições e por quais razões o movimento toma este ou aquele rumo.

Mas, seja como for, é sempre possível observar na história movimentos em ambas as direções, ainda que, nos últimos milênios, determinado movimento tenha prevalecido por longos espaços de tempo: a transformação social e mental de grupos relativamente pequenos, que agem de maneira relativamente imediatista, com necessidades simples e uma satisfação incerta dessas necessidades, em grupos mais populosos, com uma divisão mais nítida das funções, um controle mais intenso do comportamento, necessidades mais complexas e diversificadas, e um aparato mais altamente desenvolvido de coordenação ou governo. O número de atividades especializadas a que chamamos "profissões" — não muito apropriadamente, quando esse termo implica uma "vocação" — elevou-se ao longo dos milênios, a princípio lentamente, mas agora em ritmo cada vez mais acelerado. No começo provavelmente eram apenas homens e mulheres que se especializavam, tradicionalmente, em várias atividades e capacidades dentro do grupo, e depois, talvez, magos, guerreiros, agricultores, pastores ou ferreiros. Ou então uma tribo inteira podia desenvolver uma capacitação especializada para a pesca e trocar seu excedente, de maneira sistemática, pelos frutos e raízes comestíveis de uma tribo do interior. Hoje em dia muitas sociedades têm centenas de ocupações especializadas, dentre as quais o indivíduo tem certa margem de escolha, dependendo de sua origem social, sua escolarização e seu talento. E o número dessas ocupações cresce com rapidez cada vez maior. Não apenas temos médicos, mas especialistas em ouvidos e olhos, em crianças e em mulheres, psiquiatras e especialistas em doenças internas, e o número deles, bem como o das profissões auxiliares, aumenta constantemente. Temos não apenas engenheiros, mas especialistas em construção civil, construção naval, engenharia aeronáutica, geração de energia e um número crescente de subdivisões. Temos não apenas profissões já existentes que se estão subdividindo, como também novas profissões que começam a existir.

Mas essa é apenas a fase mais recente desse longo processo. Em seu decorrer, as redes de funções distintas das cadeias de ação tornaram-se sistematicamente mais longas e complexas. Um número cada vez maior de pessoas passou a viver numa crescente dependência mútua, ao mesmo tempo em que cada indivíduo foi-se diferenciando mais dos outros. As unidades organizacionais em que as pessoas se juntavam tornaram-se maiores e a própria organização fez-se mais complexa. Muitas pequenas sociedades conseguiam (e ainda conseguem) arranjar-se sem funções permanentes e especializadas de coordenação. Os anciãos de uma tribo podiam reunir-se em assembleia e debater, sempre que isso se afigurasse necessário; afora isso, viviam como todos os demais. Alguém podia revelar-se um sucesso na caça ou na guerra, e então ganhava seguidores. Com o correr do tempo, à medida que os povoados das aldeias se transformaram, aqui e ali, em povoações urbanas e cidades-Estados, em virtude do avanço da divisão das funções, e as cidades-Estados evoluíram para ligas de cidades ou reinos que, juntos, agregavam diversos burgos e as áreas rurais que os cercavam numa organização estatal mais frouxa ou mais centralizada, e os Estados dinásticos se transformaram em Estados nacionais, ou impérios mundiais, ou confederações de nações, como quer que tenha prosseguido o desenvolvimento, despontaram não apenas hierarquias oficiais, funções coordenadoras especializadas permanentes, dotadas de um centro num mesmo nível, como também hierarquias oficiais, com seus centros verticalmente dispostos em muitos níveis. Quanto maior a área territorial e o número de pessoas e atividades especializadas dentro de um Estado, mais aumentou o número de níveis superpostos no aparelho governamental, bem como a variedade de departamentos e cargos.

À medida que mais e mais pessoas se tornaram mutuamente dependentes, como especialistas deste ou daquele tipo nessas redes de funções distintas, tornou-se cada vez mais necessário harmonizar suas funções e atividades. Também por esse aspecto, a mudança das relações humanas em direção a grandes grupos mais centralizados e especializados levou a um maior cerceamento dos impulsos individuais momentâneos. A princípio isso talvez tenha sido imposto ou mantido pelo temor direto dos outros, dos supervisores ou das pessoas designadas pelo governante central. Mas aos poucos o elemento de autocontrole na harmonização das pessoas com as atividades umas das outras passou a ser uma coisa mais tida por certa. A maior utilização dos relógios, para dar apenas um exemplo, é sinal disso, pois, qualquer que seja sua importância como instrumentos para medir eventos não humanos, eles são, em seu uso cotidiano pelas sociedades, primordialmente instrumentos para coordenar a distância as atividades de muitas pessoas capazes de um grau relativamente elevado de autocontrole.

A direção das mudanças, portanto, continuou a mesma por períodos muito extensos, a despeito de todas as oscilações e todos os movimentos de retrocesso passíveis de ser observados aqui e ali. Mas, dentro do arcabouço desse movimento, houve avanços repentinos e ocasionais, ou seja, épocas em que as mudanças sociais e mentais que atuavam numa mesma direção abriram novas e antes inimaginadas possibilidades para a vida e, a rigor, para a própria humanidade. O uso consciente das forças naturais para fins humanos, que quase pareceu uma coisa inteiramente nova, coincidente com a ascensão da ciência, foi, muito mais do que hoje se reconhece, uma continuação de esforços que remontavam a antiquíssimos períodos da pré-história. Embora a abordagem desses esforços tenha sido diferente, o domínio do fogo, dos animais selvagens e das plantas para utilização humana, como muitas outras conquistas dessa ordem, foram passos em direção exatamente idêntica à da exploração do óleo mineral ou da energia atômica para fins humanos. Também naquela época, essa ampliação do controle e do conhecimento humanos costumava levar, cedo ou tarde, a uma especialização das atividades humanas. Então, como agora, o alargamento e a especialização caminhavam de mãos dadas com um aumento da produtividade do trabalho que, a princípio, durante milênios, beneficiou somente grupos sociais restritos, liberando apenas estes do trabalho físico para o desempenho de outras funções.

Vistos dessa maneira — e há muitos pontos de semelhança —, o controle e a utilização mais conscientes e metódicos dos processos naturais pelo homem, com base no que chamamos "pesquisa científica", fez parte de uma modificação lenta e muito gradual na relação dos seres humanos com a natureza não humana, uns com os outros e, na qualidade de indivíduos, com eles mesmos. Mas, ao mesmo tempo, isso constituiu um avanço para algo novo. Já dissemos que, a partir daí, no longo combate entre o homem e a natureza não humana, a balança começou a pender, a princípio lentamente, mas depois cada vez mais depressa, para o homem. As catástrofes naturais podiam, evidentemente, reverter toda essa tendência. A preponderância potencial da natureza não humana sobre o homem era e continua a ser esmagadora. Mas podemos deixar de lado essa perspectiva mais ampla. Comparada a períodos anteriores da história humana, durante essa última fase a balança da luta com as formas não humanas da natureza tem pendido a favor do homem.

Do ponto de vista social, isso significa não apenas que a divisão das funções se acelera, que as atividades especializadas e interligadas das pessoas multiplicam-se e se modificam, mas significa, acima de tudo, que o papel do poder muscular humano — que, ao lado do poder animal, provavelmente foi a principal fonte de energia das sociedades humanas no decorrer da história pretérita — diminui visivelmente no funcionamento da estrutura social especializada. Setores cada vez mais amplos da sociedade foram liberados do trabalho físico, ou pelo menos do trabalho físico pesado, para atividades em que a capacitação, o conhecimento e a instrução desempenhavam importante papel. É claro que as pessoas sabiam, desde longa data, valer-se das formas de energia inanimada disponíveis sem a intervenção humana, como o vento ou as correntes fluviais. Então começaram cada vez mais a se servir de formas de energia que elas mesmas eram capazes de gerar com seus instrumentos, com base em investigações metódicas. Foi o uso crescente de energias físicas, como o vapor, a eletricidade ou a energia nuclear, produzidas pela cooperação social, que substituiu, de maneira lenta e desigual, o uso social do poder muscular humano e animal.

Além disso, essa mudança caminhou de mãos dadas com uma alteração correspondente nas relações sociais entre as pessoas e dentro de cada pessoa. O crescente controle das forças naturais não humanas pelos seres humanos só era possível, só podia ser sustentado por longo período, no contexto de uma estrutura social estável e altamente organizada. Essa estabilidade e essa organização, por sua vez, dependiam largamente do extenso controle das forças naturais. E, ao mesmo tempo, o crescente controle das forças naturais só era possível em conjunto com um crescente autocontrole dos seres humanos. Só podia ser mantido com o auxílio de um controle bastante estável dos afetos e instintos de curto prazo, exercido em parte pelas instituições sociais e em parte pelo próprio indivíduo. Este último tipo de controle só podia desenvolver-se e ser mantido num nível bastante elevado em conjunto com uma administração ordeira dos controles sociais. O controle da natureza, o controle social e o autocontrole compõem uma espécie de anel concatenado: formam um triângulo de funções interligadas que pode servir de padrão básico para a observação das questões humanas. Um lado não pode desenvolver-se sem os outros; o alcance e a forma de um dependem dos dos outros; e, quando um deles fracassa, mais cedo ou mais tarde os outros o acompanham.

V

Precisamos recordar essa longa trajetória, no correr da qual as sociedades humanas adquiriram um controle cada vez maior das forças naturais, para nos liberarmos das rígidas antíteses que frequentemente dão origem a uma abordagem míope dos problemas humanos. Esse controle será indubitavelmente alcançado, mesmo que de forma gradual, por todas as sociedades. Ele libera os membros destas para muitas outras tarefas impostas pela simples proteção da vida, pelo medo do desconhecido e pela satisfação das necessidades mais urgentes no presente imediato. Antíteses como as existentes entre "natureza" e "sociedade", "indivíduo" e "sociedade", e todo o emaranhado de problemas subjacentes à ideia de que algo "dentro" do indivíduo, expressando sua "natureza", se opõe a um "mundo externo" social que não é "natural" — tudo isso tem uma simplicidade cativante. São antíteses que refletem valorações que nos são familiares e, para muitas pessoas, abrigam uma espécie de verdade tangível que parece sumamente convincente. Apesar disso, elas têm apenas uma ligeira concordância com a imagem do homem que gradualmente começa a emergir do trabalho criterioso de muitas disciplinas distintas, conduzido por um extenso período, quando suas conclusões são examinadas em conjunto. Elas não apenas toldam e distorcem os problemas humanos em si, obstruindo sua compreensão teórica, como também, em muitos casos, impedem que se tomem medidas eficazes em relação a esses problemas. Em vez de ajudarem a encontrar medidas práticas que os solucionem, têm muitas vezes o efeito oposto.

Precisamos relembrar esse longo processo de desenvolvimento da humanidade, acima de tudo, para enxergar as características humanas designadas por termos como "previsão", "inteligência", "civilização" ou "individualidade", não como coisa estática e dada para sempre, mas como algo que evolui e evoluiu, como aspectos de um processo.

É provável que seja especialmente difícil reconhecer, nos dias atuais, que as qualidades dos seres humanos designadas por termos como "individualidade" não são simplesmente dadas pela natureza, mas constituem algo que se desenvolveu a partir da matéria-prima biológica, embora somente no decurso de um longo processo social. Trata-se de um processo de "individualização" que, no grande fluxo do desenvolvimento humano, é inseparável de outros processos, como a crescente diferenciação das funções sociais e o controle cada vez maior das forças naturais não humanas.

As diferenças de comportamento, dons e experiências entre as pessoas isoladamente consideradas existiam, sem dúvida, nas mais simples comunidades humanas, ainda semelhantes às dos animais, na pré história. Entretanto, quanto mais os atos das pessoas são regidos por forças naturais indomadas dentro delas mesmas, menos elas diferem entre si em seu comportamento. E, quanto mais variada e difundidamente essas forças instintivas são contidas, desviadas e transformadas — primeiro pelo amor e medo dos outros, depois também pelo autocontrole —, mais numerosas e pronunciadas se tornam as diferenças em seu comportamento, seus sentimentos, seus pensamentos, suas metas e, inclusive, suas fisionomias maleáveis: mais "individualizados" tornam-se os indivíduos.

No curso desse processo, não só as pessoas se tornam de fato mais diferentes em sua composição como cada pessoa se conscientiza mais dessa diferença. E, a partir de certo estágio do desenvolvimento social, tais diferenças assumem um valor especial. Com a crescente diferenciação da sociedade e a consequente individualização dos indivíduos, esse caráter diferenciado de uma pessoa em relação a todas as demais torna-se algo que ocupa um lugar particularmente elevado na escala social de valores. Nessas sociedades, torna-se um ideal pessoal de jovens e adultos diferir dos semelhantes de um modo ou de outro, distinguir-se — em suma, ser diferente. Quer se aperceba disso ou não, o indivíduo é colocado, nessas sociedades, numa constante luta competitiva, parcialmente tácita e parcialmente explícita, em que é de suma importância para seu orgulho e respeito próprio que ele possa dizer a si mesmo: "Esta é a qualidade, posse, realização ou dom pelo qual difiro das pessoas que encontro a meu redor, aquilo que me distingue delas." Não é mais que outro aspecto dessa composição e situação humanas o que se expressa no fato de, em certa medida, o indivíduo buscar sentido e realização em algo que apenas ele faz ou é.

Esse ideal de ego do indivíduo, esse desejo de se destacar dos outros, de se suster nos próprios pés e de buscar a realização de uma batalha pessoal em suas próprias qualidades, aptidões, propriedades ou realizações, por certo é um componente fundamental da pessoa individualmente considerada. Trata-se de algo sem o qual ela perderia, a seus próprios olhos, sua identidade de indivíduo. Mas não é, simplesmente, parte de sua natureza. É algo que se desenvolveu nela através da aprendizagem social. Como outros aspectos do autocontrole ou "consciência", só emergiu na história, dessa maneira pronunciada e difundida, gradativamente. Até nas sociedades mais complexas da Europa, esse ideal de ser, ter ou realizar algo único e diferente, bem como a satisfação trazida por sua consecução, só se difundiu muito gradualmente. Passou dos pequenos aos grandes grupos, a princípio mais entre os homens e muito mais devagar entre as mulheres, que, em geral, foram mais tardiamente atraídas pela competição entre os indivíduos, por motivos sociais especiais. Mudanças análogas nos seres humanos e ideais similares podem ser observados, atualmente, em grandes áreas da África e da Ásia, juntamente com a formação de nações industrializadas e urbanizadas, a princípio em grupos e classes relativamente pequenos.

Em outras palavras, esse ideal faz parte de uma estrutura de personalidade que só se forma em conjunto com situações humanas específicas, com sociedades dotadas de uma estrutura particular. É algo sumamente pessoal, mas, ao mesmo tempo, específico de cada sociedade. A pessoa não escolhe livremente esse ideal dentre diversos outros como o único que a atrai pessoalmente. Ele é o ideal individual socialmente exigido e inculcado na grande maioria das sociedades altamente diferenciadas. Evidentemente, é possível fazer-lhe oposição, mesmo nessas sociedades. Existem recessos em que o indivíduo pode furtar-se à necessidade de decidir por si e de se realizar destacando-se dos outros. Mas, em geral, para as pessoas criadas nessas sociedades, essa forma de ideal de ego e o alto grau de individualização a ela correspondente são parte integrante de seu ser, uma parte de que não podem livrar-se, quer a aprovem ou não.

Normalmente, as pessoas criadas dessa maneira aceitam essa forma de batalha e o comportamento que a acompanha como evidentes e "naturais". O ideal pessoal de realização individual através do almejar ativo de uma meta que o indivíduo considera significativa em sua sociedade adequa-se à situação específica em que a pessoa se coloca em tais sociedades. Ele a deixa em condições de se valer da margem relativamente ampla de escolha, do grau relativamente elevado de liberdade reservado aos indivíduos nas sociedades desse tipo. Na juventude, a pessoa pode e deve escolher, dentre a profusão de metas possíveis que essas sociedades lhe oferecem — primeiro através da posição de seus pais e depois através da que ela mesma atinge —, esta ou aquela meta que prometa a máxima realização de suas inclinações e aspirações pessoais. Pode almejar atividades profissionais ou de lazer que, segundo acredita, lhe deem uma oportunidade de se destacar dos outros, suster-se em seus próprios pés e tornar-se independente até de seus pais ou da tribo; pode buscar algo que a destaque de todos os seus parentes e amigos, que lhe permita conquistar ou transformar-se em algo especialmente excepcional, singular ou "grandioso", na competição controlada entre os indivíduos. Pois isso é o que ocupa o mais alto lugar na escala de valores dessas sociedades e que garante ao indivíduo o respeito, o aplauso e, muitas vezes, o amor.

Mas, claro, é possível cometer erros. Esse foi o risco a que me referi anteriormente. É que as probabilidades de se chegar à consecução desses esforços em tais sociedades são sempre ínfimas em relação ao número de pessoas que a buscam. É difícil medir como é grande essa discrepância numa dada sociedade em determinado momento, embora haja sintomas específicos de seu aumento ou decréscimo. Mas podemos deixar de lado esse problema. Seja qual for o caso, a discrepância em si pode servir de exemplo de um problema que é de importância central nesse contexto.

O que nos interessa aqui não é a discrepância entre uma luta não social inata do indivíduo e uma estrutura social que impeça sua realização. Trata-se, antes, de uma batalha pessoal aprendida, produzida no indivíduo por instituições sociais e experiências específicas, que, nesses casos, as instituições sociais não satisfazem.

Naturalmente, tais desencontros existem em muitas sociedades, particularmente nas industrializadas e em processo de industrialização. Mas sem dúvida ocorrem muito mais intensamente nas sociedades não autocráticas, com sua maior individualização, sua margem mais ampla de escolha e responsabilidade pessoal, seu desejo mais profundamente arraigado de independência pessoal, do que nas sociedades autocráticas. Quer sejam velados ou claramente expostos, os sintomas são menos ocultados nas primeiras do que nas últimas. Expressam-se na arte e na ciência, nos jornais e revistas, nas discussões filosóficas e no discurso cotidiano.

E é aí, acima de tudo, que se apresentam reiteradamente como expressões de um abismo e uma antítese eternos entre "indivíduo" e "sociedade", abismo que se origina nas próprias estruturas do homem e da sociedade. Muitos estudiosos, inclusive o próprio Freud, parecem inclinar-se a ver nesse tipo de oposições um dado inalterável da existência humana, um dos trágicos elementos fundamentais da vida com os quais o indivíduo precisa haver-se, como a dor, a tristeza e a perda dos entes queridos. E, na base das discussões desses problemas como coisa mais ou menos evidente, é constante encontrarmos o pressuposto de que eles constituem antinomias inalteráveis e dadas entre duas entidades distintas, sempre presentes entre os seres humanos. Essas entidades podem ser vistas como um "indivíduo extrassocial" e uma "sociedade extraindividual", ou como manifestações de uma "natureza extrassocial" confrontada com uma "sociedade não natural".

Como é frequente ocorrer, os problemas surgidos no curso de um desenvolvimento sócio-histórico e vinculados a determinada situação humana afiguram-se às pessoas neles envolvidas como problemas eternos da própria humanidade. Discrepâncias como a que aqui apresentamos a título de exemplo são características das sociedades em que o indivíduo é colocado numa competição estritamente controlada, mas bastante difundida, da qual se exclui a força física. Trata-se de uma competição por oportunidades estimadas como valiosas e dignas de empenho segundo uma escala social de valores praticamente desprovida de ambiguidades. Essas oportunidades, por uma ou outra razão, permanecem inatingíveis para a maioria dos que as perseguem. Mas, para os indivíduos que as alcançam, estão associadas a diversos tipos de recompensa, sejam eles o sentimento de realização, propriedade e poder, o de respeito e prazer, ou uma combinação de ambos.

Os problemas que surgem para o indivíduo nessas sociedades peculiares são de natureza peculiar. Desde a infância, o indivíduo é treinado para desenvolver um grau bastante elevado de autocontrole e independência pessoal. É acostumado a competir com os outros; aprende desde cedo, quando algo lhe granjeia aprovação e lhe causa orgulho, que é desejável distinguir-se dos outros por qualidades, esforços e realizações pessoais; e aprende a encontrar satisfação nesse tipo de sucesso. Mas, ao mesmo tempo, em todas essas sociedades, há rígidos limites estabelecidos quanto à maneira como o sujeito pode distinguir-se e os campos em que pode fazê-lo. Fora desses limites, espera-se exatamente o inverso. Ali, não se espera que a pessoa se destaque das outras: fazê-lo seria incorrer em desaprovação e, muitas vezes, em reações negativas muito mais fortes. O autocontrole do indivíduo, por conseguinte, é dirigido para ele não sair da linha, ser como todos os demais, conformar-se. Muitas vezes não é menos difícil conformar-se num aspecto do que distinguir-se em outros. Sem dúvida, nunca é tarefa simples chegar ao equilíbrio exato entre ser como os demais, em alguns aspectos, e ser singular e diferente deles em outros. Basta pensarmos no problema tantas vezes discutido dos grandes artistas, tal como abordado por Thomas Mann, por exemplo, ou no das personalidades destacadas entre os estudiosos, os líderes políticos, os industriais e muitos outros grupos. De um modo ou de outro, a tentativa de atingir esse equilíbrio traz consigo tensões características. Mas, como quer que as consideremos, elas não são tensões entre necessidades não sociais e naturais do "indivíduo" e as exigências artificiais de uma "sociedade" fora dele, e sim tensões e dificuldades de cada pessoa, ligadas às normas peculiares de comportamento de sua sociedade. Essas normas compõem um padrão que, de uma forma ou de outra, determina o padrão de seu controle comportamental individual. Numa palavra, trata-se de discrepâncias intrinsecamente sociais que se expressam na ideia de uma tensão e um abismo eternos entre o "mundo interno" do indivíduo e o "mundo externo" da sociedade.

O mesmo se aplica às dificuldades surgidas pelo fato de que a luta por se destacar, por conquistar algo excepcional, por usar os dons pessoais e realizar-se na vida, só pode ser vencida por uma minoria. Contrapondo-se à satisfação que alcançar essas metas concede a uma pequena minoria de pessoas, há uma insatisfação emudecida ou claramente sentida do número muito maior daquelas que não conseguem aquilo que esperavam nas grandes e pequenas competições, das que ficam aquém das aspirações de sua juventude à medida que envelhecem. Os sentimentos de realização dos primeiros correspondem nos últimos aos de não realização, aborrecimento, apatia, depressão, culpa e ausência de significado na vida. Também nesse caso, uma das formas características de as pessoas em questão interpretarem seu destino é, muitas vezes, a ideia de uma discrepância entre sua natureza individual e as condições sociais que lhes são externas. A estrutura mental que a sociedade oferece, de uma antítese entre uma individualidade inata e uma sociedade "externa", serve então para explicar fenômenos que, na realidade, são produto de discrepâncias dentro da sociedade, do desencontro entre a orientação social do esforço individual e as possibilidades sociais de consumá-lo.

Há uma vasta gama de fenômenos que na maior parte se colocam fora do alcance da observação e do pensamento em virtude de essas discrepâncias sociais internas serem interpretadas como antíteses entre "natureza" e "sociedade", cada qual aparentemente excluindo a outra. Podemos pensar, por exemplo, num fenômeno que até hoje mal chega a ter nome: as oscilações no que se poderia chamar de "pressão social", em especial a "pressão interna" de uma sociedade. Quer essas oscilações estejam ligadas ao aumento do desemprego em nações industrializadas que dispõem de salário-desemprego, quer se relacionem com o excesso de jovens com instrução universitária em países ainda predominantemente agrícolas, que não dispõem de empregos suficientes à altura de suas aspirações, o que está em questão, nesses e em muitos outros casos, não é um simples desencontro entre as necessidades individuais naturais, como a fome naturalmente causada, e as oportunidades sociais de satisfazê-las. Na verdade, até mesmo a fome de muitas pessoas, isoladamente consideradas, parece contribuir pouco para a pressão interna de uma sociedade, a menos que esteja associada a lutas que tenham origem e objetivo sociais.

O que está em questão é o desencontro entre esses esforços e as oportunidades socialmente oferecidas de levá-los a bom termo.

VI

Considerar tais discrepâncias dessa maneira talvez nos ajude a aguçar nossa consciência da inadequação de muitas discussões que tentam determinar se o "indivíduo" deve ser colocado acima da "sociedade" ou vice-versa, como se realmente estivesse em jogo uma escolha excludente. Estritamente falando, apenas num nível puramente linguístico é possível opor "indivíduo" e "sociedade", como bonecos num espetáculo de marionetes. E não é pequena a contribuição dos conflitos entre grupos de nações com sistemas diferentes de valores, que enfatizam uma coisa em detrimento da outra, para a maneira como esses problemas são frequentemente exibidos sob a bandeira do "ou-ou" na vida cotidiana, na luta entre os partidos políticos e até na filosofia, na sociologia, na história e em muitas outras disciplinas. Por estarem os indivíduos vinculados, quase que rotineiramente, ao sistema de valores de um campo ou do outro, verificamos com frequência que, na tentativa de descobrir o que realmente *é* a relação entre indivíduo e sociedade, é comum adotarem-se os gritos de guerra dos campos opostos, que estão predominantemente interessados no que essa relação *deve* ser.

As questões de fato com que nos vemos confrontados, ao emergir a poeira levantada pelas batalhas pelo poder e pelos valores, não podem ser formuladas em termos de constructos mentais empenhados em expressar tudo em termos de opostos diametrais e alternativas rígidas. O que vemos à nossa frente são questões referentes ao equilíbrio entre as exigências da organização social formada pelos indivíduos e as exigências desses mesmos indivíduos enquanto indivíduos. São questões tais como determinar se e como é possível chegar a uma melhor harmonização, por exemplo, entre uma organização estatal, com seus vários órgãos e objetivos, e as necessidades das pessoas isoladas que a compõem; ou a uma melhor harmonização das metas e necessidades individuais com as exigências da rede de funções que elas compõem em conjunto.

Na práxis da vida social, é constante nos interessarmos por essas questões de harmonização e equilíbrio. Mas o aparelho conceitual usado para tentar resolver essas questões costuma ser moldado pelos brados adversários do individualismo ou do coletivismo, com suas alternativas diametralmente opostas. Quando se reflete calmamente, não é difícil ver que, no fim das contas, as duas coisas só são possíveis juntas. As pessoas só podem conviver harmoniosamente como sociedades quando suas necessidades e metas socialmente formadas, na condição de indivíduos, conseguem chegar a um alto nível de realização; e o alto nível de realização individual só pode ser atingido quando a estrutura social formada e mantida pelas ações dos próprios indivíduos é construída de maneira a não levar constantemente a tensões destrutivas nos grupos e nos indivíduos. Na prática, porém, as sociedades, particularmente nas complexas nações industrializadas, não avançaram muito nessa direção. A adaptação da organização social às necessidades e metas dos indivíduos que a compõem, bem como a adaptação dos indivíduos às exigências da rede social como um todo, ficam basicamente entregues ao acaso ou a procedimentos padronizados tidos como certos. Nos dois planos, são comuns conflitos, renúncias, fracassos e colapsos devastadores. É pequena a capacidade de harmonizar a modelagem das necessidades e objetivos individuais, através da educação, por exemplo, com a divisão social das funções. Nas sociedades nacionais existentes, ao que parece, uma coisa ou outra fica em constante desvantagem. A nítida linha divisória que se costuma traçar na experiência pessoal entre o eu como indivíduo e a sociedade "lá fora", a tendência a pensar naquilo que se designa por duas palavras como duas coisas distintas, cada uma das quais é dotada de valor e sentido próprios, a cristalização das metas sociais em valores diametralmente opostos, tudo isso contribui para o fato de que, tanto na ação quanto no pensamento, tomam-se decisões *a priori* quanto ao que *deve* ser a relação entre indivíduo e sociedade, sem se procurar ter certeza de que as alternativas entre as quais se está decidindo realmente correspondam à relação tal como ela *é*. Temos sólidas convicções sobre a melhor forma de cura, antes de dispormos de um diagnóstico baseado nos fatos. A questão reside em saber se é possível extrair modelos conceituais que melhor se ajustem à relação efetiva entre indivíduo e sociedade dos modelos que se superpõem a eles, e que expressam, primordialmente, o que as pessoas creem e desejam que seja essa relação.

Ao assinalar que as discrepâncias com que amiúde deparamos entre exigências individuais e sociais não constituem incompatibilidades entre necessidades individuais antissociais e exigências sociais antinaturais, mas antinomias entre estruturas pessoais e sociais imanentes às sociedades industrializadas europeias e a outras sociedades no mesmo estágio de desenvolvimento, damos um passo nessa direção. O trabalho paciente em ciências humanas como a sociologia, a psicologia e, especialmente, a psicologia social muito fez por nos ajudar a ver com mais clareza esse tipo de problemas. Mas a compreensão científica das ligações entre as estruturas de personalidade e as estruturas sociais ainda é muito limitada. Não raro, quem as investiga parece partir da suposição de que uma espécie de harmonia preestabelecida existe automaticamente entre os dois tipos de estrutura. É possível que nas sociedades mais simples, sobre as quais existem numerosos estudos, o padrão básico da estrutura de personalidade, ou, nas palavras de Kardiner e Linton, a estrutura básica da personalidade, na qual se desdobram as variações individuais, seja menos propenso a contradições e se harmonize melhor com a estrutura básica da sociedade pertinente do que nos complexos Estados nacionais industrializados, que passam por um rápido desenvolvimento. Mas, mesmo nestes últimos, a despeito de toda a diferenciação, a moldagem social comum do comportamento individual, dos estilos de discurso e pensamento, do controle afetivo e, acima de tudo, da formação da consciência moral e dos ideais por intermédio de uma tradição nacional não questionada, sobretudo na casa paterna e na escola, tudo isso é suficientemente forte para tornar claramente visível a estrutura básica de personalidade comum a cada membro da sociedade, por mais que eles difiram entre si. Esses traços comuns talvez sejam mais fáceis de reconhecer num encontro com membros de sociedades diferentes do que com membros da própria sociedade do indivíduo. Os alemães são capazes de perceber mais claramente o padrão básico comum da estrutura de personalidade dos ingleses, franceses ou norte-americanos do que dos alemães, e vice-versa, fato esse bastante característico de todo o problema do reconhecimento dos fenômenos sociais.

Mas também há peculiaridades na estrutura de personalidade que se ligam, precisamente, a aspectos das sociedades altamente diferenciadas. Eles são suficientes para indicar que os padrões básicos das estruturas de personalidade não são necessariamente harmoniosos e livres de contradição em si, nem tampouco estão, necessariamente, em completa harmonia com essas estruturas sociais. O elevado nível de individualização ou independência pessoal e, não raro, de solidão, característico desse tipo de sociedade, que talvez seja até necessário para sua manutenção, muitas vezes não se harmoniza muito com a complexa rede de dependência — indevassável para o indivíduo — em que a pessoa se vê encerrada com um número crescente de seus semelhantes, em boa medida devido a suas próprias necessidades socialmente inculcadas. E a peculiar trama de independência e dependência, de necessidade e capacidade de decidir sozinho, por um lado, e de impossibilidade de decidir sozinho, por outro, de responsabilidade por si e obediência ao Estado pode produzir tensões consideráveis. Lado a lado com o desejo de ser alguém por si, ao qual a sociedade dos outros se opõe como algo externo e obstrutivo, frequentemente existe o desejo de estar inteiramente inserido na sociedade. A necessidade de se destacar caminha de mãos dadas com a necessidade de fazer parte. O sentimento de participar, de estar envolvido, muitas vezes se mistura com o de estar descomprometido, desligado — "Que me importa tudo isso?" E, como já foi dito, o objetivo de ser alguém único e incomparável é acompanhado, muitas vezes, pelo de não se destacar, de se conformar. Podemos admirar o crescente controle da natureza, ou pelo menos, conscientemente ou não, tirar proveito dele, e ao mesmo tempo reclamar do alto grau de autocontrole e refreamento dos impulsos imediatistas que ele exige. Ninguém sabe ao certo se e em que medida o padrão de controle dos instintos e dos afetos que prevalece em muitas sociedades nacionais, assumindo por vezes um perfil bastante peculiar, e as pesadas renúncias que ele frequentemente impõe aos indivíduos são realmente necessários ao funcionamento adequado da rede, ou se seria igualmente eficaz um padrão diferente, menos devastador e menos repleto de conflitos. Ninguém sabe, tampouco, se os métodos tradicionalmente usados nessas nações para adaptar a criança à vida em sua sociedade são adequados ou não a esse propósito.

Mas todas essas questões — todo o amontoado de problemas que surgem nesse contexto — só fazem provar mais uma vez de que modo, à luz do crescente conhecimento factual das várias ciências humanas e dos problemas nelas discutidos, se tornou urgente investigar o problema — fundamental — da relação entre sociedade e indivíduo e esmiuçar as noções aceitas associadas a essas palavras. De fato, quando as conclusões dispersas da pesquisa nos vários campos são vistas em conjunto, evidencia-se com clareza ainda maior que as categorias, os modelos conceituais normalmente usados ao se refletir sobre essas questões, já não estão à altura de sua tarefa.

Parte III

Mudanças na Balança Nós-Eu
(*1987*)

I

Servimo-nos de conceitos diferentes para falar dos indivíduos e das pessoas reunidas em grupos. No primeiro caso, dizemos que um fenômeno é individual; no segundo, social. Atualmente esses dois conceitos, "individual" e "social", exibem conotações que sugerem que estejam sendo usados para apontar não apenas diferenças, mas uma antítese.

Como muitas outras palavras de raiz latina, os termos "individual" e "social" têm representantes em todas as línguas europeias. Estas indicam sua origem comum em sociedades medievais marcadas por uma vasta camada de clérigos mais ou menos doutos que falavam e escreviam um tipo especial de latim, num estágio diferente do desenvolvimento da língua clássica. Hoje em dia os termos "individual" e "social" fluem com bastante facilidade da boca dos que empregam essas línguas europeias. Em geral, não há razão alguma para considerar que esses termos nem sempre fizeram parte do vocabulário de nossa sociedade — e menos ainda de todas as sociedades — ou para indagar que desenvolvimento, que aspectos estruturais de nossa sociedade terão levado a sua emergência e a seu uso como meio inconteste de comunicação humana. Claramente, esses termos têm uma função particular nas sociedades em que seu emprego é aceito como dado. Assim como outros conceitos, eles têm um caráter instrumental nessas sociedades e, por conseguinte, podem servir para atestar algumas de suas peculiaridades estruturais. Mas é necessário um considerável esforço de desprendimento dos pressupostos que se tenha para se reconhecer que há sociedades, e que houve estágios no desenvolvimento de nossa sociedade, em que conceitos como "individual" e "social", em seu atual sentido, não existem ou não existiram, e para indagar que golpe do destino, que desenvolvimento social terá contribuído para colocá-los em uso. Ao rastrear sua origem, descobrimos que tais conceitos comumente emergem de maneira muito curiosa dos meios linguísticos colocados à disposição de uma sociedade.

Como implica o título deste livro, é um erro aceitar sem questionamento a natureza antitética dos conceitos de "indivíduo" e "sociedade". O uso linguístico que nos inclina a fazê-lo tem data relativamente recente. Não nos traz nenhum mal questionar esse uso e demonstrar, através de algumas verificações pontuais, que esses conceitos não existem simplesmente como que por direito. É possível esboçar muito sumariamente sua gênese e as condições de sua utilização.

Tomemos como exemplo a família de conceitos que tem no centro o conceito de "indivíduo". Atualmente a função primordial do termo "indivíduo" consiste em expressar a ideia de que todo ser humano do mundo é ou deve ser uma entidade autônoma e, ao mesmo tempo, de que cada ser humano é, em certos aspectos, diferente de todos os demais, e talvez deva sê-lo. Na utilização desse termo, fato e postulado não têm uma linha divisória clara. É característico da estrutura das sociedades mais desenvolvidas de nossa época que as diferenças entre as pessoas, sua identidade-eu, sejam mais altamente valorizadas do que aquilo que elas têm em comum, sua identidade-nós. A primeira suplanta a segunda. Teremos mais a dizer a esse respeito posteriormente, mas esse tipo de balança nós-eu, sua clara inclinação para a identidade-eu, não é nada evidente. Em estágios anteriores do desenvolvimento, era bastante comum a identidade-nós ter precedência sobre a identidade-eu. A maneira acrítica como o termo "indivíduo" é usado na conversação nas sociedades mais desenvolvidas de nossa época para expressar a primazia da identidade-eu pode levar-nos a presumir, equivocadamente, que essa ênfase seja a mesma nas sociedades em todos os estágios de desenvolvimento e que tenham existido conceitos equivalentes em todas as épocas e línguas. Não é esse o caso.

Pensemos, por exemplo, nas línguas clássicas dos gregos e romanos. No desenvolvimento das sociedades que imprimiram sua marca nessas línguas, os Estados ateniense e romano, não houve nenhum movimento, entre as camadas sociais que moldaram a língua, oposto ao Estado como tal, ao passo que tais movimentos existiram no desenvolvimento mais recente da Europa. Os movimentos sociais dessa ordem desempenharam um papel considerável no desenvolvimento do sentido dos termos "indivíduo" e "sociedade" tal como hoje usados. Embutida no sentido atual de ambos os termos está não apenas a ideia de uma antítese muito definida e óbvia entre indivíduo e sociedade, mas também a de uma antítese comum, embora menos evidente, com o Estado. O Estado romano republicano da Antiguidade é exemplo clássico de um estágio de desenvolvimento em que o sentimento de pertencer à família, à tribo e ao Estado, ou seja, a identidade-nós de cada pessoa isolada, tinha muito mais peso do que hoje na balança nós-eu. Assim, a identidade-nós mal era separável da imagem que as classes formadoras da língua tinham da pessoa individual. A ideia de um indivíduo sem grupo, de uma pessoa tal como seria se fosse despojada de toda a referência ao nós, tal como se afiguraria se a pessoa isolada fosse tão altamente valorizada que todas as relações-nós, como família, tribo ou Estado, fossem consideradas relativamente sem importância, essa ideia ainda estava em boa medida abaixo da linha do horizonte na práxis social do mundo antigo.

Consequentemente, não havia nenhum equivalente do conceito de "indivíduo" nas línguas antigas. No estágio das repúblicas ateniense e romana, o fato de pertencer a uma família, tribo ou Estado desempenhava um papel inalienável na imagem do homem. Na república romana, em especial, pode-se observar uma rivalidade entre os representantes das famílias, muitas vezes intensa, pelo acesso aos cargos do Estado. Agora todos são indivíduos, independentemente de sua posição no Estado. As implicações negativas do termo grego *idiotes* dão-nos uma ideia do que pensavam os gregos da era clássica a respeito de alguém que não desempenhasse nenhum papel nas questões públicas do Estado. No espectro das significações abarcadas por esse termo, encontramos equivalentes aproximados de nossos termos "pessoa privada" ou "leigo" e também sentidos como "excêntrico", "ignorante" ou "tolo". A palavra latina *persona* poderia afigurar-se um equivalente do "indivíduo" moderno, mas o conceito latino nada tem do nível de generalidade ou de síntese dos atuais termos "pessoa" ou "indivíduo". A *persona* latina referia-se a algo muito específico e tangível. Dizia respeito, antes de mais nada, às máscaras dos atores, através das quais eles proferiam sua fala. Alguns estudiosos inclinam-se para a visão de que a palavra *persona* derivaria do verbo *personare*, "ressoar, soar através de". Isso é possível, mas não passa de conjectura. Do ponto de partida tangível da máscara desenvolveram-se, pois, nuanças de sentido de *persona*, como as referentes ao papel de um ator ou ao caráter da pessoa por ele representada. Mas na Antiguidade o conceito de *persona* manteve-se fixo nesse nível relativamente elevado de particularidade; permaneceu, se comparado ao moderno conceito de pessoa, num nível relativamente baixo de generalidade. A própria palavra *individuum*, aplicada a uma pessoa, é desconhecida no latim clássico. Naturalmente, os antigos romanos sabiam, tão bem como podemos supor que todas as outras pessoas saibam, que todos têm suas peculiaridades. Sabiam que Bruto era diferente de César, Otávio, de Antonio, e sem dúvida mediam o quanto eles diferiam uns dos outros. Mas está claro que não havia necessidade, na camada formadora da língua em sua sociedade, sobretudo entre os usuários da língua escrita, de um conceito abrangente e universal que significasse que toda pessoa, independentemente do grupo a que pertencesse, era uma pessoa independente e singular, diferente de todas as demais, e que expressasse, ao mesmo tempo, o alto valor conferido a essa singularidade. A identidade grupal da pessoa isolada, sua identidade-nós, tu ou eles, desempenhava um papel importante demais na práxis social do mundo antigo, comparado ao da identidade-eu, para gerar a necessidade de qualquer conceito universal relativo à pessoa isolada como uma entidade quase agrupal.

Vemos aí diretamente em ação alguns dos novos instrumentos teóricos da sociologia. O caráter instrumental dos conceitos e de seu desenvolvimento talvez se esteja tornando um pouco mais claro. Do ponto de vista da sociologia dos processos, o desenvolvimento dos conceitos, visto como um aspecto do desenvolvimento social, também cumpre uma função explicativa. Já que estamos interessados, neste livro, nos conceitos de "indivíduo" e "sociedade", talvez seja útil termos bem presente que não devemos descartar a possibilidade de que, nas sociedades mais desenvolvidas de hoje — e cada vez mais nas menos desenvolvidas —, os conceitos sejam manipulados, muitas vezes com pouquíssimo esforço, num nível muito elevado de síntese.

Em épocas anteriores, é provável que nos referíssemos, nesse contexto, a conceitos "num nível muito elevado de abstração". Mas o termo "abstração" é enganador. O conceito de abstração originou-se numa fase do desenvolvimento do conhecimento em que era tacitamente presumido que o ser humano singular, como indivíduo isolado, podia ser considerado o produtor e, portanto, o originador e ponto de partida absoluto de um conceito. Nessa fase, talvez parecesse concebível que uma única pessoa pudesse converter um caso isolado num conceito geral, despojando-o de suas particularidades, por abstração. Em termos da teoria dos processos, a situação se afigura diferente. O conceito de pessoa não evoluiu do conceito teatral romano de *persona* através de uma abstração individual efetuada por uma única pessoa. Um longo processo social já vinha em ação e o que emergiu dele não foi uma coisa negativa, um despojamento das particularidades de casos singulares e um isolamento do que era geral ou comum a todos. O que esse processo acarretou foi uma visão sintética de muitos elementos comuns que tornou acessível à comunicação uma nova entidade antes desconhecida, alçando-a à luz da compreensão. O conceito de pessoa — comparado a seu ancestral, a *persona* latina — não implica uma desconsideração de certos aspectos; é uma visão sintetizadora, de um ponto de vista novo e mais elevado.

O ser humano singular trabalha com conceitos extraídos de um vocabulário linguístico e conceitual preexistente que ele aprende com outras pessoas. Se assim não fosse, a pessoa não poderia confiar em ser entendida pelas outras ao desenvolver uma língua existente e, portanto, os conceitos existentes. O trabalho individual para promover um maior desenvolvimento dos conceitos, nesse caso, seria inútil. Mas quando se aprende a perceber o mundo, a sociedade e a linguagem como processos sem começo, quando o sujeito da formação de conceitos deixa de ser visto como um indivíduo quase agrupal que tira novos conceitos do ar e é percebido no processo de desenvolvimento de uma sociedade, muitas vezes organizado sob a forma de uma unidade de sobrevivência, como uma tribo ou um Estado, obtém-se uma perspectiva diferente. Vê-se então com maior clareza que a transição de conceitos mais específicos — ou, como se dizia antes, mais "concretos" (mas podem os conceitos ser "concretos"?) — para conceitos mais abrangentes ou gerais ocorre, acima de tudo, através da ascensão a uma visão global mais ampla, a um nível mais elevado de síntese. Isso deixa em aberto a questão relativa às condições sociais que tornam necessária e possível essa ascensão. Aqui, basta-nos assinalar que todos os conceitos de alta generalidade, existentes num elevado nível de síntese, descendem de conceitos de sentido muito mais específico, representantes de um nível muito mais alto de particularidade e de um nível muito mais baixo de síntese. Anteriormente é provável que se dissesse que todos os conceitos "mais abstratos" provinham de conceitos "mais concretos". Mas os "conceitos concretos" são uma monstruosidade. Todos os conceitos, quer representem um nível mas baixo ou mais alto de síntese, têm o caráter de símbolos linguísticos falados ou escritos. Para cumprir sua função de meios de comunicação e orientação, eles precisam ser compreensíveis não apenas para uma pessoa isolada, mas para uma comunidade linguística, um grupo específico de pessoas.[1]

Muitos de nossos atuais meios linguísticos, inclusive a família de conceitos agrupados em torno do substantivo "indivíduo", datam de época relativamente recente. No latim medieval, palavras como *individualis* ou *individuus* tinham sentidos predominantemente situados no nível mais baixo de síntese. Eram usadas para se referir ao que era indivisível. Ainda no século XVII continuava sendo possível falar, por exemplo, da "Santíssima Trindade individual". É provável que o emprego da palavra *individuus* como símbolo de unidade indivisível se tenha ligado, na comunicação entre os eruditos da Igreja medieval, a uma outra ocorrência que provavelmente estabeleceu a ponte para o desenvolvimento do conceito mais recente de "indivíduo". A palavra *individuum* foi usada, no contexto dos problemas da lógica formal, para expressar o caso singular numa espécie — não apenas a humana, mas qualquer espécie. Mas nenhuma conclusão podia ser extraída, ao que parecia, das afirmações isoladas. Os *individua*, portanto, eram considerados indefinidos ou vagos. No campo da lógica, os *individua* não ocupavam posição muito elevada. Mas, para o desenvolvimento do conceito, o termo escolástico foi significativo. Vale a pena dizer que nesse caso, como em muitos outros, por motivos em que não posso me estender aqui, a filosofia escolástica deu contribuição substancial ao desenvolvimento de um conceito num nível mais elevado de síntese. O termo medieval *individuum*, como afirmei, não se referia exclusivamente aos seres humanos. Essa foi, provavelmente, uma ocorrência do século XVII; tornou mais específico um conceito que, anteriormente, no campo da lógica e da gramática, tinha sido usado como conceito universal. Os filósofos da Igreja haviam constatado que tudo o que existe neste mundo é, em certos aspectos, um indivíduo, ou seja, único. A andorinha que está fazendo seu ninho sob os beirais de minha casa é única, é um indivíduo. Nenhuma outra está fazendo isso, aqui e agora. Cada pinheiro da montanha agitado pelo vento tem uma forma única. A mosca que está zumbindo pela janela aqui e agora é um indivíduo; não há nenhuma outra que o esteja fazendo. O monte Branco é único; não há outra montanha com sua forma. Cada entidade singular tem sua própria história individual e suas peculiaridades. Os filósofos escolásticos reconheceram a singularidade do caso isolado numa espécie e cunharam uma palavra para designá-lo. O termo revelou-se prenhe de desenvolvimentos imprevisíveis.

O problema levantado pelo conceito de indivíduo pode esclarecer-se um pouco mais ao visualizarmos a ascensão ao nível de desenvolvimento atingido pelo escolasticismo. Como foi que o reconhecimento da singularidade de todos os casos especiais, representado pelo conceito escolástico de indivíduo, tornou a se estreitar, até o conceito referir-se apenas à singularidade dos seres humanos? Isso aconteceu, claramente, durante a elevação do desenvolvimento social a um nível em que as pessoas, talvez em grupos específicos, a princípio, sentiram uma necessidade mais intensa de se comunicar umas com as outras a respeito de sua singularidade — e, em termos mais gerais, a respeito da singularidade de cada pessoa, da qualidade especial de sua existência, comparada à de todas as demais. A época a que chamamos Renascimento foi um período em que, nos países mais desenvolvidos da Europa, as pessoas puderam, mais do que antes, ascender de suas comunidades tradicionais a posições sociais relativamente elevadas. Os humanistas que ocuparam cargos municipais e nacionais, bem como os comerciantes ou os artistas, são exemplos do aumento das oportunidades sociais de progresso individual. Seja como for, deparamos então, no século XVII, com a distinção — possivelmente, primeiro entre os puritanos ingleses — entre o que era feito individualmente e o que era feito coletivamente. Essa foi uma etapa preliminar do desenvolvimento ulterior do conceito que acabou levando, no século XIX, juntamente com uma crescente necessidade social de equivalentes linguísticos de movimentos sociopolíticos antitéticos, a formações vocabulares como "individualismo", de um lado, e "socialismo" e "coletivismo", de outro. Estas contribuíram muito para a situação dos últimos tempos, em que os termos "indivíduo" e "sociedade", com os adjetivos correspondentes, passaram a ser usados como se fossem opostos.

II

Para quem esteve interessado durante meio século, como eu, no problema da relação entre indivíduo e sociedade, torna-se especialmente claro que essa relação não está paralisada. Durante o que constitui, na vida de um pesquisador, um longo período, ela se modificou de determinadas maneiras, e continua a se modificar.

Antes da Segunda Guerra Mundial, o conceito de sociedade costumava referir-se, implicitamente, às sociedades organizadas como Estados, ou talvez como tribos. Como um legado de sua tradição, os sociólogos guardavam consigo a ideia de que a sociedade e o Estado eram dois objetos muito diferentes da investigação erudita. Para levar em conta o fato de que a imagem da experiência associada ao conceito de "sociedade" implicava algumas fronteiras da sociedade, alguns sociólogos falavam em sociedade como um todo, ou como um sistema. Desse modo, contornavam a incômoda necessidade de admitir que as fronteiras de uma sociedade em relação a outras geralmente coincidiam com as fronteiras de Estados ou tribos. Entretanto, por mais que se atenuasse a identidade das fronteiras sociais com as estatais* ou tribais na terminologia sociológica, na prática científica, eram geralmente as sociedades estatais que funcionavam, de maneira bastante inequívoca, como modelos do que era percebido como sociedade. Não apenas o trabalho teórico dos sociólogos, mas também o empírico, relacionava-se, em regra geral, com processos internos a um Estado. Mesmo quando discutia o desenvolvimento de uma sociedade, o pesquisador costumava referir-se, como no caso de Karl Marx, ao desenvolvimento dentro do contexto de um Estado. Na melhor das hipóteses, comparavam-se processos entre diferentes Estados, como no famoso livro de Durkheim sobre o suicídio. O conceito de humanidade, por outro lado, era demasiadamente vago para servir de arcabouço sociológico. Trazia também a mácula de recender ligeiramente aos ideais do Iluminismo.

Esse antigo regime, esse estágio anterior da sociologia, no qual as unidades sociais organizadas como tribos e Estados constituíam os modelos para o conceito de sociedade, correspondia basicamente à realidade social. As distâncias entre muitos Estados e grupos destes, antes do desenvolvimento social que gerou o automóvel e o transporte aéreo, e durante um bom tempo depois disso, eram enormes. As telecomunicações, o rádio e a televisão estavam ainda na infância. O turismo global e o tráfego de mercadorias eram relativamente limitados e o mesmo se aplicava a toda a rede que marcava a interdependência dos Estados do mundo. Essa rede tornou-se visivelmente mais densa no correr do século XX. As próprias pessoas, contudo, só perceberam isso de maneira muito restrita e inexata. Não estavam habituadas a pensar em termos de processos sociais. Mal havia alguém que falasse com clareza sobre a integração cada vez maior e mais rápida da humanidade. Ela raramente era vista como um processo social não planejado e a longo prazo. Assim, o encurtamento das distâncias, o aumento da integração, ocorreu como que em segredo. Não se impôs à experiência humana como um processo global de integração.

Podemos deixar em aberto a questão da medida em que as transformações da percepção terão conseguido acompanhar as transformações sociais havidas nesse meio tempo. Mas, como sociólogo, não posso fechar os olhos para o fato de que, em nossa época, no lugar dos Estados individuais, é a humanidade dividida em Estados que se vai tornando cada vez mais o quadro de

---

* Em alguns casos poderá utilizar-se o termo "nação" ou "nacional" para que soe melhor em português o que Norbert Elias chama de "State": mas sempre que possível se preferiu manter o termo "Estado" ou "estatal", para deixar claro que o autor não se refere propriamente a uma homogeneidade, real ou suposta, de natureza étnica ou cultural — mas a um construto humano. (R.J.R.)

referência, como unidade social, de muitos processos de desenvolvimento e mudanças estruturais. Sem quadros de referência globais, esses processos e mudanças estruturais não podem ser adequadamente diagnosticados ou explicados. O incipiente avanço para o novo nível de integração que se pode observar de todos os lados exige que avancemos na sociologia para um novo nível de síntese. Em todas as partes do mundo, as tribos estão perdendo sua função de unidades autônomas de sobrevivência. No curso dessa crescente integração, muitos Estados vão perdendo considerável parcela de sua soberania. Como outros processos sociais, essa integração global certamente é reversível, e tal reversão até poderia ocorrer de maneira muito repentina. Mas, se não acontecer, estaremos entrando numa era em que não serão mais os Estados isolados, e sim uniões destes, que servirão à humanidade como unidade social dominante, como modelos do que se quer dizer com sociedade e, portanto, como quadros de referência para muitos estudos sociológicos.

Em consonância com isso, o problema da relação do indivíduo com a sociedade coloca-se hoje, sob alguns aspectos, diversamente do que 50 anos atrás. Havia então menos da metade das pessoas que hoje existem no mundo: mais exatamente, cerca de 40% da atual população mundial. O número de pessoas hoje vivas não é irrelevante para a discussão teórica e prática da relação efetiva entre indivíduo e sociedade. São 5 bilhões de indivíduos neste mundo. A sociedade humana, a humanidade, não é outra coisa, evidentemente, senão a totalidade desses indivíduos. Mas esses 5 bilhões de indivíduos não estão correndo por aí isolados ou em grupos soltos, como são retratados em algumas teorias sociológicas mais antigas, inclusive na teoria da ação de Max Weber. Praticamente todas essas pessoas estão organizadas em associações mais ou menos fixas. Olhando mais de perto, logo descobrimos que a grande associação da humanidade consiste num número relativamente pequeno de associações de tamanho médio a que chamamos Estados. Não é fácil nos mantermos em dia com o processo de formação de Estados na época atual. Mas, como um guia aproximado, pode-se dizer que a humanidade consiste em cerca de 150 Estados. Em sua maioria, trata-se de organizações que abarcam vários milhões de indivíduos humanos; algumas têm mais de 100 milhões de membros; um único Estado chega a comportar mais de 1 bilhão de pessoas sob forma intensamente centralizada. Todos esses Estados, em maior ou menor grau, dependem uns dos outros, seja economicamente, através da ameaça unilateral ou mútua de violência ou do uso direto da violência, seja através da difusão de modelos de autocontrole e de outros aspectos comportamentais e afetivos que emanam de alguns centros, da transferência de modelos linguísticos ou de outros modelos culturais e de muitas outras maneiras.

Para os sociólogos, ao que me parece, não basta tratar o quadro de referência global de muitos processos sociais isolados como um modelo de Estado. Não estamos interessados numa coisa estática. Os seres humanos estão envolvidos, atualmente, num imenso processo de integração que não apenas caminha de mãos dadas com muitas desintegrações secundárias, mas pode dar margem, a qualquer momento, a um processo predominante de desintegração. Por ora, entretanto, a direção orienta-se para uma integração total da humanidade, mais abrangente e mais duradoura. É de grande importância para a investigação sociológica tanto teórica quanto empírica, e para sua aplicação à prática social, compreender a direção predominante desse processo em qualquer momento dado. E, certamente, não apenas para os sociólogos. O processo de aprendizagem da humanidade sobre as coisas não planejadas que lhe acontecem é um processo lento, que avança consideravelmente atrás do processo social em que ela possa estar empenhada num dado momento. Nessas circunstâncias, é especialmente importante não nos deixarmos levar pelos desejos e ideais a confundir equivocadamente o que desejamos como ideal com o que de fato está acontecendo. Um exemplo talvez deixe isso claro.

Uma das características de muitos processos que acentuam o nível de integração social reside no fato de se transferir o poder de um nível para outro. Quando, em épocas anteriores, as tribos autônomas se combinavam em nações autônomas, o poder das autoridades tribais era reduzido em favor do das autoridades nacionais. Os membros individuais da tribo passavam então a viver a uma distância maior dos centros de poder que decidiam seu destino em muitos aspectos. Esses membros, em muitos casos, tinham oportunidade de participar das decisões da tribo. Essa oportunidade diminuía quando as tribos cediam progressivamente seu poder e sua capacidade decisória às autoridades estatais. Dito de maneira diferente, no correr desses processos de integração o indivíduo perdia, antes de mais nada, as oportunidades de poder em relação à sociedade. Algo muito semelhante acontece hoje em dia em relação à mudança de poder do nível nacional para os níveis continentais e globais. Atualmente estamos numa fase inicial desse avanço da integração. Mas, neste estágio, já está claro que cada um dos cidadãos que, nas democracias parlamentares, conquistou a duras penas o direito de controlar seu próprio destino, numa medida limitada, através das eleições no contexto nacional, praticamente não tem chance de influenciar os acontecimentos no plano global da integração — por exemplo, as relações entre as duas superpotências, os Estados Unidos e a União Soviética.

Alguns de meus leitores talvez desejem que eu lhes fale apenas dos aspectos agradáveis e esperançosos do desenvolvimento da humanidade. Mas um recorte dessa natureza teria o verdadeiro sentido da *trahison des clercs*!* Pode-

---

* Alusão à obra famosa de Julien Benda, publicada em 1927. *Clerc* é, na Idade Média, o "clérigo"; esse termo, hoje, corresponderia mais ou menos ao intelectual. Benda lamenta que muitos *cleros* traiam o compromisso, que deve caracterizá-los por essência, com a verdade. Ocorre traição do intelectual quando, em vez de dizer toda a verdade, sem se preocupar com as consequências, ele as faz ditar sua ação, transigindo, pois, com o mundo temporal. Com isso, degrada-se no mundo laico, abrindo mão de sua liberdade soberana, que consiste em julgar ou condenar. (R.J.R.)

mos aplaudir ou não a crescente integração da humanidade. Mas o que está perfeitamente claro é que, para começar, ela aumenta a impotência do indivíduo em relação ao que acontece no nível superior da humanidade.

O tradicional debate filosófico sobre livre-arbítrio *versus* determinismo tem-se restringido a uma discussão, entremeada de ideais, sobre a liberdade do ser humano em relação à natureza humana. Até isso costumava ser feito de maneira puramente especulativa, sem a menor tentativa de se levar em conta o estado do conhecimento biológico sobre as peculiaridades da natureza humana. Fica bastante claro como era limitada essa abordagem quando se recorda que o problema da restrição do poder decisório de uma pessoa pelo convívio com os outros — ou seja, os aspectos sociológicos do problema — desempenhou um papel ínfimo, comparado aos aspectos naturais, no debate tradicional conduzido por teólogos e filósofos. Daí a discussão sobre a liberdade sempre ter-se apresentado como referida a uma coisa imutável, perenemente dada. Com o problema sociológico da margem individual de decisão, a situação é diferente. Essa margem pode ser alterada. A perda individual do poder, quando o centro de integração e os poderes concomitantes mudam do nível tribal para o plano de um Estado, pode ser corrigida, dentro de certos limites. Pode tornar-se objeto de um processo de aprendizagem. Mas esse processo de aprendizagem leva tempo. A pessoa não se descobre repentinamente na meta desejada. O importante é a direção em que está indo.

Reclamamos das imperfeições das atuais instituições centrais da humanidade, como a Organização das Nações Unidas, tratando-as como se representassem um estado final. Não nos assombramos com o fato de simplesmente haverem surgido tais instituições globais. Não vemos nelas sintomas de um processo que se move em determinada direção e que abrange toda a humanidade e assim não nos damos conta de que essas experiências com instituições que abarcam praticamente todas as nações são estágios num processo de aprendizagem. Fatores não planejados reduzem as distâncias e aumentam a dependência entre os Estados. As pessoas não podem simplesmente saber, elas têm que aprender que instituições devem criar para lidar com o problema da integração global, e na maioria dos casos não aprendem simplesmente através de processos objetivos de pensamento. Em geral, aprendem através de experiências amargas. Foram necessárias duas guerras mundiais para dar vida às frágeis instituições centrais da associação evolutiva das nações. As esperanças de muitas pessoas, e talvez os esforços de algumas delas, dirigem-se à tentativa de garantir que não seja necessária a amarga experiência de uma terceira guerra mundial para impulsionar o desenvolvimento e a eficácia dessas instituições centrais.

Até o momento geralmente falta às pessoas uma percepção clara do fato tão evidente de que a atual mudança rumo a uma integração da humanidade, que se expressa em formas primitivas de instituições globais como a Organização das Nações Unidas e o Banco Mundial, é o movimento mais recente, até agora, de um processo social muito longo e não planejado, um processo que leva, em muitas etapas, de unidades sociais menos diferenciadas para unidades maiores e mais complexas. Teremos mais a dizer sobre esse processo prolongado e abrangente de integração social. Mas talvez seja útil chamar a atenção, de imediato, para um de seus aspectos pouco observados, que desempenha um papel de certa importância no contexto atual. A cada transição de uma forma menos populosa e menos complexa da organização predominante de sobrevivência para uma forma mais populosa e mais complexa, a posição de cada pessoa isolada em relação à unidade social que todas compõem juntas — em suma, a relação entre indivíduo e sociedade — modifica-se de modo característico. Se tentássemos apresentar a direção dessa mudança de maneira um tanto simplificada para torná-la passível de uma investigação mais detalhada, diríamos que o avanço para uma nova forma dominante de um tipo mais complexo e mais abrangente de organização humana[2] caminha de mãos dadas com uma nova mudança e um padrão diferente de individualização. Os cânones comportamentais e especialmente o campo da identificação entre uma pessoa e outra modificam-se de maneira específica com a transição para um novo estágio de integração. A margem de identificação aumenta.

Sem dúvida, a transição para a integração da humanidade num plano global ainda se acha num estágio primitivo. Mas as formas primitivas de um novo *ethos* mundial e especialmente a ampliação da identificação entre pessoa e pessoa já são claramente discerníveis. Há muitos sinais da emergência de um novo sentimento global de responsabilidade pelo destino dos indivíduos desvalidos, independentemente de seu Estado ou tribo — em suma, de sua identidade grupal. As campanhas em prol do que hoje se entende por direitos humanos decerto extraem parte de seu ímpeto dos interesses políticos da luta entre as grandes potências.

Mas, mesmo que os políticos coloquem o *ethos* dos direitos humanos estreitamente a serviço da *raison d'état* de hoje, isso poderá repercutir neles amanhã. Amanhã o *ethos* dos direitos humanos poderá voltar-se contra os que hoje o exploram por estreitos interesses nacionais. Na verdade, não seria essa a primeira vez em que a ascensão para um *ethos* mais abrangente extrai o ímpeto inicial de sua utilização como arma entre subgrupos. E há outros sinais de formas primitivas de um crescente sentimento de responsabilidade mundial pelo destino dos seres humanos. Eles se equiparam à ameaça mundial advinda do desenvolvimento das armas e, inintencionalmente, da produção civil. Diversas organizações privadas, como a Anistia Internacional, testemunham a difusão de um sentimento de responsabilidade entre os indivíduos pelo destino de outros que estão muito além das fronteiras de seu país ou continente.

É apenas mais um aspecto da mudança social nessa mesma direção o fato de a mobilidade local das pessoas além das fronteiras de seus próprios

Estados, seja como turistas ou como emigrantes, ter aumentado extraordinariamente no decorrer do século XX. Essa mobilidade é um fenômeno de massa, uma possibilidade acessível a amplos setores das populações dos países mais desenvolvidos (embora, em alguns Estados, a mobilidade individual ainda seja muito restrita). Comparados aos estágios precedentes do desenvolvimento de unidades de sobrevivência humana — por exemplo, às grandes nações principescas de governo autocrático —, os grandes Estados nacionais mais desenvolvidos, de governo parlamentar, oferecem a seus membros, já agora, antes mesmo que tenha começado plenamente o processo de integração numa rede mundial de Estados estreitamente fechada, uma oportunidade maior de individualização.

III

Podemos ter uma imagem mais clara dessa ligação entre o desenvolvimento de tipos mais e mais populosos e complexos de unidades sociais, de um lado, e as crescentes oportunidades de individualização, de outro, ao compararmos o estágio atual e mais recente do desenvolvimento da humanidade — sua divisão em cerca de 150 Estados e a crescente integração deles numa rede envolvente de interdependência — com um estágio anterior, em que a humanidade consistia num número maior de unidades menores. Essa superposição de uma configuração comparativamente tardia da humanidade a uma etapa muito anterior requer certo esforço de imaginação, particularmente dado que as evidências são escassas. Não obstante tal comparação é indispensável, se quisermos resistir à maneira displicente com que o problema da relação entre indivíduo e sociedade costuma ser discutido, como um problema aparentemente universal com base na experiência das pessoas que vivem em nosso tempo.

Para descobrir a chave desse problema, é essencial reconstituir a vida comunitária das pessoas de outrora, que, em termos biológicos, eram exatamente iguais a nós, mas eram essencialmente desprotegidas. Desprovidas de moradias e sem povoados permanentes, viviam em luta constante pela sobrevivência com outras criaturas — criaturas que eram sua presa ou cuja presa elas mesmas podiam constituir. É útil visualizar a vida dos grupos de pessoas que buscavam abrigo nas cavernas naturais e que deixaram em algumas delas (por exemplo, na Dordonha francesa) imagens de animais em escala natural e de aparência muito verossímil. Reconheço que, em geral, não nos identificamos com essas pessoas. Expressões como "homens das cavernas", "homem da Idade da Pedra", "primitivos" ou "selvagens nus" indicam a distância que involuntariamente colocamos entre nós e essas outras pessoas e o desprezo nada irrelevante com que tendemos a olhar para trás, do alto de nossos conhecimentos mais abrangentes e do domínio que eles nos conferem sobre a maioria dos representantes que nos restaram desses estágios anteriores. Não há outra razão para essa distância e esse desprezo senão o egoísmo um tanto irrefletido que eles revelam.

Os grupos que, temporária ou permanentemente, se abrigavam do vento, da chuva e dos animais selvagens sob rochas salientes, ou, quando as havia à mão, em cavernas, provavelmente eram grupos de parentes que abrangiam, talvez, 25 a 50 pessoas. Ocasionalmente, é possível que tenha havido formas de organização capazes de manter 100 pessoas juntas por longos períodos. Seja como for, essas imagens deixam claro um fator de considerável importância para o entendimento da relação entre indivíduo e sociedade. Nesse mundo, onde o poder se distribuía com mais igualdade entre os grupos humanos e os múltiplos representantes de natureza não humana, onde a balança do poder entre os seres humanos e não humanos ainda não se havia inclinado, como posteriormente, para os grupos humanos dotados de instalações e moradias construídas por eles mesmos, o grupo tinha para o indivíduo uma função protetora indispensável e inconfundível. Num mundo em que as pessoas estavam expostas à ameaça onipresente de animais fisicamente mais fortes e, talvez, mais ágeis e velozes, uma pessoa completamente isolada não tinha grande chance de sobrevivência. Como no caso de muitos macacos antropoides, viver em grupo tinha uma função indispensável de sobrevivência também para os seres humanos. As pessoas de nossa espécie viveram nessa situação, nessa dependência fundamental da vida em grupo, por uma extensão de tempo muito mais longa do que aquela a que damos o nome de história: 40 ou 50 mil anos talvez sejam uma cifra subestimada — uma fase cerca de dez vezes mais longa, portanto, do que o período histórico.

A forma *sapiens* dos hominídeos remonta, ao que parece, ao Pleistoceno. Alguns paleontólogos talvez fiquem impedidos de ver nossa espécie como composta de seres que viviam em sociedade desde o princípio porque, muitas vezes, sua imagem do homem se baseia em descobertas de partes de esqueletos de indivíduos isolados. Mas praticamente tudo o que sabemos sobre o homem pré-histórico indica que ele sempre viveu em grupos e que esses grupos tinham uma estrutura específica: a de caçadores de grandes animais selvagens, cujas mulheres colhiam plantas e raízes comestíveis. Isso não se aplica apenas aos hominídas da espécie *sapiens*, mas também às formas pré-*sapiens*. A vida em grupo e as formas especiais de comunicação e cooperação desenvolvidas pelo *homo sapiens* e seus predecessores na vida comunitária foram a condição básica de sobrevivência de seres que, em isolamento, eram expressivamente inferiores, em termos de poder muscular e velocidade, a grande número de animais de rapina e, não raro, a suas próprias presas.

O alto valor de sobrevivência da vida grupal para cada membro isolado, durante todo esse longo período pré-histórico de luta constante com criaturas não humanas e provavelmente também com grupos de hominídeos, afetou intensamente o desenvolvimento e a estrutura de cada pessoa, individualmente considerada. Os sentidos específicos de muitos sinais não aprendidos que o rosto humano é capaz de transmitir às outras pessoas só são inteligíveis para os seres humanos e não são entendidos — bem nem mal — por outros seres. O sintoma mais marcante da medida em que a estrutura orgânica do indivíduo humano tende a relações de grupo reside na disposição biológica de todas as crianças a aprenderem um tipo de comunicação que não interliga a espécie inteira, mas, possivelmente, apenas grupos isolados. Essa disposição biológica de aprender uma linguagem que só é compreendida, como meio de comunicação, dentro de uma única sociedade humana, e que em geral é ininteligível para as pessoas fora dela, constitui uma invenção singularíssima da evolução biológica. Ela encontra paralelos apenas rudimentares nas estruturas de outros organismos.

A estrutura biológica relevante dos seres humanos, sua predisposição para aprender um meio de comunicação limitado a uma única subsociedade dentro da espécie, bem como o aprimoramento desse meio limitado entre os seres humanos, indicam muito claramente a importância vital que deve ter assumido a compreensão exata entre os membros de cada grupo durante o longo período de formação da humanidade.

IV

Esses exemplos devem ser suficientes para indicar a maneira básica como a estrutura da pessoa singular se relaciona com as outras pessoas e, por conseguinte, com a vida grupal. Terei algo a acrescentar a isso adiante. Por ora os exemplos talvez tornem mais fácil compreender que o exame da relação entre indivíduo e sociedade continuará sendo necessariamente unilateral e estéril se for conduzido apenas com respeito à situação atual — e, portanto, subordinado a questões e ideais da atualidade. O que se faz necessário, em vez disso, é uma abordagem do problema pela sociologia dos processos. Um dos mais importantes requisitos dessa abordagem é que as ciências sociais se emancipem da maneira de colocar os problemas que é própria das ciências naturais.[3]

No contexto da física, bem como na tradição filosófica que tem por base as ciências como disciplinas exemplares, é possível ignorar em boa medida o caráter autorreferido e as limitações do presente. Na física, é perfeitamente satisfatório apresentar resultados baseados em observações feitas aqui e agora que podem reivindicar validade universal. Pode-se esperar, legitimamente, que os experimentos efetuados agora tenham os mesmos resultados que teriam há dois, 20 ou 200 mil anos, ou que terão no futuro e, quem sabe, em qualquer ponto do universo. Esse é, pelo menos, o pressuposto com base no qual se usam observações locais para elaborar leis universais ou para testá-las.

Mas esse pressuposto e esse método não se restringem à busca de regularidades e a todo o estilo de conceituação no âmbito do estudo científico dos eventos naturais. Frequentemente, servem de modelo para o procedimento e os conceitos de investigadores como os filósofos ou os sociólogos, cuja tarefa é investigar os seres humanos e seus aspectos e manifestações particulares. Mas, nesse campo, os pressupostos básicos subjacentes ao estilo de pesquisa e formação de conceitos da física já não se aplicam. Aplicados à investigação de seres humanos, eles deixam de ser coerentes com a realidade. A relação entre indivíduo e sociedade observável no século XX, em nações industrializadas que comportam mais de 1 milhão de pessoas, ou, quem sabe, mais de 100 milhões, bem como as estruturas de personalidade e toda a formação grupal neste estágio, não podem ser usadas como um modelo experimental com a ajuda do qual possam ser feitas ou verificadas, sequer em caráter provisório, afirmações universais sobre as estruturas de personalidade humanas, as formas sociais ou a relação entre indivíduo e sociedade. Nos muitos milhares de anos em que as pessoas viveram em pequenos grupos, a maioria dos quais provavelmente contava com menos de 100 membros, a relação entre o indivíduo e seu grupo era, em certos aspectos, muito diferente do que se pode observar nas unidades de sobrevivência muito mais populosas do presente. Nos grupos primitivos, ninguém sabia, nem podia saber, que as pessoas eram capazes de usar materiais naturais para construir habitações protetoras. Só poderíamos avaliar o que havia de universal na relação entre indivíduo e sociedade, se é que isso existia, caso dispuséssemos, como nosso quadro de referência, de um modelo que fosse desde os mais primitivos estágios da atual espécie humana, por uma extensão de aproximadamente 10 mil anos, até o estágio atual de desenvolvimento.

Mesmo nas ciências físicas, há uma crescente necessidade de empregar um modelo da evolução do universo como referencial para observações e experimentos efetuados em dado momento e lugar. Mas, no plano da natureza inanimada, a necessidade de um modelo de evolução cósmica não é tão urgente, pois o ritmo da evolução física, comparado ao desenvolvimento das sociedades humanas, é extraordinariamente lento. Com bastante sucesso, é possível usar leis gerais como meio de orientação e esquecer que elas talvez não se apliquem da mesma forma a todos os estágios da evolução do universo. Mas a situação é diferente quando se investigam fenômenos humanos. A velocidade com que se modificam os grupos humanos, ou seja, as relações das pessoas entre si, é comparativamente rápida. Não é possível ignorar as mudanças nos grupos humanos e as correspondentes mudanças nas estruturas de personalidade das pessoas, individualmente consideradas, ao fazer afirmações universais sobre os seres humanos. Nesse caso, é necessário incluir uma imagem do desenvolvimento das estruturas sociais e de personalidade como quadro de referência do estudo que se efetua.

A abordagem sociológico-processual fundamenta-se no reconhecimento de que, no plano dos grupos humanos, das relações entre as pessoas, não se pode proceder com a ajuda de conceitos, ou de um processo de conceituação, do mesmo tipo dos empregados no nível dos átomos ou moléculas e de suas relações recíprocas. Neste último campo, os conceitos são formados com base nas leis clássicas, partindo do pressuposto de que as mesmas regularidades observáveis no presente podem ser observadas em todos os lugares e épocas, passadas, presentes e futuras, exatamente da mesma forma. A forma clássica das leis e dos conceitos a elas análogos reflete a uniformidade da matéria inanimada que compõe o universo físico. O mesmo é válido quanto ao nível de integração do universo representado pelas estruturas biológicas dos seres humanos. Entretanto o referencial aqui já não é o universo físico em desenvolvimento. Essas estruturas só aparecem dentro dele, ao que saibamos, numa época limitada e num lugar limitado. Mas, quando quer e onde quer que ocorram, elas são essencialmente idênticas quanto à estrutura e à dinâmica. A circulação sanguínea e a estrutura cerebral, o nascimento e a morte são compartilhados por todas as pessoas. Mas isso já não pode ser dito da estrutura e da dinâmica dos grupos formados por seres humanos, nem tampouco, portanto, da linguagem. Estas podem mudar com relativa rapidez. São diferentes em diferentes épocas e lugares. Para nos orientarmos nesse plano de integração do universo, é de pouca serventia sair em busca de leis, ou de conceitos que funcionem como leis, aplicáveis ao mundo humano de uma mesma forma e em todas as épocas e lugares. A tarefa que esse nível de integração impõe aos seres humanos em busca de orientação consiste em descobrir a ordem da mudança no correr do tempo, a ordem dos eventos sucessivos, e em buscar conceitos com os quais as pessoas possam comunicar-se acerca dos aspectos individuais dessa ordem. O calendário é um bom exemplo de instrumento de orientação relacionado com a ordem da sucessão na modificação das sociedades humanas. A estrutura das sociedades humanas no século IX a.C. diferia de maneiras específicas da das sociedades dominantes 10 mil anos depois, assim como a estrutura das sociedades europeias do século XIX diferia da dessas mesmas sociedades no século XX. Mas, em ambos os casos, a estrutura posterior teve a primeira como precondição; não emergiu necessariamente da primeira, mas esta foi uma precondição necessária para emergir a segunda. E o mesmo se aplica à relação entre indivíduo e sociedade nos dois casos.

Entretanto estou perfeitamente cônscio de que, ao se pedir que se respeite o elemento de sucessão no desenvolvimento dos grupos humanos, suscitam-se especiais dificuldades de comunicação. O conceito de desenvolvimento social traz, atualmente, um estigma derivado da imagem desse desenvolvimento que predominou nos séculos XVIII e XIX. Quem quer que retome esse conceito no final do século XX e antecipando o século XXI, ou seja, numa curva mais elevada da espiral, corre o risco de granjear o desprezo da geração que cresceu durante o grande e traumático colapso do antigo conceito de desenvolvimento — o conceito que prometia o progresso constante da humanidade, elevando-se em linha reta para um estado mais feliz. Contaminados pelo estigma da desilusão, conceitos como "progresso" e "desenvolvimento" pareceram tornar-se impossíveis de usar na pesquisa.[4] A decepção coletiva com o fato de se haver frustrado tão visivelmente a confiança nos ideais antes associados às ideias de "progresso" e "desenvolvimento social" produziu certa cegueira em relação ao fato de elas não se referirem realmente a ideais obsoletos e decepcionantes, mas a simples fatos comprováveis. Por exemplo, é difícil negar que o conhecimento humano dos processos naturais tenha progredido ao longo dos séculos, inclusive no atual. Mas, tão logo se diz isso, é comum observar-se uma reação defensiva automática. "Pode ser", vem a resposta, "mas será que as pessoas estão mais felizes por causa desse progresso?" O aspecto factual não tem importância, comparado à decepção que a ideia de progresso nos evoca.

Também os sociólogos se juntaram ao coro da decepção. Em vez de se empenharem em desenvolver uma teoria do desenvolvimento social baseada em fatos, não distorcida por ideais e esperanças frustrados, a maioria deles, salvo algumas exceções pouco entusiastas, simplesmente expulsou o desenvolvimento das sociedades humanas de suas teorias sociais. Eles recaíram em teorias estáticas, fundadas no pressuposto tácito de que somente seria possível construir teorias universais da sociedade humana com base em observações de nossa própria sociedade, aqui e agora. Em outras palavras, em vez das teorias processuais apropriadas ao assunto, colocaram no centro de seu trabalho teorias e conceitos revestidos do caráter de leis. Ao fazê-lo, privaram-se de um instrumento conceitual sumamente indispensável ao estudo das sociedades humanas, não apenas no passado, mas também no presente. É que, ao contrário das sociedades de animais, que são específicas de cada espécie e, salvo ligeiras variações, só se modificam quando o equipamento genético de seus representantes se altera, as sociedades humanas estão em permanente fluxo; são sujeitas a mudanças constantes numa ou noutra direção.

Também a relação entre indivíduo e sociedade é tudo menos imóvel. Modifica-se com o desenvolvimento da humanidade — mas não da maneira para a qual poderíamos estar preparados pelo tipo de mudança estudado pelos historiadores. A mudança que nos interessa aqui é uma mudança estruturada numa de duas direções opostas. É exatamente isso o que se procura transmitir com um uso do conceito de desenvolvimento social orientado pelos fatos. A questão de saber se as pessoas se tornam mais felizes no decorrer dessa mudança não está em discussão aqui. Estamos interessados em compreender a mudança em si, sua direção e, talvez mais tarde, até mesmo suas causas.

V

Como não existe na atualidade nenhum modelo plenamente elaborado do desenvolvimento humano que seja ao mesmo tempo baseado em fatos e verificável, servi-me anteriormente do modelo hipotético de trabalho de um estágio muito primitivo do desenvolvimento social. Freud referiu-se, algumas vezes, à "horda primitiva". Talvez possamos falar num estágio de homens que caçavam grandes animais selvagens e moravam em cavernas. Nesse estágio, cada pessoa estava muito mais estreita e inescapavelmente ligada a seu grupo social. Uma pessoa sozinha, uma pessoa sem grupo, não tinha grande chance de sobrevivência naquele mundo mais selvagem. Isso não significa que a vida grupal, na época, fosse mais pacífica e isenta de conflitos do que agora pelo simples fato de a dependência do indivíduo em relação a sua sociedade ser tão mais evidente. Significa apenas que somente sobreviviam os grupos da cadeia de gerações que conseguiam chegar a um *modus vivendi*, a um certo equilíbrio entre conflito e cooperação.

Mas não precisamos depender de modelos hipotéticos de estágios de desenvolvimento cujos representantes, tanto quanto se pode ver, estão extintos para encontrar provas de diferenças na relação entre a pessoa singular e sua sociedade nos diferentes estágios do desenvolvimento. Essas diferenças podem ser encontradas em nossa própria época, ao compararmos a relação entre indivíduo e sociedade nas sociedades mais desenvolvidas com a que se encontra nas menos desenvolvidas.

O desconhecimento desse tipo de diferença é um grave obstáculo para os países menos desenvolvidos em seus esforços de ascender ao nível dos mais desenvolvidos. A necessidade dessa ascensão — e sua emergência cada vez mais clara como necessidade — costuma ser expressa por lemas como "modernização". Isso direciona a atenção para o desenvolvimento no sentido do progresso técnico ou econômico, da introdução de máquinas ou de mudanças na organização econômica que prometam um aumento da produção nacional. Menor atenção dá-se, em geral, ao fato de que, no curso desse processo de desenvolvimento, toda a posição do indivíduo em sua sociedade, e portanto as estruturas de personalidade dos indivíduos e de suas relações mútuas, se modificam de maneira específica. É possível que, também nesse aspecto, haja uma tentativa de evitar a questão do desenvolvimento social, uma vez que ela tocaria em pontos nevrálgicos de nossa atual vida social — pontos que são, por isso mesmo, colocados como tabus. Assim, as pessoas se proíbem, por exemplo, de falar em países "menos desenvolvidos", para evitar ofender seus habitantes, e preferem a vaga e dissimulada expressão "países em desenvolvimento", como se os países mais desenvolvidos também não estivessem no processo de desenvolvimento e, por conseguinte, não pudessem ser chamados de países em desenvolvimento. Mas em nada se ajuda os países menos desenvolvidos a se desenvolverem melhor quando se excluem do debate público suas estruturas características e, com isso, os problemas acarretados pela transição de um estágio para outro. As modificações da estrutura de personalidade, bem como as mudanças que ocorrem na posição do indivíduo em sua sociedade ao longo desse desenvolvimento, criam problemas que figuram entre os mais graves obstáculos a essa transformação. Eles são pouco discutidos — menos, de qualquer modo, do que os conhecidos pelos rótulos de "econômicos" ou "políticos". Nesse contexto, onde eles servem meramente de exemplo dos aspectos desenvolutivos da relação entre indivíduo e sociedade, posso apenas fazer-lhes uma alusão muito sucinta.

Nos países comparativamente menos desenvolvidos, a relação de cada pessoa com a família, a comunidade e o Estado costuma ser especificamente diferente da relação correspondente nos países mais desenvolvidos. Nos primeiros, o ser humano singular é, de hábito, mais estreitamente ligado à família — que, nesse caso, geralmente tem a forma de uma família ampliada — e à aldeia ou cidade natal do que nos últimos. Em muitos desses países menos desenvolvidos, embora certamente não em todos, o Estado representa um nível de integração relativamente novo. A família ampliada e a aldeia nativa são os pontos focais mais antigos da identidade-nós pessoal dos indivíduos. Se considerarmos a relação entre a identidade-eu e a identidade-nós, poderemos dizer que em todos os países, tanto mais quanto menos desenvolvidos, as duas estão presentes, mas nos primeiros é mais forte a ênfase na identidade-eu, enquanto nos últimos ela recai sobre a identidade-nós pré-nacional, seja ela a família, a aldeia nativa ou a tribo. Nas gerações mais velhas das nações que só recentemente se tornaram independentes, é comum a identidade-nós em relação ao Estado ser relativamente fraca, implicando poucos sentimentos positivos. Isso modifica-se nas gerações mais novas, mas a princípio, com frequência, sem provocar o desaparecimento do intenso apego emocional à família, aos parentes, à terra natal ou à tribo. Um tipo especial de problema surge no caso do Japão e, talvez, de outras sociedades asiáticas no decorrer da modernização. Até o presente a mudança da identidade-nós em favor da identidade-eu é menos pronunciada lá do que nos países ocidentais, com vantagens expressivas para sua competitividade.

A mudança da identidade-nós que ocorre durante a transição de um estágio de desenvolvimento para outro também pode ser elucidada em termos de um conflito de lealdades. A formação tradicional da consciência moral, o *ethos* tradicional de apego à antiga unidade de sobrevivência, representada pela família ou pelo clã — em suma, o grupo mais estreito ou mais amplo de parentesco —, determina que um membro mais abastado não deverá negar nem mesmo aos parentes distantes uma certa medida de ajuda, caso eles a solicitem. Assim, fica difícil para as altas autoridades de uma nação recém-independente recusar apoio a seus parentes quando eles tentam conseguir um dos cobiçados cargos estatais, mesmo subalternos. Considerada em termos da ética e da consciência das nações mais desenvolvidas, essa nomeação de parentes no preenchimento de cargos estatais é uma forma de corrupção. Em termos da consciência moral pré-nacional, ela constitui um dever e, uma vez que todos a praticam na luta tribal tradicional pelo poder e pelo *status*, uma necessidade. Na transição para um novo nível de integração, portanto, há conflitos de lealdade e consciência que são, ao mesmo tempo, conflitos de identidade pessoal.

Uma abordagem sociológico-processual que introduza os problemas humanos no campo de estudo exige, como estamos vendo, que passemos a um novo nível de desprendimento — um desprendimento tanto do objeto de pesquisa quanto do pesquisador. O envolvimento pessoal, por intermédio da consciência moral, faz com que os investigadores em quem os hábitos de sua própria nação se transformaram numa segunda natureza tendam a utilizar a forma e o desenvolvimento dessa nação como modelo e padrão ao examinarem as formas estatais de todos os outros países. O modelo social do Estado mais desenvolvido, a práxis social que nele prevalece e a estrutura de personalidade e consciência individual a ele ligadas são inteiramente presumidos como certos. Muitas vezes, toma-se como um ditame da razão eterna que, em todos os países mais desenvolvidos, o preenchimento de cargos públicos por parentes deve dar lugar à nomeação pelo mérito individual. Mas, como vemos, o que é realisticamente possível e necessário — e, nesse sentido, racional — pode diferir nos diferentes níveis de um processo de desenvolvimento social.

Temos aí um exemplo de como certo estágio do processo de formação do Estado pode favorecer a individualização, a maior ênfase na identidade-eu da pessoa isolada e o desligamento dessa pessoa dos grupos tradicionais. Enquanto se recusa a si mesmo o acesso à sequência de estágios num desenvolvimento social, fica-se impossibilitado de explicar a corrupção nos "países em desenvolvimento". Nesse caso, não resta outra opção senão juntar-se ao coro dos que, com alarde ou em silêncio, deploram a repetição dessas formas de paternalismo e favorecimento nas nações mais novas. A frequente acusação de que essas nações ficam humilhadas ao serem chamadas de "menos desenvolvidas" é inteiramente descabida. Ocorre justamente o inverso. Seria pejorativo não falar delas dessa maneira, assim fechando os olhos para a estrutura da mudança por que passam esses grupos, como sociedades e como indivíduos, na transição de um estágio de desenvolvimento para outro. Também é importante para a práxis social não nos permitirmos que o interesse pelos problemas puramente técnicos ou econômicos dessa reestruturação nos leve a esquecer os problemas humanos.

O método comparativo — e qualquer estudo dos processos desenvolutivos exige esse procedimento — exibe com mais clareza, não somente as estruturas do que podem ser os estágios mais primitivos, do ponto de vista do observador, mas também as estruturas sociais do estágio do próprio observador. Não é nada insignificante, para quem vive dentro da forma organizada de uma nação mais desenvolvida, que a composição social daqueles que se acham nessa estrutura perca parte de seu caráter de evidência. Reconhecer a importância que tem, para a composição de cada indivíduo, o fato de crescer como cidadão de uma das nações industrializadas mais avançadas pode contribuir muito para reduzirmos nossa suposição acrítica da existência dessa composição e para a situarmos na gama dos temas a serem pensados e questionados. As comparações ajudam.

Nos estágios mais primitivos do desenvolvimento social, o indivíduo, como vimos, era muito mais estreitamente ligado ao grupo em que nascia. Pela vida afora, as pessoas eram predominantemente ligadas às unidades pré-nacionais, aos parentes, à terra natal ou à tribo, ou pelo menos o eram mais estreitamente do que agora, pois esses eram os grupos dos quais podiam esperar ajuda e proteção na necessidade extrema. Nas sociedades mais desenvolvidas — o que significa não apenas as mais ricas em sentido estrito, mas as que são mais ricas sobretudo em capital social —, o nível de integração do Estado absorve cada vez mais essa função de último refúgio na necessidade extrema. Mas, em relação ao cidadão individualmente considerado, o Estado tem uma função dupla muito peculiar que, à primeira vista, parece contraditória. Por um lado, ele elimina as diferenças entre as pessoas. Nos registros e órgãos estatais, o indivíduo é basicamente despojado de sua personalidade característica. Ele é um nome ligado a um número, um contribuinte ou, conforme o caso, uma pessoa em busca de ajuda e proteção, que as autoridades estatais podem conceder ou recusar. Mas, embora o aparelho de Estado assim introduza o indivíduo numa rede de normas que é basicamente idêntica para todos os cidadãos, a moderna organização estatal não se relaciona com as pessoas como irmãs ou tios, como membros de um grupo familiar ou de uma das outras formas pré-nacionais de integração, e sim com as pessoas como indivíduos. No estágio atual e mais recente de desenvolvimento, o processo de formação das nações dá sua própria contribuição para um novo avanço da individualização em massa.

Mas a extensão e o padrão dessa individualização diferem amplamente, conforme a estrutura da nação e, em especial, a distribuição do poder entre governo e governados, aparelho de Estado e cidadãos. Nas nações ditatoriais do Leste, assim como em todos os tipos de ditadura, as regras do Estado envolvem tão estreitamente o cidadão, o controle recíproco entre dominantes e dominados é tão fraco, que a margem de decisão do cidadão, e portanto a possibilidade de individualização pessoal, é relativamente restrita. Especialmente na vida pública, o controle externo supera amplamente o autocontrole do indivíduo, que, muitas vezes, é jogado de volta na esfera privada. E, mesmo nessa esfera, as chances de individualização são ainda mais estreitadas pelo monopólio estatal da informação, da educação, dos direitos de associação e reunião, etc. A margem de autocontrole, a liberdade pessoal de escolha oferecida por certo tipo de Estado a seus membros, é um importante critério do grau de individualização. Entre as peculiaridades dos regimes ditatoriais figura o desenvolvimento de uma composição social específica dos indivíduos que neles vivem. Eles são sumamente adaptados ao controle externo e, muitas vezes, sentem-se desorientados, a princípio, quando este enfraquece ou desaparece. Uma vez que a iniciativa pessoal, a capacidade individual de tomar decisões, é socialmente menos recompensada no contexto dessas nações, e talvez desaprovada ou até mesmo punida, é frequente esses regimes terem um caráter autoperpetuador. Muitas vezes as pessoas que vivem nessa estrutura são levadas a se sentir mais ou menos inseguras e a entrar em conflito com sua consciência ao serem solicitadas, de um modo ou de outro, a mostrar um maior grau de autodomínio. Sua composição social as faz tenderem, involuntariamente, a restabelecer o controle externo já conhecido, como o exercido por um líder forte.

Uma pequena digressão sobre o problema do *habitus* ou composição individual talvez seja recomendável aqui. A concentração da sociologia dos processos nos seres humanos dá acesso científico, nesse e em outros casos, a problemas conhecidos desde o estágio pré-científico do conhecimento, mas que não podem ser adequadamente explorados por falta de conceitos científicos. Conceitos como "estrutura social de personalidade" ou "estágio e padrão de autorregulação individual" figuram entre os que podem ser úteis nesse ponto. Em particular, o conceito de composição ou *habitus* social, que introduzi anteriormente, tem papel fundamental nesse contexto. Em combinação com o conceito de individualização crescente ou decrescente, ele favorece nossas chances de escapar da abordagem "ou isto/ou aquilo" que amiúde se insinua nos debates sociológicos sobre a relação do indivíduo com a sociedade. Quando ele e o conceito muito similar de estrutura social de personalidade são compreendidos — e adequadamente aplicados —, é mais fácil entender por que o velho hábito de usar os termos "indivíduo" e "sociedade", como se representassem dois objetos distintos, é enganador. Nesse caso, não mais fechamos os olhos para o fato, bastante conhecido fora do campo da ciência, de que cada pessoa singular, por mais diferente que seja de todas as demais, tem uma composição específica que compartilha com outros membros de sua sociedade. Esse *habitus*, a composição social dos indivíduos, como que constitui o solo de que brotam as características pessoais mediante as quais um indivíduo difere dos outros membros de sua sociedade. Dessa maneira, alguma coisa brota da linguagem comum que o indivíduo compartilha com outros e que é, certamente, um componente do *habitus* social — um estilo mais ou menos individual, algo que poderia ser chamado de grafia individual inconfundível que brota da escrita social. O conceito de *habitus* social permite-nos introduzir os fenômenos sociais no campo da investigação científica, que antes lhes era inacessível. Consideremos, por exemplo, o problema comunicado de maneira pré-científica pelo conceito de caráter nacional. Trata-se de um problema de *habitus* por excelência. A ideia de que o indivíduo porte em si o *habitus* de um grupo e de que seja esse *habitus* o que ele individualiza em maior ou menor grau pode ser definida com um pouco mais de precisão. Em sociedades menos diferenciadas, como os grupos de caçadores-coletores da Idade da Pedra, talvez o *habitus* social tivesse uma camada única. Nas sociedades mais complexas, tem muitas. Algumas podem, por exemplo, ter as peculiaridades de um inglês de Liverpool ou de um europeu alemão da Floresta Negra. É do número de planos interligados de sua sociedade que depende o número de camadas entrelaçadas no *habitus* social de uma pessoa. Entre elas, uma certa camada costuma ter especial proeminência. Trata-se da camada característica da filiação a determinado grupo social de sobrevivência, como por exemplo uma tribo ou uma nação. Nos membros das sociedades no estágio desenvolutivo dos Estados modernos, isso é designado pela expressão "caráter nacional". Nos membros das sociedades a caminho de se converterem em Estados modernos, as características tribais frequentemente são fáceis de se distinguirem — por exemplo, na Nigéria, o *habitus* social dos ibos ou dos iorubas. Atualmente ele é mais pronunciado do que os traços comuns a todos os nigerianos, ao passo que, na República Federal da Alemanha, ou na Holanda e na França, apesar de vigorosos movimentos em sentido contrário, as diferenças regionais entre as pessoas estão-se dissipando, comparadas às diferenças nacionais, à medida que a integração avança.

VI

A identidade eu-nós anteriormente discutida é parte integrante do *habitus* social de uma pessoa e, como tal, está aberta à individualização. Essa identidade representa a resposta à pergunta "Quem sou eu?" como ser social e individual. As sociedades nacionais atingem um nível de desenvolvimento em que a organização já avançou a tal ponto que toda criança recém-nascida tem que ser registrada perante o Estado para ser posteriormente reconhecida como cidadão do país e precisa da certidão de nascimento em muitas ocasiões de seu crescimento e durante a vida adulta. Nessas sociedades, a resposta mais elementar à questão da identidade-eu do indivíduo, à pergunta "Quem sou eu?", é o nome-símbolo com que ele é registrado ao nascer. Sobre esse nome, evidentemente, a pessoa pode dizer: "Hubert Humbert sou eu e mais ninguém." Normalmente, ninguém mais tem esse nome. Mas esse tipo de nome, com seus dois componentes de prenome e sobrenome, indica a pessoa tanto como indivíduo singular quanto como membro de determinado grupo, sua família. E enquanto, de um lado, o nome dá a cada pessoa um símbolo de sua singularidade e uma resposta à pergunta sobre quem ela é a seus próprios olhos, ele também serve de cartão de visita. Indica quem se é aos olhos dos outros. Também por esse prisma, vemos o quanto a existência da pessoa como ser individual é indissociável de sua existência como ser social. Já assinalei, em muitas ocasiões,[5] que a palavra "eu" careceria de sentido se, ao proferi-la, não tivéssemos em mente os pronomes pessoais referentes também às outras pessoas. A forma dupla do nome próprio explicita o que, por sinal, é óbvio: que cada pessoa emerge de um grupo de outras cujo sobrenome ela carrega, em combinação com o prenome individualizante. Não há identidade-eu sem identidade-nós. Tudo o que varia é a ponderação dos termos na balança eu-nós, o padrão da relação eu-nós.

Talvez seja útil acrescentar que o conceito de identidade humana está relacionado com um processo. É fácil isso passar despercebido. À primeira vista, as afirmações-eu e as afirmações-nós talvez pareçam ter um caráter estático. Eu, diria alguém, sou sempre a mesma pessoa. Mas isso não é verdade. Aos 50 anos, Hubert Humbert é diferente da pessoa que era aos dez. Por outro lado, a pessoa de 50 anos mantém uma relação singular e muito especial com a de dez. Aos 50, já não tem a mesma estrutura de personalidade dos dez anos, mas é a mesma pessoa. É que a pessoa de 50 anos proveio diretamente da de um, dois e, portanto, da de dez anos, no curso de um processo específico de desenvolvimento. Essa continuidade do desenvolvimento é a condição para a identidade do indivíduo de dez e de 50 anos.

O problema conceitual da identidade humana ao longo da vida é difícil ou, a rigor, insolúvel, enquanto a reflexão individual não dispõe de nenhum conceito bastante claro e socialmente elaborado dos processos e, em especial, do desenvolvimento. Quando Hume se constata incapaz de compreender que a criança que ele um dia foi e o adulto que agora é são uma mesma pessoa, podemos solidarizar-nos com seu dilema. Em sua época, os instrumentos teóricos necessários para que as pessoas se comunicassem sobre os processos de desenvolvimento, e portanto os compreendessem, estavam na primeira infância, numa etapa muito primária do desenvolvimento. Foi necessário um imenso esforço coletivo de pensamento para que um conceito em nível comparativamente baixo de síntese, o conceito de des-envolvimento ou en-volvimento, pudesse ser configurado num nível mais elevado de síntese e colocado à disposição da comunicação social. O conceito de desenvolvimento referiu-se, de início, a aspectos muito tangíveis da práxis social, num nível inferior de síntese. As necessidades específicas da compreensão humana levaram à elaboração ulterior do conceito de desenvolvimento como símbolo de processos que atuam em determinada direção, tais como o processo de crescimento ou a mudança da humanidade em determinado sentido. A princípio eles foram entendidos como uma espécie de desdobramento de um núcleo aparentemente idêntico, comparável a um bebê despojado de seus babadouros. Com o tempo se tornou possível produzir um conceito comunicável e passível de ser elaborado. Num processo coletivo de pensamento e observação, ao longo de gerações, ele aos poucos se converteu em algo mais coerente com a realidade e, assim, mais fácil de utilizar na práxis social. Mas na época em que Hume estava tentando elaborar suas experiências e observações no elevado nível de síntese da filosofia a ideia de desenvolvimento não era vista, como hoje ocorre, como parte conhecida do *habitus* social, fazendo parte da bagagem intelectual das pessoas civilizadas. O problema da relação entre os diferentes estágios de desenvolvimento de uma mesma pessoa, do entrelaçamento peculiar da identidade pessoal com a diferença da personalidade, era inteiramente insolúvel na época.

Não é uma vitória pessoal o fato de hoje alguém poder dizer um pouco mais sobre a relação peculiar entre uma pessoa quando criança e ela mesma quando adulta. Conceitos como o de desenvolvimento, que já faz parte do uso social, e o de identidade eu-nós, que ainda falta ser aceito na mesma proporção, nos trazem uma espécie de ponto de partida. Mas ainda deixam muito a desejar. Estão longe de constituir um produto acabado; estão prontos, em outras palavras, para uma elaboração adicional pelas gerações futuras.

O problema da identidade individual durante a vida inteira não pode ser intelectualmente apreendido, como agora podemos ver com mais clareza, enquanto não se levar em conta a natureza processual do ser humano e não se dispuser de instrumentos conceituais adequados, de símbolos linguísticos para identificar os processos de desenvolvimento. No atual estágio de desenvolvimento da teoria sociológica dos processos, a maneira como interagem e se entrelaçam os diferentes aspectos do desenvolvimento da personalidade de uma pessoa ainda não foi claramente entendida. Os aspectos biológicos, psicológicos e sociológicos desse desenvolvimento são objeto de disciplinas diferentes, que trabalham independentemente. Assim, os especialistas costumam apresentá-los como existindo em separado. A verdadeira tarefa da pesquisa, contudo, consiste em compreender e explicar como esses aspectos se entrelaçam no processo e em representar simbolicamente seu entrelaçamento num modelo teórico com a ajuda de conceitos comunicáveis.

O processo de desenvolvimento e sua representação simbólica, o processo como tal e como objeto da experiência individual, são igualmente entrelaçados e inseparáveis. Como exemplo do processo em si, poderíamos apontar inicialmente para o fato de que cada fase posterior do processo de desenvolvimento atravessada por um indivíduo pressupõe uma sequência contínua dos estágios precedentes. É verdade, tanto em relação aos seres humanos quanto a outros processos, que não se pode completar a idade e a forma de uma pessoa de 30 anos sem se passar por todas as idades precedentes e suas respectivas formas. A continuidade do processo de desenvolvimento é uma das precondições para a identidade de uma pessoa no decorrer de um processo que se estende por anos a fio. A forma posterior da pessoa emerge, necessariamente, da sequência das formas anteriores. Mas não cumpre necessariamente essa sequência. Uma pessoa pode morrer antes de chegar ao estágio posterior. A estrutura de personalidade posterior depende do fluxo de desenvolvimento das anteriores, mas de início com margem considerável de variação, que depois diminui gradativamente.

No caso do ser humano, a continuidade da sequência processual como elemento da identidade-eu está entrelaçada, em maior grau do que em qualquer outra criatura viva, com outro elemento da identidade-eu: a continuidade da memória. Essa faculdade é capaz de preservar os conhecimentos adquiridos e, portanto, as experiências pessoais de fases anteriores como meio de controle ativo dos sentimentos e do comportamento em fases posteriores numa medida que não tem equivalentes nos organismos não humanos. A imensa capacidade de preservação seletiva das experiências, em todas as idades, é um dos fatores que desempenham papel decisivo na individualização das pessoas. Quanto maior a margem de diferenciação nas experiências gravadas na memória dos indivíduos no curso do desenvolvimento social, maior a probabilidade de individualização.

Mas não é suficiente falar da continuidade do desenvolvimento alicerçado na memória como condição para a identidade-eu da pessoa. O desenvolvimento não ocorre na abstração. Toda memória tem um substrato. A identidade-eu não é possibilitada apenas pela memória de si e pelo autoconhecimento que o indivíduo traz gravados no cérebro; sua base é o organismo inteiro, do qual o cérebro é parte — embora, certamente, parte central. Esse organismo é o substrato de um processo de desenvolvimento por que passa o indivíduo. Na verdade, é a esse organismo que a pessoa se refere, na conversa, ao dizer "eu" ou "nós" para se denotar ou se incluir, enquanto usa outros pronomes pessoais, na segunda ou terceira pessoas, para se referir a outros organismos humanos. A identidade-eu das pessoas depende, em imensa medida, de elas estarem cientes de si como organismos ou, em outras palavras, como unidades biológicas altamente organizadas. Graças a uma peculiaridade de sua organização corporal, as pessoas têm condição de se distanciarem de si enquanto organização física ao se observarem e pensarem a seu próprio respeito. Em virtude dessa peculiaridade de sua organização física, que lhes permite perceberem-se como imagens espaçotemporais entre outras imagens similares, como pessoas corporalmente existentes em meio a outras pessoas semelhantes, elas estão aptas a caracterizar sua posição, dentre outras maneiras, mediante o uso do símbolo "eu" e a caracterizar a posição das outras através de símbolos como "você", "ele" ou "eles".

Essa peculiaridade da natureza humana, essa capacidade das pessoas, baseada em sua organização física, de se confrontarem, com a ajuda de seu conhecimento e seus símbolos linguísticos, como se fossem pessoas ou objetos entre outros, levou-as muitas vezes a terem uma autoimagem curiosamente dividida. Seus símbolos verbais são formados como se elas, na condição de alguém que contemplasse sua própria pessoa de certa distância, e na condição da pessoa contemplada a distância, fossem seres diferentes, capazes até de ter existências distintas. Assim, o indivíduo fala de si, na condição de objeto de observação, por intermédio de termos como "meu corpo", ao passo que, em relação a si mesmo como ser capaz de se observar a distância, ele utiliza termos como "minha pessoa", "minha alma" ou "minha mente". Nem sempre se diz com suficiente clareza que esses conceitos representam duas perspectivas diferentes da própria pessoa como se fossem dois objetos diferentes, não raro existindo separadamente. O simples emprego da expressão "meu corpo" faz parecer que sou uma pessoa existente fora de meu corpo e que agora adquiriu um corpo, mais ou menos da mesma forma como se adquire uma roupa.

Em decorrência dessa tradição dualista profundamente arraigada, pode ser enganoso eu dizer que sou meu corpo. É enganoso porque o conceito de "corpo" usado nesse contexto é ambíguo. Pode-se falar de uma pirâmide como um corpo, ou de uma estrela, ou de uma molécula. A ambiguidade da formulação de que sou meu corpo deriva do fato de o termo "corpo" poder referir-se tanto a exemplos de matéria inanimada e relativamente desorganizada quanto a unidades biológicas altamente organizadas e, portanto, aos organismos mais complexos. A afirmação "sou meu corpo" ou "sou idêntico a meu corpo", por conseguinte, pode ser entendida como: "Não sou nada além de matéria desorganizada." E, de fato, a ideia de que o organismo humano vivo — que, enquanto funciona como organismo, ou seja, até sua morte, está constantemente em fluxo, engajado num desenvolvimento, num processo — pode ser reduzido a simples formas de matéria inanimada desempenha, sem dúvida, papel considerável entre as escolas filosóficas de nossos dias. Assim, talvez seja necessário salvaguardar de uma redução materialista nossa afirmação de que estamos fazendo referência apenas a duas perspectivas diferentes, e não a duas formas diferentes de existência, ao falarmos de nosso corpo e de nossa pessoa.

No tocante a isso, podemos lembrar uma situação que, significativamente, amiúde passa despercebida. Ao falar do corpo humano, é comum perder-se de vista o fato de a cabeça da pessoa, e especialmente seu rosto, ser parte integrante de seu corpo. Tão logo nos damos conta disso, obtemos melhor compreensão da natureza da identidade-eu humana. É que o rosto específico de uma pessoa, ao se desenvolver, desempenha um papel central, talvez o mais central, em sua identidade como essa pessoa em particular. Embora a forma específica das outras partes do corpo decerto também seja importante na identificação da pessoa, nenhuma delas se acha tão inequivocamente no centro de sua identidade-eu, tanto na consciência de outrem como na dela mesma, quanto seu rosto. E é o rosto que mostra com mais clareza a que ponto a identidade-eu está vinculada à continuidade do desenvolvimento, desde a infância até a extrema senectude.

Com efeito, o processo de desenvolvimento atravessado pelo rosto de uma pessoa, desde a infância até a velhice, pode servir de exemplo prototípico de um certo aspecto desse processo. Ele se modifica, mas, a partir de certa idade, assume peculiaridades que possibilitam identificar um rosto humano como sendo sempre o mesmo, uma pessoa como sendo sempre a mesma, apesar de todas as modificações do envelhecimento. É possível que a antiga lógica suscite a expectativa de que algo absolutamente imutável constitua o núcleo de todas as mudanças, o cerne inalterável de todo o desenvolvimento, seu cerne não sujeito ao desenvolvimento. O exemplo do desenvolvimento da pessoa, e particularmente de seu rosto, talvez facilite a compreensão de que, no decorrer desse processo, não precisa haver nada que se mantenha imóvel e que seja absolutamente imutável. A identidade da pessoa em desenvolvimento repousa, acima de tudo, no fato de que cada fase posterior emerge de uma fase anterior, numa sequência ininterrupta. O controle genético que dirige o curso de um processo é, ele mesmo, parte desse processo. E o mesmo se aplica à memória, seja ela consciente ou inconsciente. Embora o conteúdo da memória seja fixo, até certo ponto, assim se transformando num elemento que ajuda a moldar o caráter e o rosto, ele também se modifica de maneiras específicas à medida que a pessoa amadurece e envelhece.

VII

Evidentemente, não é privilégio dos seres humanos constituírem um tipo de processo, propriedade que compartilham com muitos outros organismos. Todavia um dos principais fatores a distingui-los dos demais organismos, quer se trate de formigas ou macacos, é sua já mencionada capacidade de produzirem um efeito especular. Têm certa capacidade de saírem de si mesmos e se confrontarem, de modo que conseguem ver-se como que no espelho de sua consciência. Para si, a pessoa é ao mesmo tempo um eu, um você e um ele, ela ou isso. Não poderia ser um eu para si mesma sem ser, ao mesmo tempo, uma pessoa capaz de se postar diante de si como um você, ou como um ele, ela ou isso. É comum os biólogos preocuparem-se com as peculiaridades que os seres humanos possam ter em comum com os macacos antropoides ou, quem sabe, com os ratos. Tal abordagem pode vir a negligenciar o traço singular com que a dinâmica da evolução biológica equipou os seres humanos e que os distingue de todos os outros organismos. E de fato conceitos como "conhecimento", "consciência", "autoconsciência" e muitos outros são comumente utilizados como se aquilo a que se referem não tivesse nenhum fundamento biológico. Com isso, o corpo humano afigura-se inconsciente ou desprovido de consciência; é tudo meio confuso. Quando alguém fala de seu corpo, isso significa apenas que se considera como algo que existe na terceira pessoa, como se fosse um ele, ela ou isso. Sem dúvida, a capacidade das pessoas de saírem conscientemente de si e se confrontarem como algo que exista na segunda ou terceira pessoas vê-se mobilizada, conforme o estágio de desenvolvimento em que se encontre a sociedade, em medidas muito diferentes e de maneiras muito variadas; mas constitui sempre a precondição para a construção de instrumentos e, mais ainda, para a transmissão do conhecimento, inclusive do autoconhecimento — ato que se desliga da situação momentânea do sujeito do conhecimento em uma cadeia ininterrupta das gerações.

A abordagem dos etologistas e outros especialistas na psicologia animal, que para investigar qualquer comportamento humano utilizam os mesmos instrumentos teóricos que se revelaram adequados e frutíferos no estudo de organismos subumanos, só pode fornecer resultados limitados. Ela desvia a atenção de um fator decisivo. Em nossa espécie biológica, as qualidades estruturais que os seres humanos compartilham com os animais e que comprovam de forma indubitável o fato de descendermos de organismos não humanos estão indissociavelmente entremeadas com qualidades estruturais que representam uma inovação evolutiva. Esses aspectos são singular e especificamente humanos e se acham ausentes do equipamento biológico de todos os outros organismos da Terra, ao que saibamos até agora. O fato de os seres humanos não poderem reduzir-se à matéria nem aos animais, embora consistam em matéria e tenham evoluído dos animais, de representarem, numa palavra, um avanço para estruturas orgânicas novas e singulares no contínuo processo evolutivo, é posto de lado por esses esforços reducionistas. Os problemas levantados por esse e quaisquer outros avanços do processo cego e não planejado da evolução no rumo de estruturas biológicas inéditas permanecem sem exame na terra de ninguém situada entre as disciplinas.

Que valor de sobrevivência pode ter tido, perguntaríamos, o fato de os seres humanos aprenderem a se comunicar uns com os outros de maneira inteiramente nova e singular? No nível humano, os organismos adquiriram não apenas a oportunidade, mas a necessidade de usar uma linguagem específica do grupo como seu principal meio de comunicação. A aprendizagem de uma língua pressupunha, em si, uma estrutura biológica que possibilitasse o autodistanciamento. Assim, os descendentes humanos dos animais também conquistaram, com sua linguagem específica de cada grupo, a possibilidade de, numa forma linguística ou noutra, dizer "eu" a respeito de si mesmos e "nós" uns dos outros, e de falar dos outros na segunda ou terceira pessoas do singular ou do plural. Na comunicação de todos os demais organismos, em contraste, os sinais não aprendidos, isto é, inatos, desempenham o papel principal. Muitos estudiosos tentaram em vão ensinar a antropoides elementos de alguma língua específica de uma sociedade sem se aperceberem claramente da diferença entre o predomínio das formas de comunicação específicas das espécies e específicas das sociedades. Os estágios da evolução biológica que levaram a essa mudança radical são desconhecidos na atualidade. O mínimo que se pode fazer é formular a pergunta sobre como se deu essa mudança tão rica em consequências. Que ato do destino terá promovido o desenvolvimento das estruturas biológicas que facultaram aos descendentes humanos dos animais conquistarem o autodistanciamento necessário para aprenderem a falar e a dizer "eu" a respeito de si mesmos? E mais, que ato do destino terá permitido que os rostos relativamente impassíveis de nossos antepassados animais se transformassem nos rostos extraordinariamente móveis e individualizáveis que figuram entre os traços biológicos singulares do homem?

Não conhecemos esses atos do destino. Não sabemos que circunstâncias peculiares, ao longo de milhões de anos, levaram os seres humanos a serem, ao que saibamos, a única espécie de organismo a adquirir um equipamento biológico que tornou não apenas possível, mas necessário, poder produzir e compreender, como seu principal meio de comunicação, configurações sonoras que diferiam de grupo para grupo. Tampouco sabemos até agora que acontecimentos repetitivos, durante milhões de anos, terão levado os seres humanos a serem biologicamente dotados de uma fisionomia altamente individualizável, com uma musculatura facial dúctil, capaz de assumir marcas diferentes conforme a experiência individual. Mas os eventos dessa evolução são claramente compreendidos. Os seres humanos são os únicos organismos até hoje conhecidos a usarem um meio de comunicação primordial que é específico da sociedade e não específico da espécie, e são também a única espécie, dentre as que conhecemos, dotada de uma parte do corpo tão apta a trazer uma marca individual diferente que, por meio dela, centenas de indivíduos são capazes, por longos períodos, e muitas vezes pela vida inteira, de reconhecerem uns aos outros como tais, como indivíduos diferentes.

Os expoentes da paleoantropologia e das outras ciências voltadas para a evolução biológica dos seres humanos nem sempre dão a essas duas peculiaridades da espécie humana hoje viva a atenção que elas merecem. Isso não surpreende, uma vez que seu trabalho se concentra em informações que podem ser deduzidas dos poucos remanescentes dos antropoides do passado e das formas primitivas do homem. Sem dúvida, é difícil, talvez impossível, compilar desses poucos remanescentes informações sobre a evolução subjacente às formas de comunicação humana específicas das sociedades e sobre a individualização dos rostos humanos. Mas, para muitos outros estudiosos das ciências humanas, especialmente os sociólogos, é praticamente indispensável atentar para o fato de que os seres humanos diferem dos outros organismos por esses dois aspectos enraizados em sua organização biológica — o predomínio de uma forma de comunicação específica da sociedade, adquirida através da aprendizagem, sobre uma forma específica da espécie e uma moldagem das partes do corpo em torno da boca e dos olhos passível de ser aprendida e, portanto, individualizada.

Não há dúvida de que a organização biológica dos seres humanos tem grande número de características singulares. Costuma-se assinalar o andar ereto, a evolução das pernas dianteiras para braços e mãos incomumente móveis, a visão bifocal e outros aspectos desse tipo. Mas os traços distintivos dos seres humanos que mais atenção têm recebido até agora costumam ser os de interesse exclusivo dos biólogos e dos expoentes das disciplinas correlatas. Eles dizem respeito ao organismo individual. Tem-se prestado relativamente pouca atenção ao fato — decerto não desconhecido — de que os seres humanos, exatamente como seus antepassados animais, são seres sociais. Sua organização biológica, portanto, está harmonizada com sua vida em conjunto. A divisão das disciplinas acadêmicas, a orientação preponderante da biologia e da ciência médica para o organismo visto em isolamento e para as estruturas orgânicas específicas das espécies têm levado a uma lastimável confusão na tradição linguística e intelectual. Isso dá a impressão de que o organismo humano singular — ou, como se costuma chamá-lo, o corpo de um ser humano, tal como é visto nas aulas de anatomia e examinado pelos médicos — funciona como um modelo do que se entende por indivíduo. Isso, essa forma existente no tempo e no espaço, toma-se como um dado natural; isso, o organismo isolado, considera-se como real. A vida comunitária das pessoas, sua sociedade, suas estruturas e processos afiguram-se, em contraste, como não sendo dados pela natureza e, portanto, não sendo efetivamente reais. O ser humano, fica implícito, seria capaz de se sair perfeitamente bem se vivesse sempre sozinho, sem companhia, como um organismo singular. É assim que a maioria dos biólogos o visualiza, da mesma forma que os paleontólogos em suas descobertas de esqueletos. Desse modo, a especialização acadêmica contribui para construir um arcabouço conceitual inadequado, para postular a natureza e a sociedade como opostos.

Não deixa de ser importante, portanto, apontar as estruturas orgânicas que indicam claramente a adaptação natural do ser humano ao convívio com os outros. Evidentemente, as características sexuais já apontam nessa direção. Em particular, o fato de o impulso sexual humano não estar mais preso a períodos restritos talvez desempenhe algum papel na constituição de um modo especialmente íntimo de socialização da espécie. Mas a singularidade, a proximidade especial da socialização humana revelam-se, acima de tudo, na forma singular de comunicação dos seres humanos. Somente eles se entendem por línguas que diferem nas diferentes sociedades e por uma moldagem facial que possibilita identificar determinada pessoa, mesmo após um intervalo de anos, como certo indivíduo singular.

Podemos deixar a cargo do século XXI — e, esperamos, da cooperação de pessoas de todas as partes do mundo — a descoberta de uma resposta convincente para saber em que circunstâncias um processo natural cego e não planejado produziu essa forma tão singular de comunicação entre os organismos; e, em estreita relação com ela, como se produziu tamanha diferenciabilidade e maleabilidade das partes que circundam os olhos, o nariz e a boca, a ponto de cada pessoa, especialmente do ponto de vista da participação num grupo, poder ser reconhecida, a um simples olhar, como uma pessoa determinada, distinta de todas as demais. Não sabemos como se originaram essas e outras características distintivas de uma espécie de organismos que conquistaram como que o domínio de seu planeta e de seu meio ambiente. Mas esse desconhecimento não precisa impedir que se atente para tais traços naturais do ser humano ao se formar uma imagem dele e, portanto, de si mesmo.

Uma análise pormenorizada da função e das consequências das características naturais das pessoas que lhes permitiram comunicar-se através de linguagens aprendidas nos faria ultrapassar demasiadamente o âmbito deste livro. Deve bastar-nos assinalar, em algumas frases, que dois outros traços singulares dos seres humanos estão estreitamente ligados a esse predomínio da comunicação através de símbolos. Esses traços não são geneticamente fixos, embora se baseiem numa predisposição geneticamente determinada. Os dois traços que tenho em mente são, em primeiro lugar, a capacidade de transmitir um registro simbólico do conhecimento social de uma geração para outra, sendo esse conhecimento mutável e, portanto, passível de crescimento; e, em segundo lugar, a inexistência de uma forma de socialização biologicamente determinada, isto é, específica da espécie, ou ainda, dito em termos positivos, a presença de uma forma de vida comunitária que pode ser modificada juntamente com os processos de aprendizagem e que, portanto, é passível de desenvolvimento.

Devo aqui restringir-me a umas poucas observações sobre a moldagem facial como exemplo da peculiaridade da individualização humana e, em especial, das imagens do eu e do nós. Como afirmei, o rosto, mais que qualquer outra parte do corpo, é a vitrine da pessoa. No contexto comunitário — uma vez que todas as pessoas têm rostos —, ele torna visível a natureza especial de cada um. Mas isso se aplica mais aos membros de um grupo e a seus descendentes do que aos de outros grupos. Quando um rosto tem traços que se desviam demais da norma grupal — quando, por exemplo, a pigmentação da pele ou a musculatura ao redor dos olhos é diferente da do próprio grupo —, a percepção dos traços biológicos mais marcantes de um grupo estranho comumente supera a percepção das maneiras menos marcantes e mais sutis pelas quais os rostos dos membros desse grupo diferem entre si. Talvez possamos supor que a função primordial da moldagem individual diferenciada do rosto humano tenha sido um meio de identificar os membros conhecidos de pequenos grupos, juntamente com sua função como meio para nos informar sobre suas intenções e sentimentos. Seja como for, o certo é que os membros de todas as sociedades conhecidas presumem-se primordialmente reconhecíveis por todos os conhecidos de seu grupo, como pessoas particulares e únicas, através de seus rostos — suplementados pela referência a seus nomes. Isso mostra, de maneira inequívoca, como a consciência de nossa reconhecibilidade como distintos *de* outras pessoas está ligada *indissociavelmente* à consciência que temos de sermos reconhecíveis por outras pessoas. Somente por conviverem com outras é que as pessoas podem perceber-se como indivíduos diferentes dos demais. E essa percepção de si como pessoa distinta das outras é inseparável da consciência de também se ser percebido pelos outros, não apenas como alguém semelhante a eles, mas, em alguns aspectos, como diferente de todos os demais.⁶

VIII

A natureza e o grau de autodistanciamento modificam-se no decorrer do desenvolvimento social. Gostaria de sugerir que uma das maneiras de captar as mudanças na posição de cada pessoa dentro de sua sociedade, bem como as mudanças de autopercepção que caminham de mãos dadas com as mudanças sociais, consistiria em investigar o desenvolvimento das línguas e, em especial, a maneira como as funções pronominais são simbolicamente representadas nos diferentes estágios do desenvolvimento linguístico. Quando, num épico francês medieval, o guardião dos portões do palácio ora continua a dizer "tu", ora já diz "vós", podemos supor que a divisão da forma de tratamento entre "tu" e "vós" constitua a representação simbólica de um crescente distanciamento social. Quando, numa carta de um camponês do passado, as palavras "nós" e "nos" aparecem com mais frequência do que "eu" e "mim" — ou, para ser mais exato, aparecem com mais frequência do que se esperaria num missivista urbano daquela época —, pode-se presumir que a balança da identidade-nós e da identidade-eu pendia mais para o lado da identidade-nós no caso do camponês e mais para a identidade-eu no do correspondente citadino.

Desde a Idade Média europeia, o equilíbrio entre a identidade-eu e a identidade-nós passou por notável mudança, que pode ser resumidamente caracterizada da seguinte maneira: antes a balança entre as identidades nós e eu pendia maciçamente para a primeira. A partir do Renascimento, passou a pender cada vez mais para a identidade-eu. Mais e mais frequentes se tornaram os casos de pessoas cuja identidade-nós enfraqueceu a ponto de elas se afigurarem a si mesmas como eus desprovidos do nós. Enquanto, em épocas anteriores, as pessoas pertenciam para sempre a determinados grupos, fosse a partir do nascimento, fosse desde certo momento de sua vida, de tal modo que sua identidade-eu estava permanentemente ligada a sua identidade-nós e era amiúde obscurecida por ela, o pêndulo, com o correr do tempo, oscilou para o extremo oposto. A identidade-nós das pessoas, embora decerto continuasse sempre presente, passou então, muitas vezes, a ser obscurecida ou ocultada, em sua consciência, pela identidade-eu.

Ao escrever sua famosa frase *"Cogito, ergo sum"*, Descartes foi pioneiro de uma crescente mudança de ênfase na autoimagem humana, uma mudança da superposição da identidade-nós à identidade-eu, então vigente, para seu inverso. Na época de Descartes, a maior parte dos membros das sociedades ainda era permanentemente destinada, muitas vezes pela hereditariedade, isto é, pela origem familiar, a determinados grupos. Os príncipes, reis e imperadores, como indivíduos, deviam sua elevada posição na sociedade, bem como a riqueza que a acompanhava, a terem nascido membros de famílias privilegiadas pela hereditariedade, de dinastias. Do mesmo modo, os nobres, considerados como indivíduos, deviam sua posição às famílias em que nasciam. Sua identificação com seus grupos ancestrais, como mostram suas árvores genealógicas, determinava-lhes essencialmente a identidade individual. Os cidadãos pertenciam a guildas que também tinham, muitas vezes, caráter hereditário. Os camponeses, grande maioria da população, estavam ligados à terra. Uma exceção era constituída pelos membros da Igreja. Ao fazerem seus votos, não ficavam hereditariamente ligados à Igreja, mas apenas vitaliciamente, ou seja, em caráter individual. Naturalmente, sempre houve indivíduos que se afastavam de seus laços de grupo e vagavam pelo mundo, como era o caso dos sábios itinerantes, como pessoas agrupais. Mas, numa sociedade em que a participação num grupo — amiúde hereditária — tinha importância decisiva para a posição e as perspectivas do indivíduo, as pessoas sem grupo tinham menor margem de ascensão social. Os humanistas foram um dos primeiros grupos de pessoas a quem as realizações e os traços de caráter pessoais deram oportunidade de galgar posições sociais respeitadas, especialmente como funcionários estatais e municipais. O deslocamento para a individualização que eles representaram constituiu, sem dúvida, um sinal de mudança na estrutura social.

O *cogito* cartesiano, com sua ênfase no eu, foi também um sinal dessa mudança na posição da pessoa singular na sociedade. Enquanto pensava, Descartes podia esquecer todas as relações-nós de sua pessoa. Podia esquecer que havia adquirido uma língua materna francesa e o latim como língua das pessoas instruídas, esquecer que todos os pensamentos que formulava, inclusive seu *"Cogito, ergo sum"*, eram condicionados por uma tradição linguística aprendida, e até mesmo que em certa medida ele cifrava suas ideias por medo da sempre atenta Inquisição eclesiástica. Enquanto trabalhava nas *Meditações*, teve notícia da prisão de Galileu. Enquanto pensava, esquecia-se de que estava em comunicação com outras pessoas. Esquecia as outras pessoas em seus papéis de nós, vós ou eles. Elas sempre estiveram presentes *de facto* na consciência do filósofo quando ele enviou ao mundo seu triunfal "eu". Mas o grupo a que pertencia, a sociedade a que devia a língua e o saber, desapareciam durante seu pensar. Em sua consciência, o eu isolado emergiu das sombras dos compromissos sociais de fidelidade e o pêndulo nós-eu oscilou na direção oposta. O pensador isolado percebeu-se — ou, mais exatamente, percebeu seu pensamento, sua "razão" — como a única coisa real e indubitável. Tudo o mais podia muito bem ser uma ilusão arquitetada pelo demônio, mas não isso, não sua existência como pensador. Essa forma de identidade-eu, a percepção de si mesmo como um eu desprovido de um nós, difundiu-se ampla e profundamente desde então.

Grande parte da teoria filosófica do conhecimento — dir-se-ia toda a tradição de seus representantes clássicos, de Descartes a Berkeley e sua tese *Esse est percipi* (ser é ser percebido), ou a Kant, que julgou impossível afirmar que os objetos do mundo externo não estavam dentro do próprio sujeito, até Husserl e sua luta com o solipsismo — assenta na ideia de que o ser humano que tenta chegar ao conhecimento é um ser isolado que deve permanecer eternamente em dúvida quanto a se os objetos, e portanto as pessoas, realmente existem fora dele.[7] Se estivesse em questão apenas uma única pessoa sentindo-se como um ser totalmente isolado e atormentada pela dúvida constante quanto a existir ou não alguém ou alguma coisa fora dela mesma, talvez isso se pudesse diagnosticar como um estado mental um tanto excêntrico, como uma espécie de doença. Mas o fato é que, desde o início do período moderno — especialmente, mas sem dúvida não apenas, nos textos filosóficos —, esse problema básico exibe uma extraordinária persistência que transcende por vários séculos as pessoas individualmente consideradas. Trata-se do problema da pessoa que se percebe como totalmente só e não consegue resistir à dúvida sobre a existência de qualquer coisa ou qualquer pessoa fora dela mesma. Toda uma torrente de escritos, a partir da segunda metade do século XX, apresenta ao público leitor sucessivas versões dessa mesma imagem básica da pessoa isolada, sob a forma do *homo clausus* ou do eu desprovido do nós, em sua solidão voluntária ou involuntária. E a ampla repercussão alcançada por esses textos, a natureza duradoura de seu sucesso, mostra que a imagem do ser humano em isolamento e da experiência fundamental que lhe dá força não constitui fenômeno isolado.

A propósito de certas passagens do conhecido romance de Sartre *A náusea*, quase poderíamos dizer que Descartes ressuscitou. Mas em Descartes a dúvida do indivíduo sobre a existência do mundo externo e a ideia de que essa dúvida, isto é, o pensamento, fosse a garantia única de sua própria existência constituíram algo novo. A alegria da descoberta e todo o clima da modernidade então ascendente na França e, em especial, na Holanda, onde Descartes havia encontrado um segundo lar, contrabalançaram qualquer possibilidade de que a dúvida levasse ao desespero. E o verbo latino *esse* assumiu nova gravidade ao ser transformado no verbo "existir", não raro adquirindo uma vida própria, uma reificação, através do uso filosófico do substantivo a ele associado, "existência":

> (...) essa espécie de ruminação dolorosa — *existo* —, sou eu que a alimento. Eu. O corpo vive sozinho, uma vez que começou a viver. Mas o pensamento... sou *eu* que lhe dou continuidade, que o desenvolvo. Existo. Penso que existo. Que serpentina comprida esse sentimento de existir — e eu a desenrolo muito lentamente... Se pudesse me impedir de pensar! Tento, consigo: parece-me que minha cabeça se enche de fumaça... e eis que tudo recomeça: "Fumaça... não pensar... Não quero pensar... Penso que não quero pensar... Não devo pensar que não quero pensar.

Porque isso também é um pensamento." Será que não termina nunca? Meu pensamento sou *eu*: eis por que não posso parar. Existo porque penso... e não posso me impedir de pensar.[8]

Encontramos outro exemplo de um eu desprovido ou quase desprovido do nós em *O estrangeiro*, de Camus. Uma das peculiaridades do homem solitário que o herói desse livro parece ser consiste numa curiosa confusão das emoções. Mata alguém, mas faltam os sentimentos correspondentes, sejam eles de ódio ou de remorso. Sua mãe morre, mas, na verdade, ele não sente nada. Não surgem nele sentimentos de tristeza ou de perda. Os sentimentos que constantemente lhe parecem subjacentes são o isolamento e o abandono. E não estão associados a pessoas. O eu está só, sem nenhum relacionamento real com outras pessoas, sem os sentimentos possibilitados pela relação-nós. Esse tema ocorre repetidas vezes na literatura e sempre alcança repercussão. Para citar apenas mais um exemplo, num romance intitulado *La salle de bain*, vemos um herói quase desprovido do nós. Em toda a extensão do livro, o herói retrai-se repetidamente no banheiro, esquivando-se das outras pessoas. Quando a namorada lhe pergunta por que a abandonou e deixou a capital, ele não sabe responder. Sofre de solidão, mas não sabe qual a razão de ser só. Sofre e considera o sofrimento a derradeira prova de sua existência: *"La souffrance était l'ultime assurance de mon existence, la seule."*[9] Sofrendo, ele se retrai constantemente no banheiro. De que é que sofre?

O eu desprovido do nós que Descartes nos apresenta como sujeito do conhecimento já se sente aprisionado em seu próprio pensamento, até certo ponto, no que se poderia chamar, reificadoramente, de sua "razão". Visto de maneira positiva, o pensamento transforma-se na única coisa do mundo que é indubitável. Para Berkeley, os sentidos formam os muros da prisão; as percepções sensoriais da pessoa isolada são tudo o que se pode experimentar das outras pessoas e das outras coisas. Não há como duvidar de que, em todos esses exemplos, estamos lidando com uma experiência autêntica, um modo genuíno de autopercepção. A elaboração dessa autopercepção sob a forma de teoria do conhecimento deixa de levar em conta, de um modo curioso e que se repete com grande regularidade, o fato de que todo adulto, quando criança, tem que adquirir o conhecimento de outrem, num longo processo de aprendizagem, antes de poder desenvolver individualmente esse conhecimento. A imagem filosófica do homem como ser estático, que existe como adulto sem jamais ter sido criança, a omissão do processo em que toda pessoa está assiduamente engajada, é uma das razões do beco sem saída em que constantemente esbarra a epistemologia.

Outra razão é o esquecimento dos frequentes encontros do indivíduo com outras pessoas e do entrelaçamento de sua vida com a dos semelhantes no correr desse processo. Percebe-se com especial clareza nos exemplos literários mais recentes que o sentimento de despojamento do nós constitui um dos problemas básicos dessa imagem específica do homem. Neles deparamos com um conflito peculiar dos seres humanos que, com toda a certeza, não se restringe à literatura. Obviamente, a experiência subjacente à ideia do eu desprovido do nós é o conflito entre, de um lado, a necessidade humana natural de afirmação afetiva da pessoa por parte dos outros e dos outros por parte dela e, de outro, o medo da satisfação dessa necessidade e uma resistência a ela. A necessidade de amar e ser amado é, em certa medida, a mais vigorosa condensação desse anseio humano natural. Ela também pode assumir a forma da oferta e recebimento de amizade. Seja qual for a forma que assuma, porém, essa necessidade emocional de companhia humana, o dar e receber das relações afetivas com outras pessoas, é uma das condições fundamentais da existência humana. Aquilo de que parecem sofrer os que carregam em si a imagem humana de um eu desprovido do nós é o conflito entre seu desejo de relações afetivas com outras pessoas e sua incapacidade de realizar esse desejo. Os heróis das narrativas mencionadas são solitários porque uma aflição pessoal lhes nega a possibilidade de sentimentos autênticos por outras pessoas, de laços emocionais genuínos. A repercussão alcançada por esse tema, particularmente no século XX, sugere que não estamos preocupados, aqui, com um problema isolado e individual, mas com um problema do *habitus*, um traço básico da estrutura de personalidade social das pessoas da era moderna.

Estas breves indicações talvez já bastem para conferir relevo um pouco mais nítido à direção predominante da sequência de estágios no desenvolvimento da balança nós-eu. Nos estágios mais primitivos, como afirmei, a balança nós-eu inclinava-se fortemente, a princípio, para o nós. Em épocas mais recentes, tem pendido intensamente, muitas vezes, para o eu. A questão é se o desenvolvimento da humanidade, ou a forma global de vida comunitária humana, já chegou ou poderá algum dia chegar a um estágio em que prevaleça um equilíbrio mais estável da balança nós-eu.

IX

A complexidade da humanidade em seu atual estágio de desenvolvimento torna necessário, neste ponto, avançar mais um passo em nossa reflexão. Quando falamos numa balança nós-eu, talvez pareça, à primeira vista, haver apenas um nível ou plano de integração em relação ao qual as pessoas possam dizer "nós". No passado, e certamente na Idade da Pedra, quando as pessoas se juntavam em pequeníssimos grupos, preocupadas com a busca de alimentos como caçadores-coletores, houve realmente um estágio em que as sociedades humanas contavam com um único plano de integração. Qualquer expressão linguística com a mesma função da palavra "nós", mesmo sob a forma de um nome próprio, tinha uma só camada. Na estrutura atual da sociedade humana, ao contrário, a expressão "nós" — e portanto também o *habitus* social dos indivíduos num sentido mais amplo — tem muitas camadas. A utilidade do conceito de uma balança nós-eu como instrumento de observação e reflexão talvez possa ser ampliada se prestarmos alguma atenção a esse aspecto multiestratificado dos conceitos-nós. Ele se equipara à pluralidade dos planos interligados de integração que caracterizam a sociedade humana em seu atual estágio de desenvolvimento.

Estaremos selecionando apenas algumas dentre as inúmeras relações-nós que são possíveis se lembrarmos que as pessoas podem dizer "nós" a respeito de suas famílias ou amigos, dos lugarejos ou cidades em que moram, das nações, das unidades pós-nacionais que congregam diversas nações e, finalmente, da humanidade. Logo se vê que a intensidade da identificação varia amplamente, conforme esses diferentes planos de integração. O envolvimento ou compromisso expresso pelo emprego do pronome "nós" costuma ser mais forte, provavelmente, no tocante à família, ao domicílio ou à região natal e à afiliação a um país. A coloração emocional da identidade-nós fica visivelmente esmaecida quando se passa às formas pós-nacionais de integração, como as uniões de Estados africanos, latino-americanos, asiáticos ou europeus. A função do plano mais elevado de integração — a humanidade — como foco de identidade-nós humana talvez esteja crescendo. Mas provavelmente não haverá exagero em dizer que, para a maioria das pessoas, a humanidade como referencial da identidade-nós é uma área em branco em seus mapas afetivos.

Ao investigar as razões da carga afetiva diferenciada nos diferentes níveis de integração, convém termos em mente que essas cargas são variáveis. A família, enquanto referencial da identidade-nós, sem dúvida continua a ser um grupo humano que, para o bem ou para o mal, dita a seus membros uma carga afetiva bastante elevada. Mas o tom desse sentimento sofreu mudança marcante no contexto de uma profunda modificação estrutural da relação do indivíduo com toda sorte de grupos sociais, mas especialmente no caso da família. Nos estágios anteriores do desenvolvimento social, a relação com o que agora chamamos família, isto é, com a associação maior ou menor de parentes, era completamente inevitável para a maioria dos indivíduos. Durante longo período, as pessoas fizeram parte de suas famílias para o que desse e viesse. Esse vínculo somente podia alterar-se, no caso do sexo geralmente menos poderoso, as mulheres, através do casamento. A força dos laços familiares teve muito a ver com a extensíssima função da família, ou, conforme o caso, do clã, como unidade de sobrevivência. A mudança decisiva ocorrida na identidade-nós e na correspondente orientação emocional para a família deveu-se, em grande parte, ao fato de esta já não ser inevitável como grupo-nós. A partir de certa idade, é comum o indivíduo poder afastar-se da família sem perder suas probabilidades de sobrevivência física ou social.

Essa maior frequência de relações não permanentes ou, pelo menos, potencialmente mutáveis entre os indivíduos é, poder-se-ia dizer, uma das características estruturais das modernas sociedades nacionais, consideradas em termos mais genéricos, nas quais o avanço da individualização ligado a sua ascensão desempenhou papel influente. Comumente combinada com uma redução do diferencial de poder (que não deve ser confundida com uma igualdade de poder), a maior variabilidade das relações obriga os indivíduos a efetuarem uma espécie de inventário reiterado, um teste dos relacionamentos, que é, ao mesmo tempo, um teste deles mesmos. Eles têm que se perguntar com mais frequência: como estamos em relação uns aos outros? Uma vez que as formas de relação do espectro inteiro, inclusive as que prevalecem entre homens e mulheres e entre filhos e pais, são relativamente variáveis, sua forma exata passa a ser, cada vez mais, responsabilidade de cada um dos parceiros.

A maior impermanência das relações-nós, que nos estágios anteriores tinha muitas vezes o caráter vitalício e inevitável de uma coerção externa, coloca ainda mais ênfase no eu, na própria pessoa, como o único fator permanente, a única pessoa com quem se tem que viver a vida inteira. Se reexaminarmos os vários níveis de integração, veremos isso com clareza. Muitas relações familiares, que antes constituíam coerções externas obrigatórias e vitalícias para muita gente, agora assumem cada vez mais o caráter de união voluntária e revogável, que impõe exigências mais elevadas à capacidade de autodomínio das pessoas implicadas e o faz igualmente para ambos os sexos. As mudanças nas relações profissionais tomam o mesmo rumo; nas sociedades mais desenvolvidas, muitas atividades profissionais remuneradas tornaram-se intercambiáveis.[10] Até a nacionalidade se tornou passível de troca, dentro de certos limites. Todo esse desenvolvimento contribui, nos países mais desenvolvidos, para que a balança eu-nós se incline para o lado do eu.[11] Agora o indivíduo tem que contar muito mais consigo mesmo ao decidir sobre a forma dos relacionamentos e sobre sua continuação ou término. Ao lado da permanência reduzida, surgiu uma permutabilidade maior dos relacionamentos, uma forma peculiar de *habitus* social. Essa estrutura de relações requer do indivíduo maior circunspecção, formas de autocontrole mais conscientes e menor espontaneidade dos atos e do discurso no estabelecimento e na administração das relações.

Mas essa conformação social das relações humanas não extinguiu a necessidade humana fundamental de um impulso de afeição e espontaneidade nos relacionamentos com os outros. Não fez desaparecer nas pessoas o desejo de segurança e constância na afirmação da afeição dos outros por elas, nem a contrapartida desse desejo, o da companhia daqueles de quem elas gostam. A avançada diferenciação social, caminhando *pari passu* com uma diferenciação igualmente avançada entre as pessoas, ou individualização, traz consigo uma grande diversidade e variabilidade das relações pessoais. Dentre suas variações, uma que ocorre com frequência é marcada pelo já mencionado conflito básico do eu desprovido do nós: um anseio de calor afetivo, de ter afirmada a afeição dos outros e pelos outros, aliado a uma incapacidade de proporcionar afeição espontânea. Nesses casos, o hábito de circunspecção no estabelecimento das relações não sufoca o desejo de dar e receber calor afetivo e o desejo de compromisso nas relações com os outros, mas sufoca a capacidade de dá-los ou recebê-los. Nesses casos, as pessoas não ficam à altura das exigências que lhes são feitas pela vigorosa afirmação emocional das outras. Elas buscam e desejam essa afirmação, mas perderam a capacidade de retribuí-la com a mesma espontaneidade e calor humano quando a encontram.

O que emerge é isto: o avanço da individualização, que pode ser observado em fenômenos como as mudanças no grupo de parentesco, e portanto na família em sentido mais estrito, tem, sob certos aspectos, um caráter paradigmático. É mais fácil entender isso ao se recordar que, em estágios anteriores, o grupo familiar era a unidade de sobrevivência primordial e indispensável dos indivíduos. Ela não perdeu inteiramente essa função, em especial para as crianças. Entretanto, em épocas mais recentes, o Estado — e, ainda mais recentemente, o Estado parlamentar com certas instituições previdenciárias mínimas — tem absorvido essa função da família, como muitas outras. Inicialmente sob a forma do Estado absolutista e depois sob a do Estado unipartidário ou pluripartidário, o nível nacional de integração assumiu, para um número cada vez maior de pessoas, o papel de unidade primária de sobrevivência, papel que parece indispensável e permanente.

X

Talvez valha a pena examinar um pouco mais de perto o fato de que, na atualidade, entre os grupos com que se relaciona a identidade-nós dos indivíduos, se atribua especial importância às sociedades organizadas como Estados.[12] Falta-nos espaço aqui para investigar mais detidamente qual a razão disso. A resposta curta e óbvia é que os Estados, mais do que qualquer outra forma social, emergiram no mundo inteiro como as unidades de sobrevivência de nível mais elevado. Durante milhares de anos, ou, a rigor, desde que começaram a existir as sociedades sob forma nacional, os Estados compartilharam as funções de unidades de sobrevivência com outras sociedades organizadas sob formas pré-estatais, como os clãs ou as tribos. Na Antiguidade greco-romana e ainda no começo do período moderno, houve tribos que eventualmente representaram grave ameaça aos Estados. Atualmente, em todo o mundo, a era das tribos autônomas está chegando ao fim. Por toda a parte, elas estão cedendo aos Estados seu papel de unidades de sobrevivência independentes e de principais grupos de referência para a identidade-nós dos indivíduos.

Pode ser que a atual identidade-nós do indivíduo, baseada em Estados nacionais, seja considerada quase como um dado. Nem sempre se recorda com suficiente clareza que o papel do Estado como referencial da identidade-nós da grande maioria de todos os seus membros, ou seja, seu papel de Estado nacional, tem data relativamente recente.

O surgimento dos Estados europeus como unidades-nós foi-se dando aos poucos e por etapas. O que distingue o antigo estágio de Estado absolutista do Estado pluripartidário é, acima de tudo, o fato de que os príncipes que governavam o primeiro, graças a uma enorme diferença de poder entre governantes e governados, podiam encarar toda a organização estatal, inclusive a população, como uma espécie de propriedade pessoal. Diziam "nós", não em relação ao povo, mas a si mesmos. O dito atribuído a Luís XIV, "O Estado sou eu", mostra uma fusão específica do "nós" e do "eu" em relação à dinastia e ao ocupante do trono, e apenas a eles. Quanto à população, ela percebia o Estado principesco autocrático em grau bem pequeno como uma camada de seus grupos-nós e, acima de tudo, como um grupo a ser mencionado e pensado na terceira pessoa, como um "eles" e não "nós". Os príncipes e nobres, podemos dizer, viam o Estado basicamente como seu Estado, como uma unidade-nós restrita a eles, e a massa da população como gente com a qual não se identificavam. Somente eles, como grupo estabelecido, compunham o Estado. A massa da população era percebida apenas como "eles" e como forasteiros. Mesmo no fim do século XIX e início do século XX, algumas parcelas da população — primeiro os camponeses e depois o proletariado industrial — eram excluídas da identidade-nós dos cidadãos pelas classes dominantes, a burguesia e a nobreza. E esses excluídos continuavam a perceber o Estado como algo de que se dizia "eles" e dificilmente "nós".

Ao tentarmos uma síntese de um ponto de vista mais amplo, deparamos com um panorama peculiar — uma série de conflitos entre grupos estabelecidos e outros de fora, elevando-se qual degraus a partir de uma base cada vez mais ampla, conflitos esses que, cedo ou tarde, geralmente combinados com guerras, levaram a uma integração mais ou menos limitada dos grupos antes excluídos nas sociedades dos Estados nacionais. Nos Estados absolutistas, os príncipes e a nobreza eram o único grupo estabelecido, embora alguns representantes da alta burguesia atingissem a condição de grupo estabelecido de segunda classe. Mais tarde os grupos burgueses previamente excluídos acabaram assumindo o controle dos monopólios estatais. Foram seguidos, com acesso mais ou menos restrito aos principais monopólios estatais, pelo grupo previamente excluído dos trabalhadores da indústria, cuja ascensão também desempenhou papel considerável em desenvolver a organização dos Estados de bem-estar. No momento as camadas burguesas e trabalhadoras, como grupo-nós estabelecido, enfrentam juntas uma nova onda de imigrantes estrangeiros que desempenham tarefas subalternas sub-remuneradas. Como nos estágios anteriores, os forasteiros não são incluídos na identidade-nós. Também nesse caso, os grupos estabelecidos os percebem como um grupo na terceira pessoa. Convém acrescentar, contudo, que esses conflitos entre os de dentro e os de fora têm um caráter um tanto diferente nos velhos Estados europeus do que encontramos em países como os Estados Unidos da América, que têm uma tradição de assimilação limitada dos grupos vindos do exterior.

Talvez uma rápida consideração das agudas tensões opondo, no fim do século XX, os grupos estabelecidos e os vindos de fora nos ajude a compreender os problemas de integração das fases anteriores de desenvolvimento. A integração mais completa de todos os cidadãos no Estado, nas nações europeias pluripartidárias, só aconteceu realmente no decorrer do século XX. Somente em conjunto com a representação parlamentar de todas as classes é que os membros do Estado começaram a percebê-lo mais como uma unidade-nós e menos como um grupo-eles. Apenas no decorrer das duas grandes guerras deste século é que as populações dos Estados industrializados mais desenvolvidos assumiram o caráter de nações, no sentido mais moderno da palavra, e seus Estados, o caráter de Estados nacionais. Os Estados nacionais, poderíamos dizer, nascem nas guerras e para as guerras. Aí encontramos o motivo por que, entre as várias camadas da identidade-nós, o atual nível estatal de integração tem um peso especial e uma carga afetiva especial. O plano de integração do Estado, mais que qualquer outra camada da identidade-nós, tem a função, na consciência da maioria dos membros, de unidade de sobrevivência, de unidade de proteção da qual depende sua segurança física e social nos conflitos entre grupos humanos e nos casos de catástrofes físicas.

Devemos observar, contudo, que ele só tem essa função na *consciência* da maioria de seus membros. O modo como as coisas se apresentam na realidade é uma história muito diferente. É claro que o plano de integração de um Estado é, em alguns aspectos, uma unidade de sobrevivência. Uma das funções do Estado é proteger o indivíduo, como súdito, da violência de outras pessoas dentro e fora do território nacional. Mas os Estados ameaçam uns aos outros. Em seus esforços de garantir a segurança física e social de seus cidadãos diante de um possível ataque de outros Estados, eles dão continuamente a impressão de estarem ameaçando aqueles por quem se sentem ameaçados. A constante troca de papéis que transforma Estados ameaçados em ameaçadores também transforma as esperadas unidades de sobrevivência, inintencionalmente, em unidades potenciais ou efetivas de aniquilação. Isso se aplica não apenas aos membros de Estados opostos, mas aos membros de um mesmo Estado. A natureza especificamente bifacial do credo nacional deriva, entre outras coisas, do fato de a função do Estado como unidade de sobrevivência, como avalista da segurança de seus membros, combinar-se com a exigência de que estes se disponham a renunciar a sua própria vida caso o governo o julgue necessário para a segurança de toda a nação. Em nome da segurança duradoura, os homens e mulheres que lideram os Estados nacionais, em especial os mais poderosos, criam uma situação de insegurança permanente.

A peculiar dicotomia dos Estados nacionais como unidades de sobrevivência e unidades de aniquilação, evidentemente, nada tem de novo. Os Estados nacionais compartilham essa contradição funcional com os grupos de parentesco de outrora e com as unidades tribais do passado e do presente, para citar apenas alguns. Mas em nossa época, em vista da evolução dos armamentos, o perigo de que os esforços da nação para garantir sua sobrevivência produzam o resultado inverso é maior do que nunca.

Além disso, a dupla função dos Estados nacionais contemporâneos como unidades de sobrevivência e unidades potenciais ou efetivas de aniquilação expressa-se em peculiaridades do *habitus* social dos indivíduos que os compõem. Afirmei anteriormente que, no curso no desenvolvimento recente da humanidade, pelo menos nas sociedades mais desenvolvidas, a identidade-eu, comparada à identidade-nós, ganhou uma carga afetiva mais intensa no equilíbrio eu-nós dos indivíduos. Especialmente na imagem humana dos filósofos — e de um bom número de sociólogos —, a noção extremada de um eu desprovido de nós desempenha um papel sumamente proeminente. Mas esse enfraquecimento da identidade-nós não tem, de maneira alguma, uma difusão uniforme em todo o espectro de camadas-nós. Por mais forte que tenha sido o avanço da individualização nos últimos tempos, a verdade é que, em relação ao plano do Estado nacional, a identidade-nós fortaleceu-se. É comum constatar-se que as pessoas tentam superar a contradição entre sua autopercepção como um eu desprovido de um nós, como indivíduos totalmente isolados, e seu engajamento no grupo-nós da nação mediante uma estratégia de encapsulação. Sua percepção de si como indivíduos e como representantes de um grupo-nós, como franceses, ingleses, alemães ocidentais, norte-americanos, etc., está destinada a diferentes compartimentos de seu conhecimento, e esses compartimentos mantêm apenas uma comunicação muito tênue entre si. Olhando mais de perto, constata-se que os traços da identidade grupal nacional — aquilo a que chamamos "caráter nacional" — constituem uma camada do *habitus* social engastada muito profunda e firmemente na estrutura de personalidade do indivíduo.

O *habitus* social, e portanto a camada desse *habitus* que constitui o caráter nacional, certamente não é um enigma. Como formação social, ela é, à semelhança da língua, sólida e firme, mas também é flexível e está longe de ser imutável. A rigor, está sempre em fluxo. Uma investigação mais minuciosa dos processos educacionais que desempenham papel decisivo na formação das imagens do eu e do nós dos jovens lançaria mais luz, e rapidamente, sobre a produção e reprodução das identidades-eu e nós ao longo das gerações. Mostraria como as relações cambiantes de poder, intra e interestatais, influenciam a formação dos sentimentos nessa área. Na verdade, a manipulação dos sentimentos em relação ao Estado e à nação, ao governo e ao sistema político, é uma técnica muito difundida na práxis social. Em todos os Estados nacionais, as instituições de educação pública são extremamente dedicadas ao aprofundamento e à consolidação de um sentimento-nós exclusivamente baseado na tradição nacional. Toda essa área ainda carece de uma teoria social factual e prática que nos permita compreender essas questões e, desse modo, nos ajude a superar a ideia de uma existência separada do indivíduo e da sociedade.

O conceito de *habitus* social ainda não faz parte do repertório básico de conhecimentos teóricos que os professores de sociologia e das outras ciências sociais transmitem às gerações mais novas ao lhes darem uma perspectiva da sociedade humana. A natureza profundamente arraigada das características nacionais distintivas e a consciência da identidade-nós nacional estreitamente ligada a elas podem servir de exemplo ilustrativo na medida em que o *habitus* social do indivíduo fornece um solo em que podem florescer as diferenças pessoais e individuais. A individualidade de determinado inglês, holandês, sueco ou alemão representa, em certo sentido, a elaboração pessoal de um *habitus* social — e, nesse caso, nacional — comum.

Um estudo sociológico-processual e uma familiaridade com a investigação dos processos a longo prazo fazem-se necessários para explicar as diferenças do *habitus* dos indivíduos na América Latina ou na Europa, na África ou na Ásia. Mas, se estivermos à procura de exemplos da congruência do conceito de *habitus* com a realidade, dificilmente encontraremos uma ilustração mais convincente do que a sistematicidade com que o *habitus* nacional dos Estados nacionais europeus impede sua união política mais estreita.

XI

Aqui deparamos com um problema de desenvolvimento social que talvez ainda esteja sendo um pouco subestimado, tanto no nível teórico-empírico quanto no prático. Para facilitar a comunicação, pretendo chamá-lo efeito de trava. Trata-se de um problema de *habitus* de natureza peculiar.

Ao estudar os processos de desenvolvimento social, defrontamo-nos repetidamente com uma constelação em que a dinâmica dos processos sociais não planejados tende a ultrapassar determinado estágio em direção a outro, que pode ser superior ou inferior, enquanto as pessoas afetadas por essa mudança se agarram ao estágio anterior em sua estrutura de personalidade, em seu *habitus* social. Depende inteiramente da força relativa da mudança social e do arraigamento — e portanto da resistência — do *habitus* social saber se e com que rapidez a dinâmica do processo social não planejado acarretará uma reestruturação mais ou menos radical desse *habitus*, ou se a feição social dos indivíduos logrará êxito em se opor à dinâmica social, quer tornando-a mais lenta, quer bloqueando-a por completo.

São muitos os exemplos desses efeitos de trava. A barreira há pouco mencionada que o *habitus* nacional dos membros dos Estados europeus ergue contra a formação de um Estado europeu continental é apenas um deles. As tensões e conflitos a ela associados talvez se tornem mais fáceis de entender ao examinarmos de uma distância maior acontecimentos análogos num estágio anterior do desenvolvimento, o da transição das tribos para Estados como unidades predominantes de sobrevivência e integração. Uma situação típica no tocante a isso é a que confrontou, em certa época, os índios norte-americanos, e que provavelmente ainda os confronta.

Tem-se a impressão de que a solidez, a resistência e o arraigamento do *habitus* social dos indivíduos numa unidade de sobrevivência aumenta à medida que se alonga e encomprida a cadeia de gerações em que certo *habitus* social se transmite de pai para filho. Antes de chegarem os europeus, na maior parte das tribos indígenas os homens em posição de domínio eram os que traziam, tanto quanto podemos ver agora, a marca social de guerreiros e caçadores. As mulheres eram coletoras e ajudavam de muitas maneiras na ocupação central dos guerreiros e caçadores. A unidade primordial de sobrevivência, o nível mais elevado de identidade-nós, era a tribo. Nesse estágio inicial de desenvolvimento, ela desempenhava um papel semelhante ao dos Estados nacionais numa etapa posterior. Assim, a identificação pessoal do indivíduo com a tribo era tão natural quanto necessária. A ela, como mais elevada unidade e fonte de sentido coletiva, em outras palavras, ajustava-se o *habitus* social, o caráter social ou a estrutura social de personalidade do indivíduo.

Mas eis que a realidade se modificou. Numa longa sucessão de guerras e outras formas de luta pelo poder, os descendentes dos imigrantes europeus transformaram-se nos senhores da terra. Constituíram uma organização social num plano mais complexo de integração — o do Estado. Os índios formaram ilhas dotadas de uma forma de organização anterior, pré-estatal, que continuaram a existir como formação semicristalizada, fósseis em meio à sociedade estatal norte-americana em desenvolvimento. Fazia muito tempo que quase todas as condições naturais e sociais que haviam moldado sua estrutura social tinham desaparecido, mas, no *habitus* social dos indivíduos, em sua estrutura de personalidade, a estrutura social extinta sobrevivia e, ajudada pela pressão da opinião pública dentro das tribos e pela educação, era transmitida de geração a geração. O resultado foi a fossilização do *habitus* social desses povos no interior de suas reservas insulares.

Essa constelação, a preservação da identidade-nós tradicional em reservas semelhantes a museus, é uma das consequências possíveis do efeito de trava. Alguns fragmentos do *habitus* e dos costumes tradicionais sobrevivem, nem que seja apenas como atrações turísticas. Mas a forma social que dava função social a esse *habitus* e a esses costumes, particularmente a vida dos guerreiros e caçadores, desaparece com a inserção da tribo num grande Estado nacional. Existem alternativas. Para citar apenas uma, há alguns casos de índios norte-americanos que se transformaram com êxito em trabalhadores industrializados. O *habitus* social tradicional perdeu terreno. Começou a assimilação dos índios no Estado em que eles vivem.

O efeito de trava pode também ser reconhecido no caso das tribos africanas que se estão agrupando em Estados diante de nossos olhos, em parte no decurso de violentas lutas pela supremacia e, em parte, através de uma integração mais ou menos pacífica. Na África ao sul do Saara, podemos observar quantas variações são admitidas pelo processo social de transição que conduz do nível de integração tribal para o estatal. Em grande número de casos, como em Gana e na Nigéria, o processo de fusão tribal iniciou-se no período colonial, e na Nigéria uma violenta guerra pôs fim à aspiração de uma das tribos de existir como Estado próprio. Na Tanzânia, um líder carismático usou sua autoridade, a um preço elevadíssimo, para desmantelar as tribos, tentando reunificar as unidades desarraigadas sob a bandeira do socialismo africano. Em Uganda, um longo período de batalhas sangrentas pela supremacia tribal talvez esteja chegando ao fim. Pela primeira vez, o representante de um dos grupos tribais tem-se batido com sucesso como defensor de uma identidade-nós referida ao Estado contra os proponentes de uma identidade-nós referida à tribo. Apesar de todas as diferenças, a estrutura básica é sempre a mesma. A dinâmica do processo social não planejado, que impele as tribos a se congregarem na unidade integradora mais ampla do Estado, é quase inevitável. Mas o *habitus* social das pessoas, na maioria dos casos, ajusta-se de maneira igualmente inevitável à integração e à identidade-nós sob a forma da tribo. O exemplo dos processos de formação nacional que hoje se desenrolam na África mostra com especial clareza a força do processo social que impele as pessoas para a integração no plano estatal e sua resistência a essa integração, que deve seu vigor e persistência à adequação do *habitus* social ao plano tribal tradicional.

Como fase de um processo social não planejado, o atual movimento no sentido da integração é poderoso demais para ser contido por muito tempo por unidades sociais específicas, menos ainda por indivíduos. Mas no nível tribal (como no nível dos Estados nacionais) ele traz em si conflitos específicos. Estes não ocorrem por acaso. Fazem parte da estrutura do processo inteiro. Esses conflitos processuais vinculam-se, em parte, à mudança da estrutura social de personalidade de cada um dos membros dos grupos, mudança esta que é imposta pela mudança de um nível de integração para outro — por exemplo, do nível tribal para o nacional. Alguns conflitos desse tipo têm que ser travados entre o indivíduo e ele mesmo. Podem assumir a forma de conflito entre a lealdade à família e ao Estado, como no caso que antes mencionamos da chamada "corrupção" nos Estados menos desenvolvidos. Em outras constelações, eles assumem a forma de conflito de gerações.[13] Mas sempre indicam que, comparado à mudança relativamente rápida do movimento de integração, o ritmo da mudança correspondente no *habitus* social dos indivíduos em questão é extraordinariamente lento. A estrutura social de personalidade dos indivíduos, inclusive as imagens do eu e do nós, é relativamente duradoura. Opõe-se a todas as múltiplas inovações acarretadas pela transição para um novo nível de integração. No caso da transição da tribo para o Estado, a pressão do desenvolvimento, como dissemos, é tão imensa que, a longo prazo, a resistência em nome da tribo não consegue lograr êxito. Mas em geral são necessárias pelo menos três gerações para que esses conflitos processuais se atenuem. E, uma vez que essas transições não apenas são acompanhadas pelos conflitos pessoais dos indivíduos, ou até pelos conflitos entre gerações, mas também são sempre concomitantes a lutas pelo poder entre tribos diferentes, é possível que muito mais do que três gerações sejam necessárias para que os conflitos transicionais sejam resolvidos e para que as posições relativas das diferentes tribos dentro da nova formação estatal atinjam uma certa estabilidade.

XII

A pressão dominante que agora impele as pessoas para a integração estatal costuma deixar às unidades pré-nacionais — por exemplo, as tribos — apenas uma alternativa, a de preservarem sua identidade como uma espécie de peça de museu, um bolsão estagnado na periferia de uma humanidade em rápido desenvolvimento, ou renunciarem a uma parcela de sua identidade e, portanto, ao *habitus* social tradicional de seus membros. Isso pode acontecer através da integração destes numa unidade preexistente, no nível de um Estado nacional ou continental, ou de sua combinação com outras tribos numa nova nação. Em alguns casos especiais, contudo, há uma terceira alternativa: a encapsulação de uma sociedade pré-estatal mais antiga numa grande sociedade estatal, tão poderosa e autoconfiante que possa tolerar em seu meio, encapsuladas, essas sociedades anteriores.

As sociedades estatais norte-americanas fornecem grande número de exemplos desse tipo de encapsulação social, de sociedades que sobrevivem, provindo de um estágio pré-estatal de desenvolvimento, no seio de uma sociedade estatal mais altamente desenvolvida. Alguns representantes de sociedades pré-estatais que sobrevivem inseridas numa sociedade estatal, preservando ao mesmo tempo boa parte de sua forma pré-estatal, conseguem fazê-lo por serem capazes de desempenhar certas funções no interior da sociedade estatal dominante. No Canadá, por exemplo, há o caso muito bem-sucedido de antigas seitas cristãs que em alguns povoados conseguem manter, numa forma cristalizada, seus modos de vida, sua religião e toda a sua tradição porque a ética de trabalho e a estrutura de poder de seu estágio de desenvolvimento pré-estatal lhes permite desenvolver competitivamente uma produção agrícola e encontrar compradores dispostos a adquiri-la na sociedade circundante. A seita dos Hutterer alemães,[14] no Canadá, constitui bom exemplo disso. Sua vida social interna acha-se imobilizada. Eles usam os trajes de seus antepassados; falam-lhes a língua. A balança nós-eu, como em muitos outros grupos pré-estatais, pende maciçamente para o nós. Não há televisão, rádio, contato telefônico com o mundo externo e outros meios de comunicação que contrabalancem a encapsulação. O vestuário simples, idêntico para todos os homens e todas as mulheres, mal deixa margem para a individualização. A elevada taxa de natalidade permite que se fundem novas aldeias. Um conselho de anciãos certifica-se de que a tradição permaneça intacta. As crianças são educadas com uma combinação de rigidez e bondade para se ajustarem a essa vida.

Outro exemplo de forma social pré-estatal a sobreviver no contexto de uma forma estatal é a Máfia norte-americana. Sua tradição remonta a uma época em que o grupo de parentesco funcionava como a principal unidade de sobrevivência do indivíduo. Em sua terra de origem, a Sicília, os extensos grupos familiares da Máfia têm conservado até hoje um valor de sobrevivência superior ao do Estado italiano. Devem essa função, essencialmente, à fidelidade incondicional e vitalícia de cada um dos membros ao grupo familiar extenso, efetivo ou nominal. Sob a forma da Máfia, um tipo de configuração que era amplamente difundido num estágio anterior de desenvolvimento intromete-se no estágio atual sob forma adequadamente adaptada, só que agora sob auspícios negativos. Nesse caso, o grupo de parentesco preservou uma alta função de sobrevivência para seus membros, mesmo em comparação com a unidade estatal e em que pese ao fato de esta reivindicar o monopólio do uso da violência e da cobrança de tributos.

Também nos Estados Unidos as associações familiares da Máfia têm enfrentado com bastante sucesso essa pretensão de monopólio. Enraizando-se nesse país, descobriram um meio de continuar a existir como representantes de uma tradição grupal específica, desempenhando funções sociais que vão de encontro à lei do Estado. As famílias da Máfia transformaram-se, também nos Estados Unidos, numa formação criminosa que, organizando o tráfico de drogas, o jogo, a prostituição e o exercício ilegal da violência, assumiu uma posição de estrangeira (*outsider*) que até o momento tem alcançado muito sucesso em certas ocasiões. Uma das condições básicas para a sua sobrevivência foi o fato de algumas formas pré-estatais de vida comunitária terem mantido uma obscura existência ilegal e antiestatal — especialmente nas grandes cidades. Isso se aplica, acima de tudo, à já mencionada lealdade que o indivíduo mostra para com a "família": ou seja, a uma balança nós-eu que pende a favor do nós, o que tem sido incomum nos Estados mais desenvolvidos. O que contribuiu em boa medida para o sucesso da Máfia, em outras palavras, foram certos traços estruturais da associação de parentesco pré-estatal, tal como a encontramos em sua forma originária — geralmente designada como "feudal" na linguagem técnica — apenas em sociedades predominantemente agrárias. Esses traços reaparecem sob forma menos estruturada, em consonância com as condições urbanas e estatais e em decorrência de serem empurrados para a criminalidade.

O mais importante dentre os traços configurativos que têm em comum essas formas encapsuladas de grupos pré-estatais no interior do corpo dos grandes Estados contemporâneos, como ficou claro aqui, é a permanência maior e comumente vitalícia de muitas relações humanas, se não de todas, e de uma balança nós-eu em que o nós tem clara preponderância sobre o eu, e que frequentemente exige a subordinação incondicional do eu ao nós, do indivíduo ao grupo-nós. Em se observando esse traço estrutural como que *in vivo*, e tendo-se à mão instrumentos conceituais que permitam comparações, talvez se possa compreender com mais facilidade que a inclinação da balança nós-eu em favor do eu não é uma coisa a ser simplesmente tomada por certa, menos ainda um dado da natureza humana. Também subjacente a ela, há uma forma particular de vida comunitária; também ela é característica de uma estrutura social específica. A atual forma de individualização, a aparência que hoje vige da imagem nós-eu, não está menos condicionada pelo padrão social do processo civilizador e pelo processo correspondente de civilização individual do que essas formas pré-estatais do *habitus* social.

Talvez seja necessário assinalar que o que está em discussão neste esforço de elaborar as estruturas características do *habitus* social dos indivíduos e especialmente da balança nós-eu nos vários estágios do desenvolvimento não é a questão de qual das formas dessa balança ou do *habitus* social alguém poderá, pessoalmente, preferir. Podemos quase presumir como certo que alguém que tenha crescido num estágio posterior de desenvolvimento, no estágio atual, prefira a autoimagem de nossa época, mais pendente para o eu, e que lhe pareça estranha a autoimagem mais pendente para o nós das sociedades pré-estatais. O que essas observações e reflexões trazem à luz é que a identidade-nós e a identidade-eu dos indivíduos não são nem tão evidentes nem tão imutáveis quanto pode parecer à primeira vista, antes de esses problemas serem introduzidos no campo da investigação sociológica teórica e empírica.

XIII

Constitui uma peculiaridade do século XX que no decorrer dele as mudanças integradoras tenham acontecido não apenas num plano, mas em vários simultaneamente. Por um lado, a humanidade, em geral sem pretender diretamente fazê-lo, atingiu em algumas regiões do mundo um estágio de desenvolvimento que, em termos de todas as fontes de poder — técnicas, militares, econômicas e assim por diante —, ultrapassa em muito a área em que as tribos ou até os grupos de parentesco nominalmente independentes são de fato capazes de manter sua independência, sua competitividade ou sua função de unidades de sobrevivência. Por outro lado, contudo, a função de unidade efetiva de sobrevivência vem agora, visivelmente, deslocando-se mais e mais do nível dos Estados nacionais para as uniões pós-nacionais de Estados e, além delas, para a humanidade. A catástrofe de Chernobyl, a poluição do Reno e o enorme número de peixes mortos em decorrência da desordenada tentativa de combater um incêndio numa indústria química suíça podem servir de exemplos limitados, mas instrutivos, do fato de que as unidades de Estados nacionais, na realidade, já entregaram sua função de avalistas da segurança física de seus cidadãos, e portanto de unidades de sobrevivência, a unidades supraestatais.

Os representantes dos Estados europeus estão muito familiarizados com o sentido dos equilíbrios de poder e das mudanças do poder nas relações entre as nações. Mas os ocupantes dos principais cargos dos Estados atuais, sobretudo os cargos políticos e militares, costumam estar tão imersos em problemas de curto prazo que raramente se veem em condições de harmonizar seriamente seus planos e ações com tendências de desenvolvimento a longo prazo. Durante e logo após a Segunda Guerra Mundial, nações de uma nova ordem de magnitude, às vezes chamadas superpotências nos dias atuais — ou seja, principalmente os Estados Unidos e a União Soviética —, deslocaram-se para o topo da hierarquia das nações, empurrando para uma posição secundária os Estados europeus menores, dotados de recursos militares e econômicos mais limitados. A velocidade com que se deu essa mudança de panorama na rede das nações claramente apanhou de surpresa a maior parte dos estadistas e comandantes militares europeus, além, sem dúvida, da maioria das outras pessoas. Se a investigação científica das mudanças configurativas de longo prazo, e portanto das mudanças a longo prazo no equilíbrio do poder entre as nações, tivesse estado numa etapa mais avançada, essa alteração da hierarquia das nações poderia ter sido prevista, sem dificuldade, como uma sequência nada improvável, se não necessária, da derrota de Hitler. Do mesmo modo, pode-se prever como provável, se não necessário, que no decorrer do século vindouro uma nova mudança no equilíbrio do poder, em detrimento das nações europeias isoladas e em favor de outros países e grupos de países com maior potencial militar e econômico, venha a ocorrer. A pressão competitiva dos países não europeus com cada um dos Estados nacionais da Europa, que já é bastante visível no caso do Japão, provavelmente se intensificará em todas as áreas, inclusive, por exemplo, nas áreas científica e cultural.

Há diversas estratégias de longo prazo que é possível adotar em resposta a esse problema. Uma delas é uma união mais estreita e uma maior dependência em relação aos Estados Unidos. Outra é uma união gradativamente crescente dos países europeus sob a forma de uma federação multilíngue de nações ou de um Estado federativo. Uma terceira possibilidade seria continuarem as nações europeias a existir mais ou menos em sua forma tradicional, como Estados nacionais nominalmente independentes e soberanos.

A terceira dessas possibilidades requer especial atenção neste contexto, já que a continuidade da existência dos Estados nacionais europeus como unidades de sobrevivência formalmente independentes é a que melhor se ajusta ao *habitus* social dos povos a eles pertencentes. Países como a Inglaterra, a Holanda, a Dinamarca ou a França desenvolveram-se continuamente, como unidades organizacionais relativamente autônomas, durante vários séculos, e nos últimos 100 anos em particular houve um intenso avanço da democratização funcional que integrou na estrutura estatal praticamente todas as classes. Esses avanços promoveram, nas estruturas individuais de personalidade das pessoas de todas as classes, uma arraigada predisposição a conviverem dessa forma específica, como dinamarqueses, holandeses ou franceses. A língua comum, por si só, liga intensamente o indivíduo ao Estado em sua forma tradicional. Algo semelhante aplica-se à maneira como as pessoas se adaptam à competição dentro do país ou como os sentimentos pessoais se harmonizam com a imagem-nós e a identidade-nós conhecidas. Os vínculos emocionais do indivíduo com seu país podem ser ambivalentes; muitas vezes assumem a forma de um par amor-ódio. Mas, seja qual for sua forma, o vínculo com o país é intenso e vívido. E é comparativamente tênue ou inexistente em relação às formas preliminares da federação europeia de nações. Aí deparamos com mais um exemplo impressionante do que chamei efeito de trava.

Sem sombra de dúvida, os fatores estratégicos e econômicos desempenham importante papel nas dificuldades que se erguem a uma integração mais estreita dos Estados nacionais europeus. Mas esses obstáculos possivelmente poderiam ser superados mediante acordos, sobretudo levando-se em conta que a realidade social do desenvolvimento das nações em direção a unidades pós-nacionais demonstra, de maneira enfática, as desvantagens da fragmentação da Europa em países de tamanhos variados. Não obstante as diferenças de *habitus* entre os povos que compõem esses diferentes Estados nacionais, bem como o profundo compromisso nacional dos indivíduos, combinado com sua identidade-nós como nação, têm uma responsabilidade muito maior pelas dificuldades que impedem a formação de uma estrutura pós-nacional do que se costuma reconhecer nos debates públicos sobre a integração. Essa diferença de *habitus* nacionais e a identidade-nós nacional carregada de afeto não podem ser descartadas por acordos, por atos de vontade ou pelo que se costuma entender como meios racionais. Os dois fatores constituem o precipitado de um processo muito longo, que é a evolução histórica dos vários grupos nacionais, nas estruturas de personalidade de cada um de seus membros. A resistência deles, mesmo diante da intensa pressão em favor das uniões pós-nacionais, explica-se inclusive pelo fato de que, no passado, esses fatores tiveram uma importância muito real em termos da função do Estado como unidade de sobrevivência. A dificuldade é que, no decorrer do século XX, o nível de integração dos Estados nacionais europeus tradicionais perdeu muito de sua função de sobrevivência. Mas o precipitado dessa função nos sentimentos e no caráter dos indivíduos em questão, o chamado "caráter nacional", leva a uma ossificação das atitudes humanas que, a princípio, continua bem pouco perturbada ante as mudanças na realidade social.

Em outras palavras, o *habitus* social pertinente ao Estado nacional e a imagem-do-nós e o ideal-do-nós a ele associados têm um sentido próprio. Isso lhes confere uma durabilidade que consegue impedi-los de continuarem a se desenvolver no mesmo ritmo do desenvolvimento social, em direção a um nível mais elevado de integração. Os exemplos são abundantes. Muitas áreas funcionais do desenvolvimento da humanidade tendem inequivocamente, em nossos dias, para a formação de unidades supranacionais, mesmo dentro da Europa. Mas a imagem-do-nós, todo o *habitus* social dos indivíduos, está inamovivelmente ligado por intensa carga afetiva à identidade tradicional do grupo, no plano do Estado nacional. No plano tribal, a identidade-nós dos índios norte-americanos, em que se refletem a grandeza de seu passado comum, as caçadas de búfalos, as guerras tribais e sobretudo a função da tribo como unidade decisiva de sobrevivência, opôs-se ao desenvolvimento para a forma de Estado. Do mesmo modo, a imagem-do-nós e o ideal-do-nós do Estado nacional, em que se refletem as guerras passadas e a já agora obsoleta função de sobrevivência da nação, barram o caminho de uma integração maior, que teria muito mais probabilidade de obter êxito na competição não militar entre as nações e que até na guerra representaria uma unidade de sobrevivência um pouco mais eficiente do que o Estado nacional. Sem dúvida, a discrepância do estágio de desenvolvimento e do poder é muito maior no caso das tribos indígenas em relação ao Estado norte-americano do que no das nações europeias em relação a uma federação europeia talvez inatingível. Mas as dificuldades que impedem a união europeia continuarão inacessíveis à análise, especialmente à análise científica, enquanto os indivíduos forem encarados meramente como eus desprovidos de um nós e não se entender adequadamente o papel da balança nós-eu, do ideal-do-nós e da identidade-nós nos sentimentos e comportamentos individuais.

Existe claramente, na atualidade, uma cisão na situação dos Estados nacionais. Por um lado, a sobrevivência de uma nação como sociedade autogerida e independente, como Estado soberano, tem importante função para o povo que nela vive. Essa função com frequência se toma por um dado; por isso mesmo, é de se imaginar que seria útil romper essa aceitação tácita e expor a um debate público imparcial com as pessoas envolvidas a função que cumpre o fato de ser membro de uma nação. É que existem, por outro lado, aspectos estruturais inquestionáveis do atual estágio de desenvolvimento da humanidade que vão de encontro à soberania nacional e tendem cada vez mais a limitá-la. Essa cisão fundamental e suas extensas implicações não são, no momento, objeto de muitas discussões objetivas. A cisão não é encarada como realidade, mas como questão de crença. Não é discutida como problema de fato, restringindo-se deliberadamente o envolvimento pessoal, mas em termos de *slogans* quase religiosos e de doutrinas partidárias emocionais que estipulam as respostas pessoais antes mesmo que se inicie a discussão científica dos fatos. Nesse contexto, basta assinalar que já é mais do que hora de levarmos a sério o problema da evolução e da função do Estado nacional como questão a ser investigada pela sociologia dos processos. Isso implicaria uma análise das diferenças do desenvolvimento dos Estados nacionais em relação às diferenças correspondentes na estrutura social de personalidade das pessoas em questão.

O poderoso movimento de integração que afeta a humanidade em nossa época favorece unidades de sobrevivência que sejam superiores aos Estados nacionais no número de níveis de integração, na extensão territorial, no tamanho da população e, por conseguinte, no mercado interno, no capital social, no potencial militar e em muitos outros aspectos. As unidades de sobrevivência no estágio de desenvolvimento de Estados nacionais não podem competir com organizações estatais no estágio seguinte, sobretudo os Estados Unidos e a União Soviética, sem se combinarem em Estados multinacionais maiores e com maiores recursos. A pressão do desenvolvimento, particularmente técnico e econômico, e toda a pressão da competição internacional estão forçando a integração humana a ultrapassar o estágio dos Estados nacionais, rumo à formação de Estados unificados. Mas essa pressão do desenvolvimento não planejado depara-se com a pressão oposta da identidade-nós das nações e até agora esta última tem geralmente sido mais forte. Enquanto, na transição da tribo para o Estado, a resistência das tradições tribais enraizadas no *habitus* social dos indivíduos tem pouca probabilidade de impor a sobrevivência da tribo independente, a possibilidade de as estruturas de personalidade resistirem com êxito à pressão da integração é consideravelmente maior na transição dos Estados nacionais para Estados continentais ou, pelo menos, para unidades pós-nacionais.

XIV

A resistência do indivíduo à fusão de sua unidade de sobrevivência com uma unidade maior — ou ao desaparecimento dela nessa unidade — sem dúvida se deve, em grande parte, a um sentimento determinado: o de que, ao se extinguir ou desaparecer uma tribo ou Estado como entidade autônoma, ficaria sem sentido tudo o que as gerações passadas realizaram e sofreram no contexto e em nome dessa unidade de sobrevivência. Lembremos a incorporação forçada dos índios nos Estados Unidos. O desaparecimento das tradições culturais no curso da absorção em unidades maiores realmente significa, nesse caso e em outros similares, uma espécie de morte coletiva. Esquecem-se os grandes feitos dos pais e mães que arriscaram a vida por essas tradições. Os poderosos espíritos e deuses que amparavam a tribo nos bons e nos maus momentos transformam-se em nomes obscuros que não inspiram medo nem esperança. Os utensílios ritualísticos, antes repletos de significação afetiva, transformam-se em curiosidades de museu para visitantes desprovidos de compreensão. Isso resulta, em parte, da circunstância de que, no plano tribal, se criam poucos produtos culturais de significação humana universal. Digo relativamente poucos porque sem dúvida existem, nesse nível, criações cujo valor e sentido transcendem a tribo. Mas eles são raros, e a assimilação incipiente das tribos indígenas na sociedade urbana norte-americana assinala uma quebra da tradição, um esmaecimento da identidade grupal dos índios, uma grande ruptura na cadeia das gerações.

Passa-se algo semelhante com as nações pressionadas a se conjugarem num plano mais elevado. Tal como acontece com a tribo, algo que possui extremo valor para muitas das pessoas implicadas, algo com que elas se identificam, esmaece na transição para o nível superior. A identidade de sua imagem-do-nós fica ameaçada. Essa imagem-do-nós, contudo, que muitas vezes assume a forma de um processo de maior ou menor extensão, não tem apenas uma função individual, mas também uma importante função social. Ela dá a cada indivíduo um passado que se estende muito além de seu passado pessoal e permite que alguma coisa das pessoas de outrora continue a viver no presente. Unidades como tribos e Estados não têm apenas uma função de sobrevivência no sentido mais óbvio da palavra. Não são unidades de sobrevivência unicamente porque as pessoas que fazem parte delas costumam gozar de um nível relativamente elevado de segurança física, proteção contra a violência e amparo na doença e na velhice, mas porque, pela continuidade da tradição, a filiação a esses grupos-nós concede ao indivíduo uma oportunidade de sobrevivência que transcende a existência física real, uma sobrevivência na memória da cadeia de gerações. A continuidade de um grupo de sobrevivência, expressa na continuidade de sua língua, na transmissão das lendas, da história, da música e de muitos outros valores culturais, é em si uma das funções de sobrevivência desse grupo. A sobrevivência de um grupo passado na memória de um grupo atual tem uma função de memória coletiva. Quando um grupo previamente independente abre mão de sua autonomia, seja pela união com outras unidades, seja pela assimilação numa unidade mais poderosa, isso não afeta apenas os que ora vivem. Muito do que aconteceu nas gerações passadas, do que continuou a viver na memória coletiva, na imagem-do-nós do grupo, modifica-se ou perde sentido quando se modifica a identidade grupal e, por conseguinte, sua imagem-do-nós.

É possível ver a natureza peculiar do conflito que isso evidencia. Ele é bem conhecido no nível das observações particulares como um acontecimento num nível inferior de síntese, mas nos falta conceituá-lo num nível de síntese mais elevado. Fica parcialmente oculto pelo fato de a tradição linguística oferecer conceitos convenientes, que parecem solucionar satisfatoriamente o problema em questão, embora, na verdade, só façam contorná-lo. Um par de conceitos que vem prontamente à lembrança, por exemplo, é "racional-irracional". É simplesmente racional, dir-se-ia, ceder à pressão de um poderoso processo de integração e irracional resistir a ele. Mas esse próprio par de conceitos é um exemplo do efeito de trava a que me referi. Provém de uma época anterior, na qual as pessoas eram claramente retratadas como seres dotados como que por natureza de uma faculdade racional, sendo, por conseguinte, sempre capazes de agir de maneira objetiva. Quando não o faziam, estariam sendo pouco razoáveis ou irracionais. Nesse esquema, não havia espaço para os sentimentos, como quer que fossem chamados — emoções, afetos ou instintos humanos. Tampouco havia lugar para pessoas dotadas de uma imagem-do-eu e uma imagem-do-nós carregadas de sentimentos de maior ou menor intensidade. Deixar às pessoas apenas a alternativa de se portarem racional ou irracionalmente equivale mais ou menos a tratá-las como crianças que ou são boazinhas ou são más. Todavia, no que tange a sua identidade grupal e, num sentido mais amplo, a seu *habitus* social, as pessoas não têm liberdade de escolha. Essas coisas não podem ser simplesmente trocadas, como roupas.

Isso também implica que o problema em pauta não pode ser conceitualmente resolvido se for tratado como assunto basicamente intelectual, como uma questão de valores. O problema concerne à fixação dos sentimentos e comportamentos individuais numa associação humana com importantes funções de sobrevivência, mesmo depois de essa associação haver cedido boa parte de suas funções a um nível mais elevado de integração. Vista como um problema puramente intelectual, a absorção do grupo-nós de alguém num grupo-nós de ordem superior afigura-se meramente uma desvalorização de algo sumamente valorizado. Dir-se-ia que é isso o que ela é. Mas se trata de muito mais que uma desvalorização. Enquanto nenhum sentimento de identidade pessoal, nenhum sentimento-nós for associado à unidade de ordem superior, o desvanecimento ou desaparecimento do grupo-nós de ordem inferior há de se afigurar como uma ameaça de morte, uma destruição coletiva, como uma perda de sentido no mais alto grau. Se a resistência à integração num nível superior for apresentada como constituindo primordialmente um problema do pensamento, um problema intelectual, nunca poderá ser compreendida de forma adequada. É que, do ponto de vista intelectual, muitas vezes soa perfeitamente claro que a integração num nível superior, num mundo em que já existem outras unidades de sobrevivência de nível superior, será inevitável e vantajosa. Por certo seria fácil e apropriado compreender, intelectualmente, que os sioux e os iroqueses norte-americanos pendurassem seus trajes tradicionais, substituíssem seus costumes pelos dos estadunidenses e ingressassem na competição altamente individualizada da sociedade norte-americana. Seria sensato em termos racionais, e possivelmente vantajoso, que os Estados nacionais europeus se combinassem nos Estados Unidos da Europa. Mas na maioria dos casos a dificuldade reside no fato de a consciência intelectual da lógica da integração esbarrar na tenaz resistência das ideias afetivas que conferem a essa integração um caráter de ruína, de uma perda que é impossível deixar de lamentar. E, nessas condições, provavelmente ninguém quer cessar seu lamento.

O problema central, como talvez se possa perceber, reside numa peculiaridade da transição de um nível de integração para outro. No período transicional, é frequente haver uma longa fase em que o grupo de nível inferior sofre o que seus membros sentem como grave perda do sentido do grupo-nós, enquanto o grupo de nível superior ainda não é capaz de assumir uma função de grupo-nós que lhe confira um sentido emocional. Pensemos, por exemplo, na diferença de carga afetiva entre afirmações como "sou inglês", "sou francês" ou "sou alemão" e a seguinte declaração: "sou um europeu inglês, francês ou alemão". Todas as referências a cada uma das nações europeias têm intenso valor emocional para os povos envolvidos, seja ele positivo, negativo ou ambivalente. A título de comparação, as afirmações do tipo "sou europeu", "sou latino-americano" ou "sou asiático" são emocionalmente fracas. A unidade de integração no nível continental pode ser entendida como uma exigência prática, mas, ao contrário das unidades nacionais mais antigas, não está associada a intensos sentimentos-nós. Mesmo assim, não é quimérico supor que, no futuro, termos como "europeu" ou "latino-americano" venham a adquirir um teor emocional muito mais intenso do que têm no momento.

XV

E isso não é tudo. Além dos dois níveis já discutidos, o atual avanço da integração tem um terceiro. Num exame mais minucioso, vemos claramente que o bem-estar ou a desproteção dos cidadãos de um dado país, inclusive a União Soviética e os Estados Unidos, já não depende, nem mesmo na atualidade, da proteção que esse país — ou até um Estado continental potencial como a Europa — lhes possa proporcionar. Mesmo hoje as probabilidades de sobrevivência dependem amplamente do que acontece no plano global. É a humanidade inteira que constitui agora a última unidade eficaz de sobrevivência.

Referi-me antes à crescente impermanência, permutabilidade e voluntariedade de muitas relações-nós, inclusive, dentro de certos limites, a nacionalidade. Apenas o nível mais alto de integração, a filiação à humanidade, continuou permanente e inescapável. Mas nossos vínculos com essa unidade-nós universal são tão frouxos que poucas pessoas, ao que parece, têm consciência deles como laços sociais.

O curso efetivo do desenvolvimento social nas duas últimas décadas levou a uma interdependência sistematicamente maior de todos os grupos humanos. A crescente integração da humanidade, como o plano de integração não apenas mais abrangente, porém sumamente eficaz, mostra-se de maneiras boas e ruins. O entrelaçamento global de todas as nações expressa-se com bastante clareza em algumas instituições centrais em estágio muito primitivo de desenvolvimento. A Organização das Nações Unidas é fraca e, em muitos aspectos, ineficaz. Mas qualquer um que tenha estudado o crescimento de instituições centrais sabe que os processos de integração precipitados quando elas se organizam num novo nível precisam, muitas vezes, de um período de aquecimento de vários séculos para que elas se tornem relativamente eficazes. E ninguém é capaz de prever se as instituições centrais criadas no decorrer de uma poderosa integração não poderão ser destruídas num processo igualmente poderoso de desintegração. Isso se aplica não somente às Nações Unidas, mas a outras instituições globais em suas primeiras formas, como o Banco Mundial, a Organização Mundial da Saúde, a Cruz Vermelha ou a Anistia Internacional. Mas a crescente integração da humanidade também se expressa de maneiras malignas: a luta pela supremacia global e a corrida armamentista entre duas potências hegemônicas constituem sintomas disso. Outro sintoma, não menos importante, é a possibilidade técnica da autodestruição de toda a humanidade ou das condições de sua sobrevivência pelo desenvolvimento de armas com poder destrutivo cada vez maior. Juntamente com a corrida armamentista, isso pode ser encarado, pela primeira vez, como uma possibilidade realista no desenvolvimento da humanidade.

Entre os aspectos curiosos da situação atual encontra-se o fato de que, também nesse nível, a imagem-do-nós, a identidade-nós da maioria das pessoas, está defasada da realidade da integração efetivamente alcançada. A imagem-do-nós está muito atrasada em relação à realidade da interdependência global, que inclui a possibilidade de o espaço vital comum ser destruído por determinados grupos. Os planos de integração do clã, da tribo ou do Estado, como dissemos, são positiva ou negativamente carregados de vívidos sentimentos de um laço comum, de intensos sentimentos-nós que guiam os atos dos indivíduos numa direção ou noutra. A união em níveis mais elevados — em especial, agora, a crescente integração da humanidade — pode ser entendida como um fato; mas, como foco de sentimentos de participação e imagem norteadora dos atos individuais, a humanidade encontra-se num estágio muito primitivo. A consciência das pessoas, sobretudo dos líderes políticos e dos principais militares e homens de negócios do mundo inteiro, está quase que exclusivamente preocupada com suas próprias nações individuais. O sentimento de responsabilidade por uma humanidade em perigo é mínimo. Por mais eminentemente realista que seja essa preocupação, o *habitus* nacionalmente adaptado do próprio indivíduo a faz parecer irreal, até mesmo ingênua. O avanço amplo e não planejado da integração realmente instaura, sem dúvida, alianças e organizações militares multinacionais. Mas, para os participantes, o Estado isolado ainda é preeminente como ponto de referência para as considerações em termos do nós. As duas principais potências, a União Soviética e os Estados Unidos, têm tamanha preponderância militar que a meia verdade da soberania dos Estados singulares realmente já não esconde a dependência militar dos aliados menores dessas superpotências. No entanto os líderes das duas potências mundiais, e portanto os líderes militares, dão a seus aliados pouca margem de dúvida de que os interesses de suas próprias nações têm precedência sobre todos os demais em todos os aspectos.

Atualmente a compulsão exercida pelo *habitus* social adaptado às nações singulares é vista por muitos como algo tão esmagador e inelutável que eles o tomam por certo, como inerente à natureza, à semelhança do nascimento e da morte. As pessoas não pensam a seu respeito. Como tema de pesquisa, esse *habitus* e seus aspectos coercitivos permanecem basicamente não investigados. Fazem parte da realidade da existência social. A ideia de que possam modificar-se é considerada ingênua. Mas as imposições do *habitus* social são criadas pelos seres humanos. Em certa época passada, elas foram ajustadas em todas as pessoas para se adequarem ao nível de integração do clã. Em outros estágios do passado, as tribos constituíram as mais elevadas unidades de integração com que se harmonizaram a consciência e os sentimentos humanos. Não faz tanto tempo assim que os Estados se tornaram as unidades de integração que atraíram, mesmo que de forma ambivalente, sentimentos especialmente intensos de um "nós" e impuseram a todos os seus membros uma obrigação relativamente grande de lealdade e solidariedade. A imagem-do-nós dos seres humanos modificou-se; e pode modificar-se novamente. Essas mudanças não ocorrem da noite para o dia. Implicam processos que, com frequência, atravessam muitas gerações. No passado, o processo de mudança seguiu determinada direção. Unidades sociais maiores assumiram a função de unidades primárias de sobrevivência das menores. Não há nenhuma necessidade de que o processo prossiga nessa mesma direção. Mas isso não é impossível. Na transição da função de unidade primária de sobrevivência para unidades sociais que representavam um nível mais abrangente de integração, surgiram, com grande regularidade, discrepâncias do tipo das que constatei, em várias ocasiões, ao estudar as relações nós-eu. Vez após outra desenvolveu-se uma discrepância entre a assunção efetiva da função primária de sobrevivência pelas unidades sociais em estágio mais elevado de integração e a persistente fixação da identidade-nós dos indivíduos em unidades de um estágio anterior.

Essas discrepâncias geralmente resultam em consideráveis disfunções comportamentais. Em nosso tempo, como afirmei, as funções sociais de sobrevivência estão-se deslocando visivelmente dos Estados nacionais de tipo europeu para Estados hegemônicos do tipo norte-americano e russo, e agora, de maneira cada vez mais inequívoca, para a humanidade. De fato, a humanidade vem surgindo, com clareza cada vez maior, como um nível eficaz de integração da mais alta ordem. O desenvolvimento correspondente da imagem-do-nós do indivíduo está muito aquém dessa integração e, acima de tudo, os sentimentos de um nós, a identificação dos seres humanos com seres humanos como tais, independentemente de sua afiliação a determinado subgrupo da humanidade, vem-se desenvolvendo com muita lentidão. Uma das razões disso é uma peculiaridade singular da humanidade, considerada como unidade social única. Em todos os outros níveis de integração, o sentimento do nós desenvolveu-se paralelamente às ameaças feitas ao grupo próprio por outros grupos. A humanidade em si, porém, não está ameaçada por outros grupos não humanos, apenas por subgrupos em seu próprio bojo. O efeito real, a possível destruição da humanidade, é o mesmo, quer a ameaça venha de dentro, de setores da humanidade, ou de fora — por exemplo, de habitantes de um diferente sistema solar. Mas a abolição das guerras entre os subgrupos humanos e a geração de um sentimento do nós em toda a humanidade seriam indubitavelmente mais fáceis se ela fosse ameaçada de aniquilação por uma espécie alienígena. Isso certamente torna mais difícil desenvolver o sentimento de um grupo-nós em relação à humanidade como um todo. Também torna mais difícil, como vemos, reconhecer o fato de que a humanidade se vem tornando, cada vez mais, a unidade primordial de sobrevivência de todas as pessoas como indivíduos e de todos os subgrupos no interior dela.

Tanto quanto se pode ver, ainda não existe uma compreensão adequada das implicações do atual *habitus* social para a situação global. Existem hoje armas que poderiam destruir a maior parte da humanidade e, possivelmente, suas condições de vida como um todo. Isso poderia dar-nos motivo para indagar, mesmo em tempos de paz, se um *habitus* social e um sentimento do nós predominantemente ajustados ao Estado soberano isolado são realmente adequados à situação social em que hoje vivem as pessoas. Acaso devemos presumir que, também nesse caso, os sentimentos, a consciência moral e o *habitus* social dos indivíduos estão muito atrasados em relação às estruturas sociais e, especialmente, ao nível de integração que emergiu do desenvolvimento não planejado da humanidade?

O certo é que, no que concerne às relações entre as nações, continuamos a viver na tradição do Estado soberano principesco. Vivemos na era da guerra tecnológica, com armas que ameaçam a sobrevivência da humanidade, como se as relações interestatais ainda pudessem ser administradas tal como o eram na época de Pedro, o Grande ou de Luís XIV, quando os canhões eram os instrumentos mais intimidativos da guerra. Com respeito às questões internas do Estado, as relações entre governantes e governados modificaram-se fundamentalmente. É de conhecimento geral, em nossa época, que as relações internas de um Estado podem ser alteradas segundo regras que envolvam todas as partes. A política externa, em contraste, está muito menos sujeita ao controle dos governados. Na esfera internacional, os governos ainda são, em expressiva medida, governantes absolutos, com ampla margem de liberdade decisória. Isso tende a ser ocultado pelo fato de eles admitirem em sua confiança um limitadíssimo número de parlamentares, da maneira que lhes convém, transmitindo-lhes informações adequadamente censuradas. Mas, em nome da segurança do Estado, essas informações são privilégio de um pequeno círculo, cujos membros, mesmo quando pertencem a partidos diferentes, são unidos por um intenso sentimento de grupalidade-nós.

A discrepância entre a democratização funcional dos assuntos internos e uma gestão da política externa que, em muitos aspectos, ainda é absolutista tem amplas consequências. Os governos e seus serviços secretos detêm o monopólio do conhecimento do poderio militar efetivo ou suposto das nações rivais, conhecimento esse do qual a massa da população é excluída em nome da segurança nacional. Mas não é apenas nesse aspecto que, mesmo nas democracias parlamentares, importantes traços de uma política externa absolutista se perpetuam nas relações internacionais. O mesmo se aplica à maneira como essa política acaba atendendo às necessidades do Estado soberano isolado, o atual Estado nacional. Um condicionamento deliberado da consciência, que apresenta a identificação com o Estado singular como o mais alto dever do cidadão, desempenha o papel de fazer as corridas armamentistas e o deslizamento para a guerra parecerem forças fora do controle humano. As pessoas de confiança do sistema militar, político e econômico vigente são informadas dos fatos reais ou supostos que impõem o passo seguinte na escalada de armamentos, mas apenas elas. A massa da população não tem condições de verificar as informações seletivas mediante as quais se justifica a política do governo. Não tem meios de resistir ao apelo a sua lealdade nacional. Assim, vê-se apanhada num círculo vicioso que, inevitavelmente, faz as medidas tomadas para garantir a sobrevivência de seu grupo aparecerem como medidas que ameaçam a sobrevivência do grupo adversário e vice-versa.

A dificuldade está em que essa tradição de relações internacionais, que com ligeiras modificações sobrevive desde a época do Estado principesco, traz consigo, no atual estágio de desenvolvimento armamentista, perigos que não existiam na época do mosquete. A despeito de todas as suas certezas, é improvável que os generais do alto comando estejam em condições de prever as consequências do uso de armas nucleares. As experiências da catástrofe de Chernobyl sugerem que o uso de armas nucleares se revelará destrutivo não apenas para os inimigos, mas também para os amigos e até para a população do próprio país. Ainda planejamos e agimos dentro do contexto tradicional, como se as armas atuais se limitassem a destruir o território inimigo. Isso certamente já não acontece. O conceito de humanidade ainda tem implicações de um idealismo sentimentalista. Isso tem prejudicado sua evolução para a categoria de simples instrumento factual, numa época em que nuvens radiativas se deslocam num breve espaço de tempo da Rússia para a Inglaterra. Conforme as condições, uma saraivada de armas atômicas dirigida contra os Estados Unidos poderia enviar nuvens radiativas de volta à Rússia. É difícil imaginar que a contaminação radiativa da Europa não trouxesse consigo prejuízos duradouros para a Rússia e talvez para a China e até o Japão, e, inversamente, que a contaminação da Rússia não surtisse o mesmo efeito na Europa. Falar da humanidade como a unidade global de sobrevivência é perfeitamente realista nos dias atuais. Mas o *habitus* social dos indivíduos, sua identificação com subgrupos limitados da humanidade, em especial os Estados isolados, está, reiterando a afirmação anterior, aquém dessa realidade. E esse tipo de discrepâncias encontra-se entre os aspectos estruturais mais perigosos do estágio transicional em que hoje nos encontramos.

De qualquer modo, já há sinais inequívocos de que as pessoas começam a se identificar com alguma coisa que ultrapassa as fronteiras nacionais, de que sua identidade de grupo-nós se desloca para o plano da humanidade. Um desses sinais é a importância que o conceito de direitos humanos aos poucos vai assumindo. Vale a pena, ao final de nosso estudo, olhar mais detidamente para o que significa a demanda de direitos humanos. Em sua forma atual, ela inclui a ideia de que se devem estabelecer limites para a onipotência do Estado em seu tratamento de cada cidadão. Isso se assemelha ao modo como, na transição anterior de um plano inferior de integração para outro superior, se estabeleceram limites, através da relação com o nível superior, para o poder que os membros do nível mais baixo podiam exercer sobre outros membros de sua associação. O Estado reivindicou amplos poderes sobre os indivíduos que o compuseram. Ao falar de direitos humanos, estamos dizendo que o indivíduo como tal, como membro da humanidade, está autorizado a ter direitos que limitem o poder do Estado sobre ele, sejam quais forem as leis desse Estado. Esses direitos são geralmente tidos como incluindo o direito de o indivíduo buscar moradia ou trabalho onde desejar, isto é, uma liberdade local ou profissional de movimentação. Outro conhecido direito humano é a proteção do indivíduo contra o aprisionamento pelo Estado, salvo quando legitimado por processos judiciais públicos.

Talvez ainda não se tenha afirmado com suficiente clareza que os direitos humanos incluem o direito à liberdade de não fazermos uso da força física, ou mesmo da ameaça de força física, e o direito de nos recusarmos a utilizar ou a ameaçar utilizar a força bruta a serviço de terceiros. O direito de uma pessoa ou de sua família à liberdade de não utilizar ou ameaçar utilizar a violência mostra, mais uma vez, que a transição para um nível novo e mais elevado de integração também implica a transição para uma nova posição do indivíduo perante sua sociedade. Já vimos que a evolução do clã e da tribo para o Estado, como unidade mais importante de sobrevivência, levou o indivíduo a emergir de suas anteriores associações pré-estatais vitalícias. A transição para a primazia do Estado em relação ao clã e à tribo significou um avanço da individualização. Como podemos ver, a ascensão da humanidade até se tornar a unidade predominante de sobrevivência também marca um avanço da individualização. Como ser humano, o indivíduo tem direitos que nem mesmo o Estado pode negar-lhe. Estamos somente numa etapa inicial da transição para o estágio de integração mais abrangente e a elaboração do que se pretende dizer com direitos humanos está apenas começando. Mas a liberdade de não usar nem ameaçar o uso da violência talvez tenha recebido, até o momento, uma atenção demasiadamente pequena como um dos direitos que, no correr do tempo — e contrariando as tendências opostas do Estado —, terá que se afirmar a favor do indivíduo, em nome da humanidade.

NOTAS

1. No passado talvez se encarasse como lei o fato de os conceitos coerentes com a realidade, num nível superior de síntese, descenderem de ancestrais que representavam um nível muito inferior de síntese (embora as línguas de grupos em estágio muito primitivo de desenvolvimento contenham conceitos mágicos de altíssimo nível de síntese). Mas esse fato é registrado aqui simplesmente como uma regularidade observável dos processos de conceituação, regularidade que, além disso, não pode ser revertida. Acresce que esse tipo de processo nem sempre funciona em linha reta. Um conceito de generalidade inespecífica pode ser estreitado até se tornar um termo especializado para um grupo particular de fatos, sem perder sua generalidade. O conceito de indivíduo, por exemplo, que um dia se referiu à singularidade de cada objeto em particular, foi estreitado, no correr do tempo até denotar apenas a singularidade de uma pessoa.

2. Vemos aqui que, considerados do ponto de vista da sociologia dos processos, "tipo" e "estágio" são idênticos.

3. Reexaminando o estágio inicial da discussão do problema do indivíduo e da sociedade, tal como está apresentado na Parte I deste livro, verifico que nele a abordagem da sociologia dos processos não emerge com força suficiente. Descubro, naquele texto de data mais antiga, vestígios de uma velha tradição sociológica em que os problemas relativos aos seres humanos eram apresentados, sob certos aspectos, como se fossem problemas físicos. A emancipação do estilo sociológico de formular os problemas já havia começado. Mas não era sustentada com o mesmo rigor com que é possível fazê-lo no estágio atual.

4. Por exemplo, as pessoas falavam em países em desenvolvimento para evitar falar em países menos desenvolvidos. E os sociólogos usavam a palavra "evolução" para evitar o estigmatizado conceito de desenvolvimento, assim encobrindo a diferença entre evolução biológica e desenvolvimento social.

5. Cf., p. ex., Norbert Elias, *Was ist Soziologie?*, Munique, 1972, p.132ss.

6. O fato de alguém dizer "eu" a seu próprio respeito pode facilmente afigurar-se o enunciado mais espontâneo de que o ser humano é capaz. Mas esse enunciado não é diferente de outros — por exemplo, na segunda e terceira pessoas —, no sentido de também implicar um autodistanciamento. Como se sabe, é comum as crianças pequenas aprenderem a se referir a si mesmas, inicialmente, tal como os

adultos falam delas, isto é, por seus nomes. O uso correto do termo "eu" geralmente vem um pouco mais tarde, pelo simples fato de exigir que a criança utilize, em relação a si mesma, formas linguísticas diferentes das usadas pelos pais ao falarem dela.

7. Um dos aspectos gerais de uma poderosa tradição filosófica que se estende da epistemologia clássica até as filosofias metafísicas de períodos recentes, tenham elas uma inclinação mais transcendental, existencial ou fenomenológica, é que seus expoentes tomam o indivíduo isolado como ponto de partida. A pluralidade dos seres humanos aparece na filosofia, quando muito, como uma pluralidade de casos especiais idênticos de leis ou regularidades gerais. A física clássica foi a madrinha dessa tradição. Seus estilos de pensamento, combinados com os estilos teológicos, refletem-se nela. Os esforços de Leibniz para introduzir na filosofia a pluralidade dos seres humanos redundaram em fracasso. A ideia da mônada sem janelas era invencível. A tentativa hegeliana de introduzir os processos sociais na filosofia também fracassou.

8. Jean-Paul Sartre, *A náusea*, trad. de Rita Braga, Rio, Nova Fronteira, 1985.

9. ["O sofrimento era a garantia última de minha existência, a única."] J. P. Toussaint, *La salle de bain*, Paris, 1985, p.95.

10. No Japão, contudo, a relação empregado-empregador parece vir mantendo, até o momento, seu caráter vitalício.

11. O que Max Weber apresentou como ética protestante, em sua forma primitiva do século XVII, foi mais sintoma do que causa de uma mudança do *habitus* social dos seres humanos — no caso, principalmente comerciantes que estavam ascendendo ou tentando ascender socialmente — em direção a uma maior individualização.

12. No passado, os sociólogos tendiam a considerar o Estado como algo que realmente não entrava no campo da sociologia. Alguns talvez ainda se inclinem para essa convicção. Uma antiga tradição intelectual parece estar implicada em tal atitude. A sociedade costuma ser considerada como o objeto da sociologia. Mas o conceito de sociedade tem implicações que fazem com que Estado e sociedade não pareçam realmente ser ideias compatíveis. O Estado aparece como algo extrassocial, talvez até oposto à sociedade. Já a sociedade, por sua vez, como sugerem essas implicações, é uma coisa extrínseca ao Estado. Tem suas próprias leis, que não são as leis do Estado e não estão sujeitas às determinações do governo.

As lutas pelo poder travadas numa época anterior, bem como uma tradição conceitual que as reflete, sobrevivem nessa antítese subliminar entre os conceitos de "Estado" e "sociedade". No século XVIII, de fato, o termo sociedade, como na expressão "sociedade civil", não raro era usado como uma senha ideológica, para expressar a ideia de que havia limites para a onipotência do Estado. Se espiarmos atrás dessas máscaras conceituais para ver que problemas pessoais e humanos se escondiam sob esses dois conceitos aparentemente impessoais e objetivos, "a sociedade civil" e "o Estado", logo vislumbraremos a resposta. Os porta-vozes da classe média ascendente usavam conceitos como "sociedade civil" e, por último, "sociedade" como armas intelectuais em sua luta com a classe superior da época, os príncipes e a nobreza, que detinham o monopólio do poder estatal. A implicação de uma diferença, ou talvez até de uma antítese entre Estado e sociedade, dando a impressão de que o Estado seria uma coisa extrassocial e a sociedade, algo extrínseco ao Estado, ainda não desapareceu completamente da utilização desses termos. Há muitos exemplos não apenas de lutas pelo poder ocorridas no passado que deram novos sentidos a certos termos como também da permanência desses sentidos por longos períodos. As conotações antiestatais do conceito de sociedade constituem apenas um exemplo entre muitos. Sem dúvida contribuíram para o fato de terem sido raros os estudos sociológicos sistemáticos dos Estados, até o atual estágio de desenvolvimento estatal conhecido pelo nome de Estado "de Bem-Estar", que atraiu a atenção dos sociólogos.

Mas talvez as implicações antiestatais do conceito de sociedade não se houvessem revelado tão duradouras se a função ideológica não tivesse sido aliada a uma descoberta que, em parte, foi inteiramente objetiva e, nesse sentido, científica. Por um lado, a mudança do uso do termo "sociedade", no século XVIII, que se expressou em conceitos como o de sociedade civil a enfrentar as classes superiores e seu Estado, certamente representou a crescente autoconfiança dos grupos burgueses em ascensão. Mas, por outro lado, representou um crescente discernimento da autonomia dos processos e estruturas sociais, cujo desenvolvimento frequentemente baldava os desejos e planos dos mais poderosos. O legado ideológico do conceito de sociedade provocou, indubitavelmente, muita confusão. A frente que assim se formou contra o Estado retardou por tempo demais o reconhecimento de que os Estados são instituições sociais encarregadas de certas funções e de que os processos de constituição dos Estados são processos sociais como quaisquer outros. O fato de não contarmos, até muito recentemente, com nenhum conceito global que designasse os Estados como unidades de sobrevivência, à semelhança das tribos, é um pequeno exemplo do prejuízo que um legado ideológico não comprovado pode causar no uso dos conceitos. Mas a mesma atitude ideológica que, por um período considerável, baniu do campo da sociologia os Estados, assim como outras unidades de sobrevivência, ao mesmo tempo abriu caminho para o reconhecimento de que as sociedades humanas são estruturas e processos de um tipo peculiar. A perturbadora separação entre sociedade e Estado foi o preço que teve de ser pago pela descoberta de que a coexistência social das pessoas no mundo inteiro era um campo especial que não existe fora dos indivíduos humanos nem pode entender-se em termos de seres humanos isolados, nem tampouco reduzir-se a eles.

13. Não é difícil encontrar provas dos problemas pessoais, da demanda de mudanças no *habitus* social, num mundo em que a mobilidade local dos seres humanos é maior do que nunca. Um número crescente de pessoas, em todas as regiões, é apanhado nessa migração, sejam seus objetivos temporários ou permanentes. Mas, mesmo quando emigram apenas temporariamente para outro país, sozinhas ou com suas famílias, elas são claramente identificáveis, não somente pelas pessoas que ali vivem, mas por si mesmas, e não apenas como indivíduos, mas também como membros de determinado grupo. Isso não ocorre apenas pelo fato de seus passaportes assim as rotularem, mas porque seu *habitus* social cria um tipo específico de distância entre elas e os membros do país que as hospeda. Em geral, as pessoas tentam escapar às dificuldades de coexistência resultantes das diferenças no *habitus* social estabelecendo-se perto de membros de seu próprio grupo, isto é, de pessoas com o mesmo *habitus* social.

Ao lado desses povoamentos grupais dentro de países anfitriões, há recorrentes problemas individuais entre os membros da segunda ou terceira gerações dos grupos imigrantes. Eles crescem abrigados em seus próprios grupos. O exemplo dos pais lhes ensina a assumirem o *habitus* social e toda a tradição do grupo em sua estrutura de personalidade. Mas, ao mesmo tempo, eles frequentam a escola no país anfitrião. A língua, as maneiras, a moral e os costumes desse país também se incorporam em suas estruturas de personalidade, como que de moto próprio.

Produz-se assim o pavio para conflitos pessoais e geracionais. Os modelos parentais e os modelos do país anfitrião, agora transformado em pátria, fundem-se e entram em conflito na pessoa do indivíduo. As maneiras como cada indivíduo lida com essas fusões de modelos ou esses conflitos entre modelos sem dúvida variam enormemente. Alguns representantes da segunda geração de imigrantes permanecem basicamente integrados em seu grupo originário, o grupo de seus pais e parentes. O desligamento da segunda ou terceira gerações do grupo originário é difícil, pois é limitada a rapidez e até a capacidade de aceitação delas pelos membros estabelecidos do país anfitrião — país anfitrião que, convém acrescentar, já então é a terra natal da segunda e terceira gerações de imigrantes. Mas as reiteradas dificuldades e conflitos ocorrem não apenas na relação dessas gerações com os membros do país anfitrião; ocorrem também, com grande regularidade, dentro do grupo imigrante e, acima de tudo, dentro da família imigrante. O problema do comportamento sexual das moças é um exemplo particularmente expressivo disso.

14. Agradeço a Nico Stehr e Volker Meja por suas informações a respeito dessa seita.

Posfácio do Organizador

A Parte I deste volume foi escrita em 1939 ou pouco antes; sua publicação num jornal sueco, planejada na ocasião, não chegou a ocorrer, de vez que todo o projeto jornalístico deixou de se concretizar. O texto é aqui reproduzido a partir do manuscrito original que restou da versão de 1939, omitindo-se as correções e acréscimos ocasionais (discrepantes) datados de vários períodos posteriores. Contribuiu muito para o estabelecimento dessa versão uma cópia do manuscrito original feita na Suécia em 1939; ela foi publicada por Nils Runeby, da Universidade de Estocolmo, em 1983, com um prefácio histórico-filológico, como cópia datilografada do manuscrito.

A Parte II foi redigida, provavelmente em diversos rascunhos, numa data posterior ainda não determinada (entre os anos 40 e 50). Alguns trechos desse texto são uma revisão direta da Parte I.

A Parte III foi escrita para esta edição no inverno de 1986-87.

Michael Schröter

Índice Remissivo

aborígenes australianos, 42
absolutistas, Estados, 42, 169
abstração, conceito de, 132
adultos
    competição e tensões entre, 33
    emergência da "alma", 39
    individualização dos, 27-8, 31, 104-5, 117-22
    preparação para a idade adulta, 32-3
alma
    coletiva, 67
    e corpo, 37, 95
    do indivíduo adulto, 39
Anistia Internacional, 139, 185
animais
    comportamento instintivo, 41, 42-3
    estruturas relacionais, 37-8
    individualidade dos, 55, 56, 133
    linguagem e, 157-8
Aristóteles, 16
armamentista, corrida, 184, 188
autoconsciência
    em Descartes, 82-3, 84
    dualismo da, 90-1
    e epistemologia, 91-4
    imagens e formas mutáveis da, 81-91
    moldagem histórica da, 32
    noção de "eu interior", 103, 106-8, 109, 121
    qualidade singular dos seres humanos, 156-7
    relação com o não-eu, 94-101
autocontrole
    e evolução da sociedade, 114-5
    individual, 98-100, 105, 109, 149
    e individualização, 116-7, 120
autodistanciamento, ato de, 87
autodomínio humano, 32
automatismos sociais, 47
autorregulação humana, 38, 39, 40-1
    dos indivíduos em relação aos outros, 52

    psicológica, 37
autoridades, reconhecimento da perda do poder das, e desenvolvimento do poder individual, 83-4
automatismos sociais, 47

balança nós-eu, 161-8
    e o Estado, 177
    nos países desenvolvidos, 167, 171
bem-estar dos indivíduos
    e as exigências da vida social, 17
Berkeley, George, 92, 163, 164
biologia
    e os aspectos sociais do desenvolvimento humano, 158-9
    e as formações sócio-históricas, 14, 64-5
    nascimento, registro do, 151

camponesas, classes
    e margens de decisão individual, 50
Camus, Albert, 164
Canadá, antigas seitas cristãs no, 175-6
caráter nacional, 150-1, 171, 172, 179
Chernobyl, desastre de, 178, 188
ciências, *ver* ciências naturais; ciências sociais
ciências naturais
    e autoconsciência individual, 69
    biologia, 14, 64-5, 158-9
    e ciências sociais, 71-2, 143, 144
    física, 142, 144
    e formações sócio-históricas, 14, 64, 67
    e o pensamento sobre os eventos naturais, 71
    e psicologia, 40-1
    validade universal dos resultados nas, 142-3
ciências sociais
    desenvolvimento das, 72

e *habitus* social, 172
e níveis cambiantes de autoconsciência, 86
percepção sensorial e conhecimento individual, 80-1
e psicologia, 40-1
e as relações indivíduos/sociedade, 142-5
clãs, 166, 168
cognição, teoria filosófica clássica da, 70
competição
entre adultos, 33
efeito do mecanismo competitivo, 47-8
e individualização, 118-9
tensões da, 44-5
comportamento individual
e o processo de individualização, 103
e relações com as outras pessoas, 25-6
restrições ao, 21-3
Comte, A., 65, 66
"conceitos concretos", 132-3
concorrência, *ver* competição
condicionamento social, 52, 56
conflito
e autoconsciência individual, 32
e a evolução do Estado, 169-70
e o mecanismo de competição, 47-8
conhecimento
e níveis mutáveis de autoconsciência, 86
das relações individuais, e percepção sensorial, 80-1
teoria sociológica do, 70-1
ver também epistemologia
consciência
caráter funcional da, 36
multifacetada, 87, 88-9
mundos interno e externo, 97-101
e relações humanas, 24-5
ver também autoconsciência
consciência de si, *ver* autoconsciência
controle social
e individualização, 116
conversa, 29-30
corpo
e alma, 37, 94-5
conceito de "meu corpo", 154-5
e mente, 91, 95

separando o indivíduo do mundo externo, 92, 99
criação humana, mito da, 26, 27
crianças
atitudes sociais para com as, 31
autoconsciência das, 87
autoformação do indivíduo, 40
dependência do grupo social, 27-9, 30-1
identidade entre a criança e o homem, 96, 152
impulsos e comportamento das, 98-9
preparação para a idade adulta, 32-3, 104-5
transformações da consciência nas, 99-100
ver também jovens

decisões individuais
margem para, na sociedade, 48, 49-52
dependência, relações de
das crianças, 27-9
e evolução da sociedade, 114
e individualização, 124
entre os indivíduos, 22-3
e instintos, 43
entre as nações, 136
Descartes, René, 82-3, 84, 89-91, 92
desemprego, 121
desenvolvimento, conceito de, 144-5
desenvolvimento social, teorias do, 144-5
desprendimento
do indivíduo, 91
direitos humanos, 139, 189-90
campanha pelos, 139
discurso
características hereditárias e sociais do, 35, 39-40
ditaduras
relações indivíduo/sociedade nas, 149-50
divisão das funções
entre os indivíduos, 21-3
nas sociedades simples e complexas, 111-4
divisão do trabalho,
e a estreiteza do desenvolvimento individual, 33
e forças reticulares, 44-5

e as relações de dependência, 44
Durkheim, Émile, 135

econômicas, relações, 42-3
  ensinamentos de Marx, 65-6
ego
  e individualização, 118
  tensões entre os instintos e o, 52-3
emocionais, necessidades
  dos seres humanos, 165, 167-8
energia, mudança das formas de, 115-6
epistemologia
  e autoconsciência, 91-4
  e o eu desprovido de um nós, 162-5
  ver também conhecimento
escolha, *ver* liberdade de escolha
Estado
  explicação individual das origens do, 14, 64
  formas mais antigas de sociedade dentro do, 175-7
  e a identidade-nós, 168-90
  e individualização, 102
  e as relações indivíduo/sociedade, 149-50
  e sociedade, 134-40
  como unidade de sobrevivência, 168, 177-8, 180-2, 186-90
Estados europeus
  emergência como unidades-nós, 169
  e *habitus* social, 172, 173, 179, 180
  integração dos, 172, 173, 178-9, 184
Estados Unidos, 170
  desenvolvimento dos, 56-7
  e os índios norte-americanos, 183
  como superpotência, 178, 181, 184, 185-6
estágio científico de desenvolvimento, 92
estátuas pensantes, parábola das, 96, 98, 100
Estrangeiro, O (Camus), 164
estruturas sociais, 23, 24
  e estrutura de personalidade, 123-4
existência sem propósito
  dos indivíduos na sociedade, 18

fala, *ver* discurso
famílias
  ampliadas dos países menos desenvolvidos, 147-8, 175

  e a estrutura social, 28
  e a identidade-nós, 166-7, 168
  e a Máfia, 176
fantasias
  da autoconsciência individual, 69, 70
  coletivas, 72-3
  protetoras, 66
fenômenos naturais, *ver* naturais, eventos
fenômenos reticulares
  e divisão das funções, 44-5
  elasticidade dos, 47, 48
  integração da rede humana, 135-6
  na interação humana, 22, 29-30, 35-6
fim, indivíduo ou sociedade como, 18
  física, 142, 144
Freud, Sigmund, 120, 146
função do "nós"
  e a sociedade, 57

Galileu, 162
Gestalt, teoria da
  diferença entre o todo e a soma de suas partes, 16-7
Gana, 174
global, integração 137-40
Goethe, J.W. von, 60
Grécia antiga, 66
  ausência do conceito de indivíduo na, 130-1
  "espírito" da, 14-5, 65
grupal, mentalidade, *ver* mentalidade coletiva
grupos
  dissolução dos grupos pré-estatais, 102
  e evolução da sociedade, 114
  e identidade nós-eu, 161
  nas sociedades mais simples, 113, 140-2

habilidades, especialização das, 111-2, 113-4
habitantes das cavernas, *ver* sociedades mais simples
habitus social dos indivíduos, 150-1, 153
  e o efeito de trava, 172-5, 179, 183
  nos Estados nacionais, 171-2
Hegel, G.W.F., 14, 57, 65, 88
historicismo, 88
história

curso não premeditado da, 58-9
impacto dos indivíduos na, 51, 77
homem pré-histórico, *ver* sociedades mais simples
homo sapiens
  evolução do, 112-3
  vida grupal do, 141
humanidade
  como força primordial de sobrevivência, 187-90
humanos, seres
  características singulares dos, 156-61

Hume, David, 93, 96, 152
Husserl, E., 163

Idade da Pedra, 111, 140, 151, 165; *ver também* sociedades mais simples
Idade Média
  e autoconsciência, 86, 90
  treinamento dos jovens na, 104
identidade
  e consciência, 96
  pela vida inteira, 152, 153
identidade-eu
  características da, 151-6
  nas sociedades desenvolvidas, 130
identidade-nós
  absorção numa identidade-nós superior, 181-90
  aspecto multiestratificado da, 165-8
  e o Estado, 168-90
  nas sociedades desenvolvidas, 130
ideologias nacionais, 73
imagem do homem
  como ser humano isolado, 164
  nas sociedades modernas, 84-5
  ver também autoconsciência
imigrantes estrangeiros
  nos Estados nacionais, 169
índios norte-americanos, 173, 180, 181-2, 183
individualidade
  funções psíquicas e, 54-6
  importância do grupo social no desenvolvimento da, 27-8, 55-6, 67
  importância da natureza individual, 53-4, 55
individualista, visão
  sentimentos e emoções em torno da, 73-5, 76

valoração dos indivíduos acima da sociedade, 73-5
versus visão coletivista, 14-20, 52-6, 64-8, 122-5
individualização, 120-5
  dos adultos, 27, 31, 104-5, 117-22
  avanços da, 28-9, 85
  e a teoria da sociedade, 30-1
indivíduo
  conceito de, 129-34
individuum, conceito de, 131, 133
industrializadas, sociedades, *ver* sociedades industrializadas complexas
instintos
  caráter funcional dos, 37
  e relações de dependência, 43
  tensão entre ego/superego e os, 52-3
instituições sociais
  explicação individual das, 14, 64
  perda de poder das, 84

jovens
  individualização dos, 117-22
  preparação para a idade adulta, 33
  ver também crianças

Kant, I., 80, 93-4, 163

Leibniz, Gottfried, 93
leis autônomas
  da rede humana, 48
  das relações humanas, 23, 24
leis sociais, 23, 24
liberdade de escolha
  aspectos sociológicos da, 138
  individual, limitação da, 21, 48, 49-50
  e individualização, 108-9, 113-4, 119
  e realização pessoal, 118-9
  nas sociedades mais simples, 110
língua, *ver* linguagem
linguagem
  conceito de consciência interna e externa na, 97
  conceito de indivíduo e sociedade na, 129-33
  conversa, 29-30
  desenvolvimento da, e grupo social, 27
  específica dos grupos, 157-8, 159-60
  explicação individual da, 14, 63

função dos pronomes pessoais na, 161
e *habitus* social, 150
influências individuais e sociais no desenvolvimento da, 35-6
e o indivíduo na sociedade, 79
singularidade da, entre os seres humanos, 142
ver também discurso
literatura
autoconsciência na, 87
Locke, John, 92-3
Luís XIV, Rei de França, 169

Máfia norte-americana, 176
mágicas, atividades e ideias
função social das, 70, 72-3, 74
Mann, Thomas, 120
Marx, Karl, 65-6, 135
meio, indivíduo ou sociedade como, 18
meio ambiente
alterações do, 45
e moldagem dos indivíduos, 34-6
memória
coletiva, 182
continuidade da, 154
mudanças ao longo da vida, 155-6
mentalidade coletiva (mentalidade grupal), 15, 24, 67, 183
mente
e corpo, 91, 95
metas
e individualização, 109, 121-2
míticas, ideias
função social das, 70, 73
monopólio, desenvolvimento das situações de, 47
mudança
na estrutura social, 144
histórica, 46-7
e individualização, 102-3
na sociedade humana, 145
teorias da, 64-5
transformações sócio-históricas, 45
muro invisível
entre o eu e o mundo, 100, 105, 106-7

nacionais, Estados, 168-9, 170-2; *ver também* Estado
nações europeias, *ver* Estados europeus
naturais, eventos
e atividades mágicas, 70
desenvolvimento do controle dos, 70, 72, 78, 85, 105-6, 116
nas sociedades simples, 110
natureza dos indivíduos, *ver* estrutura de personalidade
Náusea, A (Sartre), 163
necessidades pessoais dos indivíduos
conflito com a vida social, 17
Nigéria, 174
nomes próprios dos indivíduos, 151-2
nucleares, armas 188

objetivos, *ver* metas
objeto
percepção individual do mundo como, 53
observador, indivíduo como, 89-91, 92, 154-5
oportunidades
e individualização, 109-10
Organização das Nações Unidas, 138, 185
pais
e estrutura social, 31
países em desenvolvimento, *ver* países menos desenvolvidos
países menos desenvolvidos
características tribais dos, 151
relações indivíduo/sociedade nos, 146-9
panteísmo histórico, 138, 185
parte-todo, relações
dos indivíduos e da sociedade, 16-7, 19, 20-1
percepção da identidade-eu, 161-2, 162-3, 164
persona, conceito de, 131, 132
personalidade, estrutura de
conceito de estrutura social da personalidade, 150
desenvolvimento da, 153-4
e individualização, 108-9, 118
"natureza" dos indivíduos, 24, 116-7, 118-9
traços comuns da, 123-5
planejamento
efeitos não premeditados do, 58-9
natureza limitada do planejamento individual, 57
Platão, 93

poder
　e margem individual de decisão, 50
　perda do, e integração social, 137
política externa
　controle da, pelo Estado, 187-8
pressão social, 121
privatização entre os indivíduos, 103, 107
progresso nas sociedades, 66, 144-5
psicologia
　e as ciências naturais e sociais, 40-1
　ideia da "mentalidade grupal", 15, 24
　individual e social, 15, 67
　e sociologia, 34
psicologia social, 15
psique individual
　caráter funcional da, 36, 37
　e estrutura das relações individuais, 39
　ver também mente
psíquicas, funções
　diferenciação das, 36-7
　do indivíduo, 67

racionalidade
　e autoconsciência individual, 71
razão
　"artifício da", em Hegel, 57
　e autoconsciência, 71
　e autoconsciência individual, 71
　caráter funcional da, 36
　desenvolvimento da, individual, 84
　e emoção, 78, 183
realização pessoal
　probabilidades de obtenção da, 118-9
regularidades sociais, 23
relacionamentos, *ver* relações
relações
　e autoconsciência individual, 72
　na balança nós-eu, 165-7
　conhecimento das, e percepção sensorial, 80-1
　efeitos não premeditados das, 58-9
　estrutura e regularidade das, 23-6
　familiares, 147-8, 166-7, 168, 175, 176
　formação de conceitos das, 93-4
　maleabilidade e adaptabilidade das, 37-8
　necessidades humanas de, 165
　recíprocas, entre os indivíduos e a sociedade, 76-9
relações todo-parte, *ver* parte-todo, relações
relativismo, 88
religião
　e as formações sócio-históricas, 14, 15
　ideia do universo como criação divina, 83-4
　seitas religiosas como formas pré-estatais, 175-6
relógios, 114-5
Renascimento, 28, 81, 85, 86, 134
revolução copernicana, 86
Rilke, R. M., 107, 108
riscos
　e individualização, 109
　nas sociedades mais simples, 110
Roma antiga
　inexistência do conceito de indivíduo na, 130-1
　rostos individualizados dos seres humanos, 155-6, 157-8, 159, 160-1

Salle de bain, La (romance), 164
Sartre, Jean-Paul, 163
secularização
　e as teorias cartesianas, 83
sensorial, percepção
　e autoconsciência, 82, 83, 84, 89-90, 92, 93-4
　em Descartes, 82, 83, 84, 89-90, 92
　importância da visão, 100
　e as sociedades, 80-1
sociedade
　conceito de, 130
　e Estado, 134-40
　importância da, *versus* o indivíduo, 14-28, 52-6, 64-9, 122-5
　percebida como cerceadora, 107-8
sociedades industrializadas complexas
　equilíbrio entre as necessidades individuais e sociais, 122-5
　individualização nas, 108-10
　relações entre indivíduo e sociedade, 143
sociedades mais simples
　autoconsciência, 87
　controle social, 108
　crianças nas, 104
　estrutura de personalidade, 123

grupos sociais, 140-2
identidade-nós, 166
relações indivíduo/sociedade nas, 142-3
vida grupal das, 146
sociologia
  conceito de sociedade, 131-2, 134-5
  conceitos de indivíduo e sociedade na, 131-2
  e psicologia, 34
sociologia dos processos, abordagem da, 142, 143, 150, 153, 171-2
Spengler, Oswald, 14, 65
Spinoza, B., 14, 65
sujeito
  autopercepção do indivíduo como, 53
superego
  tensão entre os instintos e o, 52-3

Tanzânia, 174
tensões
  nos Estados Unidos, 49
  nos indivíduos, 52-3
"teoria ambiental", 39

Toynbee, A., 65
trabalho físico
  liberação dos indivíduos do, 116
tribos
  características tribais dos países menos desenvolvidos, 151
  perda da função das, 136, 137, 168
  transição para Estados, 172-5, 181-4
  tribos africanas, 174

Uganda, 174
União Soviética
  como superpotência, 178, 181, 184, 185-6

violência
  e direitos humanos, 189-90
  monopólio da, 42, 58
visão coletivista
  sentimentos e emoções em torno da, 74-5, 76
  versus visão individualista, 14-20, 52-6, 64-8, 122-5

Weber, Max, 136

1ª EDIÇÃO [1994] 16 reimpressões

ESTA OBRA FOI COMPOSTA EM PALATINO E IMPRESSA
EM OFSETE PELA GRÁFICA PAYM SOBRE PAPEL ALTA ALVURA
DA SUZANO S.A. PARA A EDITORA SCHWARCZ EM JULHO DE 2021

A marca FSC® é a garantia de que a madeira utilizada na fabricação do papel deste livro provém de florestas que foram gerenciadas de maneira ambientalmente correta, socialmente justa e economicamente viável, além de outras fontes de origem controlada.